信圓教 解圓理 入圓定 斷圓惑 修圓行 證圓果

# 楞嚴貫珠

（上）

前半全談藏性 所以開發圓通 後半全說圓通 所以修證藏性

（明）金陵華山律學沙門 戒潤◎演述

# 楞嚴貫珠序

大王頂珠不得與人明來智珠脫手相付究竟珠乃自有但未審衣提出耳矣楞嚴妙義夙多演者所謂吾心智珠亦如映色隨方為現非

無據會串入經文以便後學者易看
雪潤公集此經之大成合水乳而一
味大圓渾脫遍顯無遺殷曰余老
人之光實徹一貫之旨心耳況潤公
乃荊南陳氏子為陳隋智者大師

氏族裔早歲雍梁深歷禪源受
業度門教宗賢首一從老人進具
後輔弼行化十有八年如是迹可尚
而德與學咸為羅所知後貫珠宜
壽棗梨也

順治乙酉前六月朔

賜紫傳戒沙門三昧老人寂光題於

堯峯之古爐堂

# 自序

楞嚴貫珠集者、述諸古疏於經文字珠之間以便初學開蒙俾易究竟自住三摩地也壬午夏予輔千華老人宣戒維揚之興教新安朱復之氏得聞梵網有人因就石塔請說楞嚴恆善師兄為主持楊內美鹽臺梁飲光諸君子為大護既成法愛起予筆舌發宣眞實圓通予時汗顏謂曰昔我雪浪師翁辯才冠世人問經註師曰和尚不通文理焉得註經剏予摸象未遑安能按其楞嚴海印通明後世哉因憶髫年業二楞於吾楚石頭度門兩先大師時閱諸家註疏所見無非疏矣既歷寒暑參討五七年餘方能入遊其室所見無非全經即今饒舌廿有年來一義一章猶然出乎先業師之口授頗就諸解編輯而損益之直順本文一氣讀下名曰貫珠但使三摩鉢提真似皎然謬當標指以擊蒙非唯一時答響也矣癸未春稿登梨棗所集諸疏正脈十五諸解十四師授十一而逐章正文貫竟或引證辯難或廣略發揮每段圓相在前科目在後以便觀者取舍有條此予貫珠集之作也如此或問本經一貫之義曰楞嚴究竟唯一常住真心行布造修則依三無漏學若審應機圓妙姑

拈眞妄定門四義貫之。尊者首以嚴戒悞墮為起敎之端。佛示一切眾生。皆由不知常住眞心性淨明體。用諸妄想。此想不眞。故有輪轉。諸妄想者。經中徵心辯見、四科、七大、忽生結元、二十五聖圓通門、五十五位修證路、七趣情想、五陰魔邪、凡聖始終不出五蘊色心妄想。故經末結名。色曰堅固妄想。受曰虛明妄想。想曰融通妄想。行曰幽隱妄想。識曰微細精想。此諸妄想。乃大定所破之惑。妄一貫也。妄習非大定莫破。經中見道標云有三摩提。修道標云妙三摩提。證道標云眞三摩地等。即能破惑習之大定。一貫也。修定必依門入尊者首根多聞而問定方便佛敕二十五聖各陳圓通觀音自陳耳門曰彼佛教我從聞思修入三摩地文殊選曰此方眞教體淸淨在音聞欲取三摩提實以聞中入如是耳門金剛三昧圓照法界乃修定之方便妙門一貫也有修必有證尊者首望十方如來得成菩提爲請佛標眞後所示如來藏性等名乃至經畢結勸文中汝應將此妄想根元心得開通傳示將來末法之中諸修行者令識虛妄深厭自生知有涅槃不戀三界如敎行道直成菩提無復魔孽夫曰菩提涅槃總攝定門修斷所證之眞心

一貫也此四一貫中信圓教解圓理入圓定斷圓惑修圓行證圓果莫不由於戒定慧因超於妙莊嚴路而經文斥妄居多者由衆生一念晦昧將如來藏性迷成十八界固不知其六塵是根影六識又是塵影六根妙性是萬物之實身萬物乃根性之幻影而重玄極妙之眞心不離見色聞聲之常性反認至虛之識心全昧至實之根性佛就尊者眼根指出展轉通貫萬法仍令圓悟萬有總一如來藏性使人人先悟楞嚴妙理後入耳根圓通斥妄則決定不用見聞幻翳之識心標眞則直示修證了義之根性就菩提路

到涅槃家豈非顛倒不生斯則如來眞三摩地之旨哉經文前半全談藏性所以開發圓通後半全說圓通所以修證藏性始焉將咒往護終焉校咒勸持顯密雙敷律常並究雄文十卷一線穿珠理貫事而義貫文織錦貫花未足爲喻所冀來哲熟背本文而得旨則解爲贅疣脫或本文熟而一覽貫珠必獲與十方如來諸大菩薩自住三摩地矣予布此以酬法乳報寃親於無上菩提肯避破句讀經與夫鉢盂安柄之過也歟　旹

崇禎十七年四月浴佛日楚峽州釋戒潤和南書於

本山千華社之文殊樓

五重玄義

大佛頂為名　實相為體

圓滿菩提為宗　微密觀照為用

五　味為教相

大佛頂如來密因修證了義諸菩薩萬行首楞嚴經

貫珠集卷第一

明　金陵華山律學沙門戒潤　述

經

○題

大佛頂者。直示吾人向上事也。世尊約義。連示五名而經家存三隱三。古解甚詳。今約教理行果人法顯密釋之。以便初學者。大佛頂三字。舉題名。以該悉怛哆般怛囉無上寶印等之密義。圓彰理智三大三德之果法也。復有開合。開則大者。無外無先爲義。經云性淨明體。此體物我平等。唯佛獨證。故得本如來藏妙德瑩然。含吐十虛。彌綸萬有。謂之體大。爾法身德。成理果法身佛也。佛者。究竟覺了爲義。經云常住眞心。此心生佛無差。唯佛獨證。故得無上菩提金剛寶覺圓照法界。福慧莊嚴。謂之相大。爾般若德成智果報身佛也。頂者。圓滿無極爲義。經云無見頂相。此相即相無相。唯佛獨證。故得法報冥一。顯密超乘。位無等等。妙應羣機。謂之用大悲解脫德。現光中化身佛也。合則大佛頂。即釋迦報智微妙色身。三十二相之無見頂相。首稱大者。即法之報。故能獲法身者。在佛爲大佛。在菩薩爲大菩薩。在人爲大人。以之稱體周圓。以之相用自在。初無間然。隨緣得妙也。頂則三德備聚。福慧圓成。化佛說咒。福慧足也。神咒摧邪。解脫足也。尊者脫難。歸來見佛。殷請十方如來得成菩提。妙奢摩他。三摩。禪那。最初方便。意所宗者解脫。不知解脫由般若法身而成。故佛先指法身般若責之曰。皆由不知常住眞心。性淨明體。而體須定證。故示有三摩提等。此三摩性定。在果性名大佛頂。在因性名首楞嚴。修首楞嚴者名菩薩。證大佛頂者名如來。後文諸佛交光灌頂。異口同音曰。輪生死證妙常。唯汝六根。正以果體實相示諸衆生。無二圓滿之大佛頂法。九地菩薩爲佛乳母。上愍恒沙佛國。不能見佛頂相者。以如來不共法相應故。十六觀經云。觀世音菩薩身相衆好。如佛無異。唯頂上肉髻及無見頂相不及世尊。所謂直示向上事者。以佛頂亦是清淨法身之影像。能即影像見法身者。即見大佛頂。見大佛頂者。是名如來。

## 如來密因

者。即果人

以顯因性也謂從大而無外之如如法身理中來成無上正等正覺得大解脫亦令凡夫來而不如二乘如而不來者俱得解脫故名如來此果人十號之一密因者衆生不知曰密佛果資成曰因言人人見聞覺知乃八識流逸之光初快六塵未起分別猶是圓湛不生滅性即本經見道所顯見性修道所依聞性證道所圓妙性此圓湛性體一切衆生皆具本覺內熏但不依般若妙智隨事分別為物所轉是故有凡露堂堂的法身妙性迷不知有全顯而密也唯佛初依般若妙智親見法身則能轉物安住三摩地中萬物之來不當之以心而當之以性相相寂滅性性圓融全密而顯也終極大佛頂之果覺資密而成謂之因修證了義者即密因以彰圓頓大教也謂根中微密妙性固是無修無證之本然果體其奈蔽於無始無明之中必假教緣發起始覺研磨治習而修冥心默契而證是故尊者雖歆藏性之已知更喻華屋之未入佛為開決定義門示解結次第解六結而越三空獲二勝而發三用是為了義修證而特選耳根圓通順此方之機超二十四聖而獨妙為十方如來通修之要門更是了義中之了義依此天

眞自性。於無修中修。是爲首楞嚴了義之修。於無證中證。是爲大佛頂了義之證。其餘修證了義。未有過於此者也。如來等八字。顯三世果人依此大佛頂法說密因了義之教。以示人諸菩薩等八字。顯三世因人依教修行以趣果。**諸菩薩萬行**者。菩薩。云覺有情。謂分證五十五位行人。上求大覺。下化有情。二利之名也。正脈云。萬行者。十信全根力而植佛種。十住生佛家而成佛子。十行廣六度而行佛事。十回向回佛事而向佛心。四加行泯心佛而滅數量。十地契眞如而覆涅槃。等覺齊佛際而破生相。此諸菩薩智悲雙運。萬行飛騰。全妙全神。法界無礙。推之心無量願無量行無量。皆本了義。修即無修。攝於楞嚴。動亢不動。是爾無作道用也。梵語**首楞嚴**此云一切事究竟堅固。經中此見及緣一切事也。元是菩提妙淨明體。究竟堅固也。亦是大定之總名。具此大定。觀法如幻。得見心性。謂之究竟。心即常住。謂之堅固。蓋般若智日朗於法身性天。上上下下無所不照。世出世間諸法實相。盡決正源。不動不壞。如此一切究竟堅固。即尊者示邪染爲緣。發大教。首以得成菩提爲請。佛爲徵心辨見。以明陰處入界皆如

來藏。地水火風不相陵滅。殫二十五聖之所證。窮五
十五位之所詣。精研七趣。情想。詳辯五陰魔邪。直至
入於如來妙莊嚴海。圓滿菩提。歸無所得。此一切事
究竟堅固之的旨也。蓋謂大佛頂是究竟堅固之果
如來密因是究竟堅固之理。修證了義是究竟堅固
之教。諸菩薩萬行是究竟堅固之行。首楞嚴是究竟
堅固之定。意者經者依教解理。依理起行。行滿證果
因人果人。顯法密法。總不出一楞嚴大定。非凡小九
次第定所能近也。經者梵語修多羅。此云契經。上契
上別題竟。下通題。經佛理。下合羣機。訓法訓常。是貫
是攝常則。道軌者佛法。則德範萬靈。攝謂集斯奧義
貫謂持理不失。吾佛金口親說。故爾為經。亦云徑也
此經所詮。十方薄伽梵。一路涅槃門。一切修行人皆
從此經得徑路去也。第以三藏確論所詮。經詮定學
律詮戒學。論詮慧學。此經正詮定學。兼談戒慧。故知
三藏之中修多羅攝。二藏之別屬菩薩藏。以當機所
請純是菩薩行故。又雖兼說咒心。名標灌頂。而啟修
證顯文十九。密則唯一。但助顯耳。非秘藏攝。約其時
在法華後。五教文旨。終兼頓圓。上十九字所詮之義
經之一字能詮之文。能所合目成題。故曰大佛頂如

來密因修證了義諸菩薩萬行
首楞嚴經。雄文十卷。茲當第一。

○人題

△傳經譯主

唐。即大唐長安三年。則天罷政。中宗嗣位。是歲改爲神龍元年。此傳經翻譯之時。天竺。正名印土。此翻月邦。是西域國之總名。其國周匝有九萬餘里晝野分區七十餘國。此國形於眾國。眾國如星。此邦如月。故稱月邦。其土有五。此指中土。示譯主降生處。梵語沙門。此翻勤息。偈云勤修戒定慧。息滅貪嗔癡。識心達本源。故號爲沙門。此出家有道之通稱。般剌密諦。○此翻到彼岸。亦云極量。譯師別名也。師乃天竺才習之僧。故稱極量。譯。者翻梵字成華字也。○特標傳經譯主名。此經係龍勝菩薩於龍宮默誦而出。西域最重。爲鎮國寶。不容出境。昔智者聞西域有是經。夙夜西望。拜求一十八年。於開皇七年十一月二十四日示寂。願見而未及見。[illegible]承詔入宮。講演此經。欲傳此土。屢竊被獲而回。後[illegible]日氈書之。破臂藏皮中。自航海達廣州。遇宰相房融知南銓在廣。請於制止寺。剖臂出經。洗清血漫。譯成速回以解責邊之難。夫亡身爲法。冒禁西來。未益此方。功莫大焉。且通方智辯。總統譯場。以至功成身退。誠宜首標。以重出家菩薩弘經之元勳也。

△譯語人

烏萇梵語也。唐言苑。古大國之苑囿。阿輸伽王以爲國國名。在北天竺。沙門前見彌伽釋迦。此云能降伏。亦名雲峯。譯語者。詭言度語。亦名傳語。謂裁度兩方正語。翻梵語而成華言也。○然譯有四。一譯字不譯音。呪也。二譯音不譯字。卍也。三音字俱譯。純華言也。四音字俱不譯。籤上ソ乂二字也。天台云。破外道阿漚二字。昔一僧問陳尊宿。以字不成。八字不是。是何章句。師彈指一聲云。會麼。僧云不會。師云。上來表讚無限。勝智寂禪師頌曰。以字不是八不成。森羅萬像此中明。直饒巧說千般妙。不是漚和不是經。盖西梵語字。與此全殊。若觀梵本。非惟不知其語。兼亦不識其字。須先隨其梵音以此方之字易之。名爲翻字。翻字之後。方可讀之。然但同呪。仍不知其何等語。却須兼通兩國言音者。變梵語爲華言。謂之翻音。以寄譯既總其事而無專司。但稱爲譯。此則分職員名。專司其事也。

△筆受人

菩薩戒弟子者梵宰官歸依三寶之謙稱也梵語菩薩此翻覺有情謂覺自佛性故上求佛果以自利覺一切有情皆有佛性故下化衆生以利人此泛舉能持戒者二利之通名戒有防非止惡之功生福發慧之德不殺不盜乃至不謗三寶等戒是所持二利之法蓋以人能弘道故能所合目曰菩薩戒學在師從曰弟解從師生曰子此別標融相學出世法以戒爲師持菩薩戒以自利利人謂之菩薩宰官也梵網戒經云國王受位時百官受位時應先受菩薩戒一切鬼神救護王身百官之身諸佛歡喜古人博通佛典作法歸心故體心行事不立藩籬直欲與天地合其德鬼神合其吉凶當權以德服人增長將來聖種首標此者正爲後之名位中舊也古時人法也上學出世稱謂下述治世官名前國家彡事因立南北選五品以下官員皆就南銓中宗認融相知南銓在廣○或問融公奉戒而受位合當承享其古何致受諦答曰爲官本相品位極矣受諦南銓實爲餘慶況因諦而獲此經以弘傳較之天台西拜一

十八年而未及見者。善緣猶勝。若非諸佛歡喜鬼神救護。何能轉凶為吉。作千古佛法大功臣哉。○融相舊為正議大夫。即諫言之官。大有扶樹人才之能。同。兼也。中書省門下省。左右相府之名。中書省多掌王言。門下省多出政事。融相權兼兩省。故並書之。平。均也。章。顯也。事。即政務法度也。謂均理政務。顯彰法度。書云平章百姓是也。融乃山東清河縣人。姓房名融。即房琯之父。父子俱相。而融事略出琯之傳文。謂相於武后末年。貶於中宗神龍元年。舊紀翻成文時也。筆受者。亦譯場中分職專司之名。兼筆確定文字者也。○最初翻字須知二合三合彈舌引等。

當以此方何字代之。至於翻音則委問華梵務使相當。然後下筆。皆為難事。帝王亦有親當此職者。至於潤文。古皆別立職員。語或拙俗。文者潤色之。融相亦兼此職。故標名於經首。互顯其功耳。尤融相請譯筆受潤文。而又奏入內庭。時值國家多事。未暇頒行詔神秀國師入內講解。師將此經隨出洛陽天宮寺。後師遷化。上以王禮殯送。當陽度門寺。經亦與俱。彼時流傳未廣。幾希湮沒。慧振法師訪度門寺。得經始傳。

天寶十年。陝西長安興福寺惟慤法師。復於故相房家得筆受本。始作玄贊疏十卷。并疏解廣傳焉。是則不惟量能二師爲佛再來。卽房相亦佛應身於此方逗機說法。誠宜首標以重在家菩薩弘經之元勳也

△三分

夫序正流通三分。彌天高判。今古通遵。此經如是我聞至歸來。佛所爲序分。有二。一證信。二發起。阿難見佛至不戀三界。爲正宗。有五。一見道。七破八還。常住眞心獨露。三科七大。如來藏性。周圓卽萬象。宣說眞勝義性。總明大佛頂如來密因。二修道。當機心悟贊相。請華屋之門。佛示初心二決定義。綰巾示結。揀選圓通。利根得以修進。阿難自謂已悟成佛法門。復請安立道場。攝心軌則。遂問三無漏學。四種律儀。及大神咒。以完最初方便。鈍根亦得通修。三證果。從三漸次階。盡妙覺成無上道。總明修證了義。諸菩薩萬行首楞嚴。四結經。答五種題目以使持。五助道。詳七趣陰魔。以正觀後。文皆流通。有二。一校福勝。二喜奉行。所謂正宗。暢本意之玄猷。流通繼遐芳於萬古。云爾。

序分

○證信序章

此章佛命傳持菩薩。首唱六就因緣。令聞者頓息三疑而信法歸心也。△六種成就

如是之法我從佛聞意言非私淑諸人也。解者曰如是者指所聞之法體此經以如來藏不動周圓曰如。一明事離諸戲論曰是。菩薩萬行以信爲首。信此聖教乃世尊如所如說契理契機。阿難尊者與諸大衆公信公是。師資道成。此信成就也。我聞者指能聞之圓根。我者主宰義。如是之法要有眞主宰者。能聞而後信。尊者以無我之眞我。用根性之圓聞。親聞佛說。不漏一字。聞成就也。聞必有時。曰一時法王啓運嘉會。資乘時節因緣。說聽究竟不二。其時時成就也。說必有主。曰佛具云佛陀。此名覺者。謂究竟覺了諸法性相之者。惟大覺王知法知機。應時樂說。主成就也。聞必有處。曰在室羅筏城祇桓精舍佛眞法身無在無不在。今現報化於人寰。自主攝衆之妙場。室羅筏此翻豐德。謂國豐財寶。五欲多聞。解脫四德。故此明所化之處。祇即祇陀。此翻戰勝。是匿王太子之名。生時父王與外國戰勝。因立美稱。桓即林也。不雜塵境曰精舍。須達買園造舍。太子施林置門。先王後民禮之序

也錄施主者恪彰法會布施居先也人處雙標佛法當興有地主也王臣共建精舍以延佛僧亦名精藍此明所住之處即處成就也座無知首說將誰聽

**與大比丘衆**

聞持之伴也大者僧居羅漢之能比丘名含三義謂乞士怖魔破惡其衆有

**千二百五十人俱**

崇法會佛初成道先度陳那等五人次度三迦葉波兄弟兼徒一千次度舍利弗目犍連各兼徒一百次度耶舍長者等五十人經擧大數故減五人此衆並先事外道勤苦無證纔遇佛法便登上果感佛深恩常隨佛化此衆成就也○叙歎二乘衆德皆大權也依正觀分十科○先歎自利有五△一永盡諸漏德○千二百比丘言大者以其

**皆是無漏**

道心如完器妙理猶淨水一切煩惱破壞道心迷失妙理猶如破器不停淨水譏其過失入漏即欲漏有漏無明漏四果永盡故云無漏正脈曰二乘無漏方超三有菩薩無漏更越三空么二果證無生德

**大阿羅漢**

云無生心則煩惱無生果則後有無生理則永證無生亦名應供殺賊的與比丘三義相翻正脈依涅槃作十地大人脩大行證大果不同二乘但取名重德

隆爲大阿羅漢三義亦別二乘應供止於天上人間無生外殺方既殺賊四住方窮菩薩應供通於世出

世間無生變易亦盡殺賊五住將窮△三堪紹佛家德〇羅漢云大者非自了漢乃**佛子**也從佛口

生從法化生得佛法界克荷佛家故稱佛子公四住持佛功德〇佛不了之德首在**住持**安住覺性

三德秘藏任持萬善功德不失理住持也住法王家護持法輪事住持也△五妙超三界德〇雖曰住持

而無住爲住**善超諸有**三界人天不亡因果故曰諸有小乘以出三界爲超不名爲善佛子

即三界而出三界故曰善超諸有〇次數有他亦五△一入有曲成德〇惟其善超則**能於國**

**土成就威儀**謂曲順方宜正容悟物能於同居國土以身說法調而熟之之謂成即而順之

之謂就威令惡者畏之儀令善者法之四威儀中皆成軌範善惡普度究親平等所謂不起滅盡定而現

諸威儀也△二代佛宣化德〇既能成就威儀則能**從佛轉輪妙堪遺囑**謂自從佛

聞法破惑總持不忘則能堪任大事轉佛法輪令他破惑入佛知見且說法如幻度生同空能所兩忘方

稱妙好堪任護持法藏使燈燈相續以家業付之之謂遺以後事托之之謂囑佛告阿難汝今未須先取寂滅纔得無學留願入彼末法之中救度衆生是爲妙堪遺囑也△三模範人天德○所以遺囑者千佛共傳之戒必須

嚴淨毘尼弘範三界

謂已德不弘無以師人毘尼唐言調伏調練身心制伏過非即三聚戒也所謂性業遮業悉皆清淨故耳又以嚴淨作三分別嚴謂止持止諸惡也淨謂作持作諸善也又嚴以禁身口淨以制心意又以事戒則嚴於道戒則淨也弘開擴也範師範也三界者欲界色界無色界也娑婆敝惡戒律宜扶涅槃云戒是汝等大師此經亦歎戒師範人天小乘於戒有缺漏求至嚴淨不能弘範惟菩薩能之佛滅度後以戒爲師度脫衆生持律爲上故嚴淨毘尼可能弘範三界△四分身橫徧德有戒也定慧自生故能、惟

應身無量度脫衆生

衆生無量心行千差一身不能應機須化身無量隨類度脫令得戒定慧離三界生死苦證無餘涅槃樂也△五悲化監窮德○三學既備豈祇導乎現在正爲

拔濟未來越諸塵累

拔令脫苦濟使

得樂佛滅度後故曰未來煩惱諸業有八萬四千染汙繫縛喻之塵累佛子皆令清淨自在無礙不落陷穽故綱越諸見惑坌身之塵思惑繫心之累咸得無漏此又見大德也具斯勝德方堪受別請而事遠遊無行等慈而高佛行如或未然敢蹈大人之迹而不爲魔所轉者未之見也經家敘此行心哉人△出名○就慈實德乃運嘉名**其名曰大智舍利佛**唐云鶖子智慧第一尚年臘則先陳如尚聲德則先鶖子也**摩訶**云大多勝謂器量尊重爲天王人王所敬云大偏知內外經書云多超出九十五種外道云勝**目犍連**云采菽氏**摩訶拘絺羅**云大滕乃舍利弗之舅論勝於姊妹懷鶖子論即不勝知懷智人奇辨母口遂往南天學十八經無暇剪爪號長爪梵志學畢還家而甥已爲佛弟子起大憍慢往佛所奪之佛令立論義墮負愧得法眼淨成阿羅漢獲四辨才**富樓那彌多羅尼子**云滿慈子**須菩提**云空生**優波尼沙陀**云塵性空以此六于同倫各有過人之才能出位等人頭地之德學故鶖子等**而爲上首**△敍二乘衆集

復有無量辟支云獨覺此如麟之獨出無佛世者又云緣覺觀十二因緣悟道名部行部黨而行出有佛世者無學眞窮惑盡所作已辦者并其初心研眞斷惑所作未辦者此等未有光召同來佛所崇會自恣也上證信序竟

○發起序章

此章大權示隱莛習以浚發大致佛放項光說咒轉邪意在扶律談常導行生者咸歸正覺也公先明自恣嚴戒爲弘範之首○承上無學初心同來佛所者以屬諸比丘自四月十四十五十六日結制九旬休夏今七月十四十五十六日解制自有愆失恣任僧舉所以來也休夏有二義一不乞食應請佛緣盛夏道路往還必傷蟲蟻有鈌慈悲故制禁足也二同心辦道以長一歲之戒臘故制坐臘也彼衆隨方亦可自恣必來佛所者有二義一爲鈍根進斷有疑來咨決故二爲利根前法已成更爲進求密義故十誦律云五惡法成就不應作自恣人一愛二瞋三怖四愚五自恣不知比丘成就五

善法作自恣人僧祇律云長老憶念今僧十五日自恣長老自恣說若見聞疑罪語我若知若見當如法除如是三說三人四人亦如上一人自恣法若五人應廣自恣此衆自恣法也五夏比丘不須依止自不放逸ム叙大乘衆集○此一佛世界**十方菩薩**各於本住九旬禁足無出觀佛今當解制亦來**咨**問請**決心疑**恭敬遵承曰**欽奉**攝受折伏曰**慈嚴**佛慈且嚴溫而厲也**將**請也對卽字看請**求密義**者意望說秘密法開決心疑令得了義法門也ム教主應感**卽時如來**因衆心欽故**敷**坐具於法空**座**上**宴安**而坐先以定動也因衆心疑故**爲諸**三乘**會中宣示深**密**奧**義以決其疑後以智拔也定動則以密觀其密智拔則以顯決其疑卽此一默一語間酬其所求之義如是師資道合則**法筵清衆**心疑盡決故俱**得未曾有**之深益也所以獲益深者以佛音和雅如**迦陵仙音**令人樂聞迦陵唐言好音鳥音越凡鳥故曰仙音如來說法有詞義樂辯之四無礙又有最好易了柔軟和調尊慧不悞深遠

不女之八音以故言不漏缺無得其短者迦陵仙音喻少分也偏十方界者聲輪與教體并周也恒沙菩薩皆萬行之衆聞佛法音來聚道場洪王作而法臣興也文殊師利云妙吉祥而爲上首者一分領應供二首勅提獎三决擇是非四揀選圓通五請結經名此五者皆大智之能事故此段文意如來有示清衆有得音聲普聞而無一字此密楞嚴也其後慶喜起請如來妙辯此顯楞嚴也顯以詮密則十卷經文皆爲註脚

△叙王臣請供爲乞食之由

時波斯匿王云勝軍舍衛國王也過去龍光佛世位登四地亦大權也爲其父王賓天之諱日人子于親終之日言之即慟故隱諱不忍言世敎每歲玆辰服食俱變示慟如初佛敎令作寘福以資之營齋者以延佛之益資先王也請佛于內宮殿中掖者宋元宮殿錄云掖爲垣掖之門如左右腋佛駕及門王自躬迎如來者屈萬乘之尊崇出世之敎也廣設珍羞周禮膳夫掌王者羞乃熟食之使也註曰備百物曰薦進滋味曰羞珍羞者無上妙味

也虔設者兼復親延諸大菩薩敬師及貧也城中復有平時飯依三寶
道隆德厚之長者清白自處之居士同王一時飯僧有四義一國王上行臣民
下效二以先王有道各報其恩三以自恣福田各追祖禰四以衆聖之來福田難遇佇竢我佛來
應者敬先當主未臨而伴必至也佛勑文殊王命曰救法王亦爾分領菩薩及
阿羅漢應諸齋主佛不分身而救分應者示同世法無相尊倫也分應亦令無分別獲福
平等若能等心而施則雖佛滅後福亦無不等矣△
叙設墮緣起○正發起此經之由如大彌陀經以色
引法華以光引之類此經示墮婬習爲發端者正明
恃多聞憍憐而不習定者無力以敵欲魔則不能出
生死故假大權示墮爲今之恃博學憍憐而不脩行
者勸也其後文但依所現聲聞見解發揮方能激引
眞實凡小良以深位假示淺位方能曲盡淺位情態
如執迷謬辯感悟流涕皆所以盡其情態而旁發諸
眞實者之心也○自恣一會法食兩全唯有阿難先曰獨受別事之請阿難云慶

喜○世尊告諸比丘我今年老宜須侍者目連即知
世尊欲得賢者阿難以爲侍者即往白之阿難求佛
三願方肯出家一不著佛新故衣二不食別請佛食
三不非時見佛涅槃敘阿難二十年前僧命爲佛侍
者請以三願其一曰出入無時如來贊曰善哉阿難
常爲王臣內貴門師爲彼說法有不時之請若制不
去則失大利故允別請○旣受別請遠遊未還不違列于赴齋眾僧之次律倫制
比丘遠行侶須三人一上座二闍黎以嚴行止防護難事今阿難去時既無上更無人之上
座及無阿闍黎名軌範師者還則途中獨歸其日無供詢佛及眾
業已宣示深與出應王臣普齋矣據受別請無侶雖
是三願之一而無漏大阿羅漢之迹自見故下文泛
同歎德之文也△敘行等慈○此行要以三輪體空
一心三觀爲體○中川曰分衞經云一切賢聖欲濟
貧苦故入聚落當乞食時乃至入無城想見無人想
○佛常乞食無遮限者有五法勝一者內證平等理
外不見有貧富相二者心無貪慢慈無偏利三者具
大威德不懼惡象四者息九大猜疑五者破二乘分

別此行菩薩行之則可以多聞之阿難較大智之鶖子等德猶優劣欲與世尊方車並駕不落後塵可乎即無供時阿難着僧伽黎執持應量鉢器初以假觀體佛心無貪慢與無緣慈於多人所遊花街寶市之城從家至家次第循佛軌儀而乞食此全合嚴淨毘尼弘範三界德也阿難每常隨分適陡然次第者未出祗恒門先心中初動一念王臣已延佛僧今求從未發心者作王臣最後發心檀越以爲今日齋主此全合拔濟未來越諸塵累德也但先用已見已乖佛內證平等理之心是遣登伽爲最後檀越之媒耳後問當初發心此句爲案惟求最後檀越次運空觀外不見有貧富相所以無問淨穢剎利尊姓剎利王族也以斷婬怒癡故是淨者居城內及旃陀羅云嚴幟行以標幟搖鈴持竹令人見之即避乃屠劊手是穢者屏城外令化之此亦不懼穢惡相也後以三輪空運中道觀行方行等慈以已等心法化令彼等心食施不惟遇剎利高大慈軟化之遇旃陀殺者慈忍化之更不擇其微薄貧

家賤婬室皆以慈愍化之此分合佛子住持善超諸卑有德也如是慈無徧利者豈只令王臣長者居士飯僧獲福乃發意圓成一切衆生無量捨心爲功解脫入道爲德此分合應身無量度脫衆生德也發意猶言作意調而應偶而會方能入塵垂手平等行慈令作意方行非不思不勉而三輪空力不全且喜楞嚴會衆獲益此句發端△敘平等之由○何自而發意方行初求耶由阿難多聞廣記之心已知淨名如來代世尊訶須菩提捨貧從富謂富者植因以續短福及大迦葉捨富從貧謂貧者植因以斷長窮曰爲阿羅漢心不均平此訶訶也世人見于貧富各從不免難信眞是無漏羅漢之疑有愛嫌不平之謗所以訶破取捨偏執也後恨多聞此段發案阿難欽仰如來昔訶之訓并息凡去猜疑與破二乘之執無問淨穢次第循乞開闡無遮貧富之等慈度諸疑心謗口以成德此全合從佛轉輪妙湛遺囑德也一經伏難質疑開經彼迷發悟皆此爲案阿難大心不亦見平由是

城外無水之隍處詳安徐步于郭門嚴整托鉢威儀肅恭受齋

法式此全合能於國上成就威儀德也佛本行集偈云智人乞食無有言亦不指點云與食望者默然

側立念是名乞食眞比丘十誦律云兩手提鉢由身受食如此循規蹈矩體佛行慈始將有失者差別在

甚麼處佛心無爲尊者作意三祖曰毫釐有差天地懸隔也厶叙誤墮○柏庭日是經之設特以阿難登

伽一緣其意有二一以後世其過偏甚宜先示教以爲之防一以有慧無定爲未足恃雖果位猶有所不

免以爲未全道力者誡爾時阿難因平等乞食次第經歷婬室遭

大幻術以幻化之術惑人心目也何人婬室摩登伽秦云有志其女云本性皷女也

即後文性比丘尼遺何幻術以用也娑毘迦羅此云金頭指日食半米爲苦行爲傳

咒術之師今已久亡故稱先梵天咒阿難持戒以行慈登伽未嫁而好欲兩不相符邪咒力故

攝入婬席婬躬逼近撫摩阿難將欲毀其清淨戒體遭此大幻術也

戒體者卽無作戒體也謂授戒之時白四羯磨心口
承受心不異緣一作之後更不復作戒疏所謂不起
則已起則性無作假色是也略言之小乘以無作善
法爲戒體謂之隨相大乘以無作善心爲戒體謂之
三聚然大小乘亦共三聚心法廣狹有分此就小乘
言戒體也將毀者後文八萬行中但毀一戒心清淨
故尚未論溺當機初果已斷身婬不入欲流故不論
溺此經最嚴者戒戒所重者休夏自恣諦究阿難邪
染之緣不出經家敘意大小威儀俱失兩門作略俱
無而欲行大人之事且曰方行等慈不擇微賤登伽
所以得便也○疏曰何謂大小威儀俱失休夏自恣
此小乘之威儀也而阿難方受別請咨決心疑此大
乘之威儀也而阿難方遠遊未還何謂兩門作略俱
無大乘極果猶諄諄乎結制小乘初意當謹謹乎伴
侶而阿難方破夏獨行大乘菩薩如文殊三處度夏
至休夏未嘗不往佛所咨決心疑阿難果何人斯而
獨異乎是耶故天台糾阿難之失者有五焉一破夏
遠遊二獨受別請三不來自恣四不咨決心疑五強
學大乘人作略要加止爲末世比丘與白衣居士學
虛頭禪無眞實慧虧威儀滅戒律實迷自己娘生強

冒大人作用者其過甚于誤墮婬舍矣△叙佛垂救如來于三摩提妙慧中、知彼未證平等

性智行慈必爲婬術所加摩登伽經云爾時世尊以淨天眼觀彼阿難即生救度今言知者乃

見一切衆生俱在如來大悲心中舉心動念也齋畢旋歸意在說呪往護王及大臣

長者居士咸意齋畢說法乃佛常儀今旋歸者必有所爲所以俱來隨佛願聞

法要即化佛說呪也王臣聚會聞法爲令居士者勸也於阿難戒體垂危時世尊入稱

示因戒生定化佛說呪則因定發慧也頂體也寂無見故從體起用日放無善不具日百

寶見攝受之慈無惡不摧曰無畏見折伏之威光明相也具性德故光中出生

千葉寶蓮成萬行因故有佛化身結跏趺坐不動智果故正表無爲心

佛亦化三摩地中以發阿難請定之案宣說神呪用也此呪從秘密藏中智光涌出仍須智

者持之總一無爲不加作意故敕文殊師利將呪往護惡呪銷滅文殊

根本智婬乃根本惑以斯智而破斯惑何易如之以
咒驅咒妙在神力夢醒提獎妙在辯才倚獨以咒力
使之醒使之歸而不勅
文殊者則非妙應矣
提獎阿難及摩登伽歸來佛
所
提令頓脫婬手獎其戒體猶今尊者從文殊阿闍
黎前歸登伽亦離婬室而後來佛所頓欲婬心得
成道果此謂轉婬事而爲究竟堅固之佛事也多聞
之阿難持戒而行慈被攝大智之文殊持咒而往護
提獎當知多聞不加見性廣記不如修禪見性則道
力全修禪則魔力滅戒之與咒爲助道耳二者對觀
淺深可見阿難見佛所以請定也○道議曰此經以
休夏自恣爲開端者盧舍那佛說梵網經金剛寶戒
命釋迦化佛各還本源世界敎化是知釋迦四十九
年單演戒法意在修行行者出生死海以戒爲基然
此經理開藏性行依大定敎屬頓圓而以阿難示墮
婬室淺近之事發起者此如來說法有深旨也經云
佛以一大事因緣故出現于世蓋謂一大事因緣乃
一眞法界如來藏淸淨眞心此心乃生佛均賦而同
稟者衆生迷之故如來爲此出世開示衆生令其悟
入此實爲最大一事也然衆生旣稟此心所以常沉

生死久溺劫波者皆由愛欲牽纏故也而生死界獨與眞爲對者唯婬妄一事爲大實吾人生死根本故曰賴有一矣若使二同普天下人無能爲道者今欲返妄歸眞必須先拔其生死根本欲究綱經以斷殺爲先此經以斷婬爲首以此患最深非大定不足以破之故阿難示墮婬室以發端及歸來見佛先以大定爲請而佛曰使言欲氣麤濁向下也尊歷歷數其過患至於三種相續則曰想愛同結愛不能離則諸世間父母子孫相生不斷經百千劫長在纏縛唯婬殺盜三謂根本又曰愛鏡中頭無故狂走又曰汝稱多聞何不能免摩登伽難待神咒力婬火頓滅愛河乾枯令汝解脫又曰汝雖歷劫憶持如來秘密妙嚴不如一日修無漏業遠離世間憎愛二苦又曰摩伽耶輸同悟宿因貪愛爲苦及安道場首即告曰六道衆生其心不婬則不隨其生死相續婬心不除塵不可出縱有稱定必落魔道若不斷婬修禪定者如蒸沙作飯百劫難成婬習修行縱得妙悟皆是婬根根本成婬三途難出必使婬機身心俱斷至坐道場則曰心滅貪婬持佛淨戒至於證果之初則曰除其助因刳其正性違其現業又曰當觀婬欲猶如毒蛇又

日永斷婬心初則執身不行次則執心不起又曰心
無貪婬於外六塵不多流逸塵既不緣根無所偶身
心快然是人即得無生法忍從是漸修安立聖位欲
習初乾則與如來法流水接等由是觀之則世出世
間生與無生盡在婬心斷與不斷耳至若七趣由情
想以取升沉三途內婬習而招劇苦及夫修禪之士
以性欲而壞定心破法王而成魔屬毒哉此慾生死
牢關長羈三界之囹圄永壞涅槃之安宅者無尚此
矣苟非密嚴利器付之勇猛丈夫又何以拔之哉由
此欲習最極幽深故世尊先放頂光以照之無爲化
佛祕密心咒以破之文殊大智以拔之則其往救之
由以示全經大定之體矣由是觀之因愛欲爲生死
之根大定爲成佛之本意謂非大覺不足以破大夢
非大法不足以除大悲斯實眞妄兩途覷體無二者
矣故於正示觀相文中偈云如世巧幻師幻作諸男
女雖見諸根動要以一機抽息機歸寂然諸幻成無
性又曰淨極光通達寂照含虛空卻來觀世間猶如
夢中事摩登伽在夢誰能留汝形諸觀全經的旨唯
此一事故知發起之由則見吾
佛說經之本意也上叙分竟

○正宗分

○請定章

此章恨多聞而欣果覺請示十方如來通修妙定之方便也意謂因記聞如來所阿而以三觀三輪行慈有失蒙佛頂光神咒文殊提獎歸來豈不自悔偏于多聞而尋正路不知仍以聞中入也△今家叙儀

阿難見佛見屬心佛屬境心境若空方眞見見佛此步工夫重在息見頂禮悲泣以最尊之頂禮卑下之足謝前恩以請後法也△當機悔過請法恨無始來迷根遠矣無明無始涅槃無終此恨歷僧祇而逐妄喜不歷僧祇獲法身其所恨者後一向多聞未全道力故不勝邪也○阿難與世尊於空王佛所同時發心阿難好多聞世尊好禪定自昔歷今故曰一向從外入者爲多聞從內出者爲道力卽定力也初果道小力不勝邪故曰未全苟全道力摩登其奈我何道體也力用也有道而後有力有體而後有用如來已成菩提道全德備故能從體起用說咒銷魔阿難方證初果求全道力故爲魔轉遠追其咎過在多聞多聞能助道今障道者永嘉謂分別名相不知休入

海算沙徒自困也小慧已爲障矣況一向乎況無始乎多聞爲後文實以聞中入之案道力爲後文心不入道力不自由之案**殷勤啟請**誠之至也下案正望果求因蓋謂十方如來得成菩提之果皆依性定爲因故指果體以問初因正同圓覺文殊啟請一切如來本起因地也**十方如來**果人也爲下十方如來異口同音之案**得成菩提**果覺也後文圓滿菩提歸無所得銷此得字爲成無上道之案**妙**者具含不變隨緣二義**奢摩他**云止即定義離萬法而獨露故下文破心顯見至非和合明空如來藏**三摩**云觀即慧義即萬法而無迹故後文汝猶未明一切浮塵諸幻化相至十八界皆會歸不空如來藏後多單言三摩提則圓具此三單言奢禪亦然**禪那**云靜慮即慮而靜故無散動當定義也即靜而慮故非無記當慧義也定慧均等謂之中道在即離而非即離故下文七大徧周皆會性色真空性空真色之空不空如來藏名雖有三總一如來藏妙覺明心含攝舉一即三言三即一故三者皆妙**最初方便**者言得菩提之妙行我已熟聞但不得最初下手之方便

故致眞心不曾悟大定不曾修極果不曾證故問十
方如來當初望果行因最初下手自何方便而入耶
長水指信解眞正爲最初方便有師獨指耳根圓通
又師謂請方便者乃背塵合覺之心卽是最初方便
謂此請示自性首楞嚴意在悟此爲密因令遵正脈
判見道分悟見是心爲初方便了識非心爲最初方
便修道分反聞自性爲初方便入道場持戒咒爲最
初方便證道分十信爲初方便乾慧爲最初方便良
以四智圓明曰菩提非假三觀斷盡識中我法等執
必不能轉凡界而入佛界阿難此請雖修證能事惜
乎未明不屬迷悟修證之眞心此心爲菩提涅槃元
淸淨體明不達此總歷塵劫修證終非了義故世尊
下文一問荅不開卽謂汝由不知常住眞心性淨明體
欲令阿難當下知歸識所請者乃功勳邊事耳△多
方集於啟除此祇復有十方如恒沙菩薩及諸十
會請時圍眾外來國中
方大阿羅漢辟支佛等以慧耳遙聞其請俱願樂聞
故一時同來佛所
退坐默然潔己虛心承受聖王宣一心智論云聽
收視返聽三觀之一妙旨者端視如

渴飲一心入于語義中踊躍聞信心悲喜如是之人可盡說

○反質初心章

此章質其初心眞妄破緣佛相好心而示以常心直心令知十方如來同一道故出離生死也意謂欲破識心以開奢摩他路令入空如來藏先標初心生滅眞如兩門殊可開示△叙詮安慰

**佛告阿難**四王生八子**汝**是斛飯王子**我**是淨飯王子一祖脉故曰**本同氣**倫非結義故曰**情均**父子兄弟以天合者曰**天倫**君臣朋友以義合者曰人倫今請妙門豈不以天倫之誼爲說但汝初見佛頂光說咒令汝解脫之勝故求十方如來得成菩提果覺之因意在解脫然解脫須般若智契法身理是知法身解脫由般若而證般若卽諸佛心也△初審衆生知見○今求菩提務要等諸佛心但汝作意行慈錯在未出門之先覩勝求因錯在未開口之先全是生滅識心而爲主宰非是諸佛般若因心今且問汝**當初**未出皇宮之先眞心妄心**發**何等**心**心不自發見相而發相超十聖

謂之勝相於我出世解脫法中法相報相見何勝相頓捨世間父母深重之恩宮眷情欲之愛何字是佛捉賊之先鋒法身無相非斷滅之無報身有相非縛着之有勝相非有無但在善用其心耳若以有相見則墮有見若以無相見則墮無見若以即有即無相見則墮亦有亦無見若以非有非無相見則墮非有非無見皆是根境不空有爲心識成戲論法總在何字圈繢中不能等諸佛般若心見無相法身也何以故法身無相佛心無爲以有見者不能見以無見者亦不能見以非有非無見者即有即無見者亦不能見唯離心意意識出凡聖路途者無能見亦無所見方許親見法身如來勝相發菩提因心同諸佛心等諸佛願求諸佛無上菩提果覺固非作意心識可見△

初陳衆生知見阿難白佛我見如來三十二相頂上肉髻胸前卍字乃至足下安平勝則首出萬類而世間無比妙則端嚴美麗而燦若芬花殊特超於十聖奇絕過於輪王而具相之形體映徹猶如琉璃觀如此答內執己身外愛色相豈知能見所見

皆屬依他之虛妄耶一見相後我於宮中常自思惟此從依他而生徧計此相必從淨明
體生非是欲愛所生阿難卽妄明眞功非一日乃悟淨色非染因生但淨染一分二死之
根本立矣厶自徵釋何以故非欲愛生耶良以父母之欲氣麤濁麤者腥臊交
遘濁者膿血雜亂不能發生勝淨如琉璃映徹之好妙明寶紫
金光聚所成欲氣既不能發生當從何生耶是以眼見勝相心生渴仰頓捨恩愛從
佛剃落此段分別全在生滅門中用此識心塞斷奢摩他路若見眞如門諸相非相發心則菩提
涅槃元淸淨體早已得之而空如來藏心光發明道
力全矣其病根在見相發心但見三十二相之化身
不能見無相之法身是口說奢摩不能用矣由是思
惟分淨分穢不達幻化空身卽法身是口說三摩不
能用矣不息憎愛取此捨彼各逐一邊不達隨緣不
變不變隨緣是口說禪那不能用矣且爾只知請無
上菩提之果覺妙奢摩他三摩禪那之因行以有修
有證求解脫不知不落修證之般若法身性淨明體

是以世尊首便提撕令阿難坐斷分淨分識取此捨
彼生滅妄想之識心爲取不屬迷悟染淨脩證菩提
涅槃元清淨體嗣後示二種根本及以如來清淨法
身與阿難顛倒之身比類發明皆此意也以至廣明
七大三科皆如來藏清淨本然求于迷悟去來生死
了不可得皆破此見相思惟也阿難忽爾塵情頓歇
了然自知獲本妙心而曰銷我億劫顛倒想不歷僧
祇獲法身始識清淨法身不落迷悟階級世尊亦結
告之曰妙淨明心本周法界不從人得何藉劬勞肯
綮脩證由是觀之世尊開門處即令阿難先悟自性
清淨法身次修證中方明觀行以證無上菩提及大
涅槃而曰滅妄明眞是稱如來二轉依號是種種地
皆以奢摩他毘婆舍那漸次脩證可見妙性圓明離
諸名相本無修習及修習者近以三觀科者云觀乃
脩習之謂其說似乎相當但以奢摩他科見道三摩
科修道禪那科證果似乎於本文未合如見道文中
自云有三摩提名大佛頂首楞嚴王修道文中云此
根初解先得人空空性圓明成法解脫證果文中云
是種種地皆以奢摩他毘婆舍那漸次脩證此即本
經明文可考也△雙標眞妄○正出一經之綱宗破

第一緣佛相好心爲開奢摩他路之最初方便也

佛言善哉此嘆其能而愍其昧見相割愛乃決烈丈夫所爲何善如之但緣佛相好之心難爲淨美之最勝者奈是識心塞斷奢摩他路與今所請兩不相符錯在未出皇宮門先良可太息但喜得汝發心之本意可以施教矣

阿難汝等當知當知二字提醒之詞貫通初節以不達見何勝相之問重在法身非相爲菩提根本全以鹵莽迷悟爲答是背眞逐妄故世尊向彼迷夢中極力提醒曰當知汝等在會及受身三界

一切衆生從無始一念迷本以來在二生死中起念造業生而死死而生輪轉相續者

皆由不知自己腥臊交遘血雜亂中有此體

常住眞心之性乃是淨明之體勝淨妙明本周法界而反認如來常心中所現之勝淨妙明形體映徹之相以爲奇特而生渴仰是卽捨爾靈龜觀我朶頤非妄想而何菩提根本在紛擾而不變謂之常在生滅而無去來謂之性在幻妄而不爛壞謂之眞爍群昏而靈靈獨炤謂之心形萬物而生生不息謂之性處汙濁而不染謂之淨

居欲氣而不昏謂之明爲法界之所依謂之體此即般若法身二相也上標眞即立眞如門下標妄即立生滅門謂既不知眞則舉心動念皆用諸妄想爲己心諸妄想名詳見自序中前文思惟後文業本能推因緣自然和合非合與夫十卷結云是五受陰五妄想成是也故知一經究竟四科七大六結以至七趣等唯五妄想也△首斥妄本此想即是汝見相不是求菩思惟之妄心不提之眞心由汝錯用此心認賊爲子縱經塵劫修行不成聖果故有生死輪轉即誤墮之由皆妄想使然矣蓋妄想有三執一本非是心而似是心故迷執以爲是心二本非有體而似有體故迷執以爲有體三本非有處而似有處故衆生迷執以爲有處向下先破其處乃佛密示妄識了無住處故托當機隨執隨彼直至七破情盡終不自悟然後呵其非心明其無體猶恨己之不知眞際所詣而求佛說處師資同一密機也此標眞妄并斥妄本竟△誡令直心汝今既欲研究十方如來得成無上菩提之眞因心發明自己性具妙定者殆非妄想可入應當直心吐露

詶我所問此言當初發心分染分淨則是妄心今誡直心者正教從發一眞無妄之心也○維摩經云直心是道場起信論云信成就發心略有三種一者直心正念眞如法故二者深心樂集一切諸善行故三者大悲心欲拔一切衆生苦故今如來先教阿難直心詶問以直則不欺不欺則可詣眞也尊者分淨分穢便是有一心兩條路早成紆曲故此勉之○良以十方如來與我同一道故出離生死者無別奇特皆以直心爲入性定之最初方便得成菩提涅槃捨直心則道曲矣是以我今誡汝直心詶我所問心言直故不落思議卽是性定如是乃至終而菩提果海始而三種發心地位中間定假奢摩三摩禪那位歷三賢十聖時歷三大僧祇不離性定則永無諸委曲相下文狂心若歇歇卽直心也不成菩提乃至別成聲聞緣覺及外道天魔者卽委曲路也上會諸佛一道誡令直心第一問答竟

○徵心破處章

此章雙徵心目所在以破識心在處令知有三摩提
十方如來一門超出妙莊嚴路也△初徵緣心○上
節但誨彼緣心妄想為生死本從來不知常體為菩
提因今誡定直心將欲破妄發眞指舊案問定病根
方下必瘳之藥阿難我今問汝當汝發心緣於如來三十二
相緣字二義一見緣相即我見二心緣相即思惟將何所見審見破根本識誰為愛
樂審心破前七轉識二識破二死斷也何誰二字將妄本追到水窮處元來無有定體如虛空花本無
所有纔顯妄心盡處即菩提眞心也世尊所問要他
用同諸佛直心七處既完曰相有則在正破此何字
義正脉謂心目雙徵者蓋根識不離而眼中見性即
是菩提根本亦即奢摩他體眾生日用不知但惟認
識為心隨識流轉是可哀憐故佛雙舉以觀阿難取
何為心而阿難但以見為眼愛為心於是極破非心
是知後所指妙明之心依
舊即此能見之性△直答阿難白佛言世尊如是愛
樂用我心目由目觀見如來勝相心生愛樂故我發

心願捨生死世尊前已揭示心見是用諸妄想爲生死根本阿難不知藏識名心心光名見情猶鹵莽仍曰目見心愛何其迷哉雖然正是直心訓答也目屬眼根心卽意識不知根識虛妄猶如空花若執有體能見能樂豈惟迷于法空亦起我人見愛後文六爲賊媒自刼家寶無始虛習住地無明皆由根識更非他物想相爲塵識情爲垢生死輪轉莫不由斯也△牒推○由阿難認定見者是眼愛者是心必有所在不知生死顛倒正坐在此故佛就其所起之處告阿難言如汝所認所說眞所愛樂三十二相者因於心該七識目該六知精卽此應知使汝墮婬室好多聞分淨染起憎愛皆心目所引之塵勞汝今欲研無上菩提應知心目所在若不識知心目所在則不能得降伏塵勞此喩本也塵勞者染汚擾亂意體卽根隨煩惱極至八萬四千細分之塵是塵緣屬見惑勞是勞慮屬思惑心之所在七處是也見之所在八辨是也△立喩譬如國王爲賊所侵國王喩眞心賊喩妄想眞爲妄轉如國被賊侵發

兵討除喻修大定破惑是兵要當知賊所在喻以觀照知六賊之源而後塞其去路絕其資糧搗其巢穴誅其首級方得邊境肅清烽煙頓息也ム法示今汝眞心卽國王識心卽賊冃為賊媒使汝無始以來流落生死輪轉不息者過在於誰唯汝自家心目為咎门刼法身德也蓋謂媒賊相依眼實賊媒引識奔色今責因識流轉須連帶眼而言心目為咎也汝今欲研眞心如護國王欲修禪定如用雄兵欲除識心如勦強賊必先知其賊之所在ム徵處吾今問汝唯汝能知之心與能見之目今何所在此雖心目並舉要重在心心無巴鼻迷者罔措故寄眼顯然在面取例識心在何處也上拔定徵處而後隨執隨破△妄陳在內阿難白佛言世尊一切世間衆生因多總十二類除空散無想二種無身心二相者還有十種異生造業不同果報亦別但受形骸同將識心居在色身之內卽令三尺童子試問其心咸以手指點胸而曰在內者此由父母胎中受形之始吸取赤白二

滴為身便有此執不待教而自能謂之俱生無明亦謂之堅固妄想故牢執此身為心之舍宅若瓶蛾井蛙終不能出此即衆生一大迷也故尊者先托一切衆生心居身內成已心在身內以答世尊雖然此舉衆生同迷正欲衆心同悟之意若論目之所在一切衆生眼在面上縱觀如來清淨紺目修廣如青蓮華之眼固與衆生不同然其所在亦秪在佛面與衆生一也則心亦同內矣。我今觀此在前色根外之麤浮塵眼根可見之狀如葡萄朶者乃色香味觸四塵所成秪在我面非勝義根元是一精明天眼始見也既從凡至聖莫不眼在面而心在內我甯不知眼在外而如是識心實居身內乎若使尊者向心目所在一問處識得地頭便與世尊把手共行優游覺海安得復有種種妄執蓋一切衆生尋常所執無不在身內妄認色身為所依處即賊之所在衆世之迷如此○初問發心佛但取緣相之識破其非心以此識勝善劣惡之用最名姑問五種一識者緣佛色相心二者緣佛聲教心三者聞法領悟心四者緣止散入寂心五者緣界外取

證心此等勝善識心佛先破盡不破則認爲眞實如
同認賊爲子生死莫可出也豈許認此五種勝善功
能力用爲心執此妄想識爲眞實哉故立王賊以喻
心目眞妄以便徵其所在○圓通疏曰此喻設得極
好總喻下文七番破心無所三處破心無體蓋有賊
必有所居巢穴初攻其內則逃遁於外次攻其外則
逃遁於潛根以至攻其中間則漫散四方而無所着
至攻無所着則巢傾穴破以爲流賊夫賊至於流則
絕之必矣故下三處破心無體設正設奇皆降伏虛
勢之良策至於因見顯心因心顯見等此又撫字之
嘉謨用文之仁聖也若向此方搖末穩之際言全妄
即眞者用是爲雪上加霜有乖方便平等意蓋方便者
決擇意平等者普融意次擇識心勿用普融識亦藏
心若必執後藏心而疑前非決定破則水火二大亦
是藏心事水事火者即應非決定外道豈可脩楞嚴
者亦許其崇事水火耶是知水火雖藏心事之者墮
邪而不成正猶六識雖藏心用之修之決滯生死而
不成菩提同當決擇斥破也○尊者執心在內自信
必然世尊一切智人只將目前易了之事反詰令
他親口答出無躲閃處賊計自破△用境見審定佛

告阿難汝今現坐如來講堂觀祇陀林今何所在尊者答曰世尊此大重閣淸淨講堂在給孤園內今祇陀林實在堂外此自定內外境也復審阿難汝今堂中先何所見答曰世尊我在堂中先見如來次觀大衆如是外望方矚林園此自定先後見也又審見外之因阿難汝矚林園因何有見答曰世尊此大講堂戶牖開豁因堂開豁而得見外故我在堂得遠瞻見尊者連下三轉語皆落世尊圈繢欲進而破之故立定體爲歸宿之地以酬其請厶先慰爾時世尊在大衆中舒金色臂佛身金剛聚成故曰金臂摩阿難頂撫慰以示其愛厶立定體名用告示阿難及諸大衆汝等所執在內識心不能求十方如來無上菩提果覺欲求菩提必除此所執識心別有三摩提云正定正受又曰三昧以

正是禪定受用三昧乃法界性爲諸佛諸大菩薩自住之地爲一切定之體此體竪窮也在果性名大佛頂橫徧也在因性名首楞嚴王修首楞嚴定之菩薩于其自住三摩地中一念具足四心四攝六度萬行證大佛頂之十方如來亦各於其自住三摩地中了得此見及緣元是菩提妙淨明體之一大定門破業識證圓成超出三賢十聖菩薩妙莊嚴路千聖共遊故曰一門頓斷無明故曰超出妙莊嚴海由此而至故謂之路所言妙莊嚴者大道無作法爾定慧莊嚴定慧即妙奢摩他三摩禪那法華定慧力莊嚴也路即五十五位眞菩提路也前問見何勝相徵問所在暗顯此心法門路下文要因門入本發心路一門深入成一路涅槃門斯門已成就于此門無惑所歸道路成佛法門正脩行路皆此去也汝等各各不如有此周徧法界性具妙定固執心在內而一切法滿眼着殊今旣知各各本有此定當依之以明妙莊嚴路爲最初方便則三科七大總一如來藏常住眞心了無佛魔之別倘汝等不能擴充在內之心爲法界性者吾今爲汝一一究竟不遺委曲

△誠聽欽受汝今當諦實而聽阿難頂禮伏受以示嚴敬欽仰慈音妙

旨下正七番破處令悟法界性也

○一破執心在內明不在自生△牒前境見

佛告阿難如汝所言身在講堂戶牖開豁遠矚林園

△反難亦有眾生在此堂中不見如來見堂外者△順答

阿難答言世尊在堂不見如來能見林泉無有是處

△正例阿難汝亦如是令汝所計卽是在堂不見如來能外見林泉者汝之心

最靈凡六根門頭一切法無不明然了知若汝現前所明了

心實在身內者爾時先合了知腑臟之內身然後乃見外物方與

法喻相合又汝先言十種異生同將識心居在身內其十種異生中頗有眾生先見身

中後觀外物同汝在堂先見如來如是外望方矚林園之喻者耶佛知阿難必救言眼在我
面何能先見身中故遮云眼是離中取境在內之心縱不能內見與心切近肝與
脾胃而爪生髮長筋轉脉搖與心相遠浮於外者誠合明了如
何內外俱不知耶△以必不內知破○若最靈之心在內必不內知腑臟等物云
何反知外物耶△能知外結破是故應知汝言在堂不見如來能見林泉無有是處
卽應覺了能知之心住在身中不見身內反見身外者亦無有是處
○七番破處凡情所計雖復萬差因依之處不過此
也欲摧妄識先破所依猶城陷則賊亡巢傾則卵覆
龍樹云諸法不自生亦不從他生不共不無因是故
說無生通心論云一法性無生妙理言法至虛言性
本來自爾名曰無生二緣起無生夫境由心現故不
從他生心藉境起故不自生心境各異故不共生相
因而有故不無因生又理無生圓成實性本不生故
事無生緣生之相卽無生故則知如來七番逐破使

妄賊既除眞王得顯無生大定之理於茲見矣故此七番乃破四性謂在內潛根雙計內外破自性在外隨合破他性根塵中間破共性無着以破無因性此中執內而疑尚未盡者更合第四釋之餘疑無不盡矣

○二破執心在外明不從他生ㄙ計外

阿難稽首而白佛言世尊問云心何所在我將十種異生此例發明此心實居身內今聞如來如是必不內知云何知外之法音悟知我在內之心不知內而知外者此心實居身外果非在內此第二緣佛聲教心也ㄙ自徵所以云實居身外者何也ㄙ舉燈喻中明在內之過○我心如燈我身如室佛謂心若在內宜先見內後方見外譬如燈光然於室中是燈必能先照室內從其室門後及庭際故能見外○正脉科此為異喻執心在外喻從內明故為異一切衆生下同喻以明心在身外ㄙ正計一切衆生在內之心不見身中焦腑獨見身外萬物

是故此心實居身外不能見內焦腑亦如燈光居在室外不能炤室內物
也△牒計請決是以室外之燈比在身外之心其義必定明了將者也再再無所
惑請佛印證不審可能同佛了義之見得無同執心在內之妄謬△如耶來以
身心相知破○喻明外不相干先佛告阿難是諸比丘適來從我室
羅筏城循乞四食中有形設可摶取之食非觸食思食識食也歸祇陀林
我已宿齋有日循乞乃提獎次日事宿齋本日止齋也汝觀比丘彼一人
食時此諸人皆同飽不喻意但取諸人既分彼此便不相知若心在身外便同兩人亦
分彼此亦不相知矣故用異喻反顯決不同也△當機於喻不迷阿難答言不也世
尊何以故是諸比丘雖阿羅漢子縛共斷不該識分別若論身軀
果縛各命存自不相同不能合眾人爲一體云何一人食時能令眾飽

尊者計又自墮矣△合異喩無干佛告阿難若汝覺了能知能見之
心實在身外者若身若心互相爲外自身自心兩不相干則
心所知身不能覺覺在身際心不能知方合軀命不同彼不飽此
厶驗身心非不相干身心相外之義汝知之乎○阿難我今示汝兜羅綿手細香
綿色如霜佛手如之汝眼見時心分別不阿難答言如是世尊
眼見而心卽分別是相知而不相外也厶正破佛告阿難若身心相知者云何
說言心在身外夫眼見是身之知心分別是心之知二知同時曾無兩體卽此相知何有在外
之破○相以△結是相知而不相外之故應知汝言覺了能知之心
住在身外如燈在室外不能炤室者無有是處
○三破執潛根明不從自生厶計潛根

阿難白佛言世尊如佛所言不見內故不居身內身心相知不相離故不在身外我今思惟知在一處謂雖不在外而能見外雖不在內而不離身還在內外相關處非前內外兩處也佛就便徵言汝今思惟處今何在阿難答言此了知心既不知內而能見外如我思忖潛伏勝義根裡昔世尊談法相時四緣生識根為增上以根能發識比如是根不知此心自本自根生一切法妄計根能生心而心潛伏根裡△喻成已執猶如有人取琉璃椀合其兩眼琉璃椀喻眼眼喻心琉璃合眼而不礙眼見如眼根合心而不礙見故曰心雖有物合而不留礙眼家之見以彼潛心之根隨見青黃不了是青黃心隨眼根即能分別是青黃此領身心相知之旨脫心在外之過也△脫二謬然我覺了能知之心不見內之心脾胃肝者為在根

故宜乎不見內也分明矚外無障礙者潛在眼根內故宜乎不在外也
上曲成潛根之義△以法喻不齊破○先審琉璃來歷佛告阿難如汝所言此心
潛在眼根內者是法猶如琉璃是喻此法喻果齊乎彼人當以琉璃
籠眼當見山河見琉璃不尊者來歷不明答言如是世尊是人
正當以琉璃籠眼時眼實見琉璃又諸空也△正破佛告阿難
汝心若同琉璃合者喻中眼見山河亦見琉璃法中心見山河應當見眼汝心當
見山河時何不見眼若使能心見眼者眼即反同心家所緣
之境眼既同境乃是無知之物不得成彼隨見隨即分根隨別之義若眼見琉璃心
不能見眼犯法喻不齊過如是二俱不成云何說言此了知心潛在
根內如琉璃合破△結是故應知汝言覺了能知之心

潛伏根裡如琉璃合無有是處○若論下文汝觀此
會聖眾用目循歷其
目周視但如鏡中無別分析汝識于中次第標指之
說則此此潛根未爲不是但前曰如我思惟則對面千
里
也
○四破執在內外明不共生
△雙計內外○此亦世尊談法性時所說眼能見
明亦能見暗今持兩可之說雙計見明見暗爲見內
見外也吳興曰初計在內佛以不見腑臟爲破次計
在外復招身心相離之難又
計潛根却乖法喻不齊之過阿難白佛言世尊我今
又作如是思惟先托眾生
講身良以是眾生身具有
六腑五臟在
身中九種竅穴居身外白虎通曰五藏者肝心肺腎脾
六腑者五藏之宮胃爲脾府膀
爲腎府三焦爲命府膽爲肝府大小腸爲心府肺府
三焦者上焦在心上至泥丸宮主通津液濤溫之氣
中焦在心胃下至臍主通血脉精神之氣下焦在臍
下至湧泉主通太小便利五藏別論云以能藏精氣

而不泄者曰藏其傳化物而不藏者曰府有藏則暗則見暗時即名見內不必要見心肝脾胃
有竅則明故見明時即名見外不必責其身心相外今我對佛開眼見明
名為見外閉眼見暗名為見內內外若成又非獨潛伏根裡如此則可免
三者之過不知當與不當請問是義云何此雙計內外未嘗不是但心作思惟口問云何所謂
中心疑者其辭枝△以身眼兩覺破○先雙開兩關審定佛告阿難汝當閉眼見
暗之時此暗境界為與眼對為不對眼ㄙ破見暗名見內○阿難
此暗相若與眼對則此暗相在汝眼前云何成得閉眼見暗名為見
內若許暗相雖在眼前亦可成在內者則凡居暗室中無日月燈
光之處此諸室暗中則應皆是汝三焦六腑有是理乎若此暗相
不與眼對者則應此暗不與眼合云何又成眼前能見黑暗對與不對皆不成內

矣厶縱奪例明見暗不成內對之義若離外見內對所成當合眼返見

暗時名爲的見身中者則汝心眼有返觀之能也汝當開眼見明時何

不返見爾面耶應返見面纔成內對若開眼旣不能返見予面合眼亦不

能返觀中是爾身內對之計不成矣下明見面非內對義謂何獨不能見面難成內對縱使

見面若成此了知心及與眼根乃在虛空對汝形外之面何

成在內見焦腑耶是則見面與不見面俱不成內對也下以非體無知發明虛空無心眼對面愈

顯無內對之理謂心眼在空不過巧辯汝耳豈實然乎若汝心眼果在虛空則應虛空心眼

即是汝體而汝自身非汝體也若轉計雖在虛空亦見我面還是我體即應如來

今見汝面如來亦是汝身乎且汝心眼旣在虛空已有知覺則汝此

身合當非有覺矣厶知覺正破必汝執言自身有覺空中之身眼亦自有覺如是

眼兩覺則汝一身應有二知一在虛空一在已身既有二知卽汝一身應成兩佛有是理乎如是展轉推窮則兩可之計氷消矣△結破○以是無二知之故阿難應知汝言見暗名見內者無有是處不言見明名見外者略也○世尊破處如庖丁解牛隨手運轉不犯鋒鋩古德云會得則死句皆成活句會不得活句皆成死句神奇化爲臭腐臭腐復化爲神奇實無定法此上四計皆因云何知外一語鈎動故尊者捨一執一所謂承言滯句者向後三計知見已窮復引權教性相深義欲杜世尊之口不知是則總是非則總非卽欲破聞法領悟心也下破識心無體而似有體妄執以爲有體之迷

○五破據聖教執在隨所合處明不從無因生

△計隨合

阿難言我常聞佛開示四衆由心生故種種法生由法生故種種心生佛言心境皆從業識變起同時妄有如兩束蘆互相依倚離心無境

離境無心尊者謬謂心法相生以爲必是故計隨合隨生厶出已意我今思惟世尊所說心法相生卽此能思惟體實我心性不知此體因塵有相更加實字全見執情執心隨與一法所合之處心則隨那一法有而隨合處卽爲心在亦非定在內外潛根中間三處此尊者以己之心度人之心又將醍醐化爲毒藥矣厶以無體不能合破○世尊如耆婆攬草無非是藥手到病除故約有體無體牒阿難所計一法破之則無所賴也佛告阿難汝今說言由法生故種種心生隨所合處心隨有者合則如蓋合函必彼此有體然後可合令汝所思惟者是浮想之心實無自體既無自體則無所合蓋六種根塵各有體量已合成十八界矣若無有體量之心而能合者則是六塵之外更有一種無體之塵與汝無體之心合爲一法相也豈有十九界因七塵合之理乎塵與心無體是汝所計隨所合義不然也不曰二

十一界而曰十九界者正顯心與塵俱無體也若汝思惟心必有其體在隨所合處者
譬如汝今以手自挃徧其肢體汝所知心從何所來若無所從為復內出
來又非隨合隨有必待挃而始見方是隨合隨有若有所從來必有內出外入今者
耶為從外入耶若從內出還隨執心在內先見身中若從外
來還隨執心在外先合見面豈有隨合而隨有心在之理乎△轉計眼見心知為難阿
難言見是其眼心知非眼愚法聲聞不分根識故一聞見內見面之說反生疑
難意謂眼可見今以心責名為見恐非正義所謂胡人飲乳翻怪良醫世尊隨高隨下
括來便是△舉喻○暗牖戶牖開窗之文顯知見唯心以阿難喻心以門喻眼佛言若汝眼
能見如汝身在室中雖因門見外必也室中有汝身而後能見若非汝身門能
見不厶喻責○汝識心寄身內雖因眼見外必也眼中有汝心而後能見若非汝心眼能見不若眼

自能見則諸已死尚有眼存應皆見物若見物者云何名死此正顯能見在心也△正破○拈上文心若有體一義作覺與不覺徧與不徧四分破正發盡無體不能合之之意謂法有定相心無定體正如水上葫蘆按着便轉日中寶石色無定形安有定體

阿難又汝覺了能知之心若必有體為復一體為有多體今在汝身為復徧體為不徧體若一體者則應拔一毛而舉毛皆動如汝以手挃一支時四支應覺若渾身四支咸覺者挃應無有定觸之所在若挃有處所則汝一體自不能成若多體者有一心體則成一人有多心體則成多人不知於多人中何體為汝若徧體者同前一體所挃挃一支而四支咸覺若不徧者止在一肢當汝觸頭亦觸其足頭有所覺足應無知可謂不徧今

汝觸頭頭知觸足足
知不偏之義又
不然也ム
結破
是故應知二體尚且
非一非多
非偏非不偏而
無有定汝計
隨所合處心則隨有無有是處○先
德云
明明百草頭明明祖師意又云通身是偏身是會得
者左右逢渠隨流得妙隨合隨有亦是但阿難依經
解義三世佛冤故被世尊推倒
○六破據聖教執在中間明不共生○隨合是執
卽一切相生無着是執離一切相生潛根執相宗增
上緣生中問執相宗增上所緣緣生無着執性宗無
相甚深義生據此七問足見尊者壓着滿肚皮佛法
世尊七番就其執處與他解粘去縛先德云佛法裡
迷却多少人世法裡悟却多少人故知法無定相
迷悟在人易曰神而明之存乎其人ム計中間阿
難白佛言世尊我亦聞佛與文殊等諸法王子談實
相時世尊亦言心不在內亦不在外
昔談一切法惟
心正顯心無定
相不在內外非謂在中間也○金剛經云是實相者
卽是非相是故如來說名實相大般若云法界自性

無住無不住正脉云實相者性宗空宗所說曲直不同大約說一心萬法不依妄執直談眞實本相而已不在內不在外者眞心實相也缺不在中間者今欲立心在中間也論曰不在眞妄皆可發明若說妄心是明無體意實不在也若說眞心是則周徧意反顯無所不在不滯在一處也○今阿難混濫徧引眞說以附會已之妄意意謂不在內者不在根也不在外者不在塵也可謂謬引矣謬執曰如我思惟昔云不在內根即今內無所見不在外塵即今外不相知此立定二法下會定今昔之言轉出中字來爲心所在內無知故在內不成釋內無所見身心相知在外非義釋外不相知今相知故復內無見當在中間世尊所言不在內外正言心無定在非謂心在中間尊者復執爲中不知纔喚作中即有定在矣么以非知不知破○先審定在身在境然後兩破其中俱無定在佛言汝言中間中必不迷常有定處非無所在今汝將心推其中間中何爲在爲

復在處爲當在身在處在身佛所立也若在身者身有中邊二義爲在在
邊則非中在中則同前在內應當見內即身推中中無位矣若在處者
處有有表無表二義標物以顯中曰表既在中處爲有所表爲無所表無表
則同無中有表則中無定在徵△何以故△無定耶喻釋如人以
挿等之表挿向一處表爲中時東看則西南觀成北此四方失準中
無定位然而表中者顯汝心之所依也今表體既尚混亂而無定所表之心應隨表
雜亂自無一定之中也△據言成計阿難一聞身境兩破其中如火燒眉急忙使樸言我
所說中非此在身在處二種亦有所憑如世尊言眼色爲緣生
於眼識謂根境合而生識以眼爲增上緣色爲所緣緣故也即今我如世尊之言而悟之眼
有分別色塵無知正觀曰七大文云但如鏡中無別分析指眼根等貫珠曰眼有分別

者以根是有執受色有自性分別無計度分別下約自性故曰無別分析此約計度故曰眼有分別合轍云眼有分別色塵無知者是阿難錯解佛意重添註腳殊不知眼能照境識能分別而眼無分別世尊之意以眼色二種爲生識之緣非謂眼色卽能生識以識自有能生種子故且根境二法皆是色種豈有色種而生心之現行乎故曰根之種現但能導識之種現根爲生識之緣則可生識則不可阿難不知根塵識三各有種子遂執根境皆能生識曰

識生其中則爲心在

也正脈背阿難所引是佛相宗隨順世間之談不了義說此經於後十八界中一一破其相妄性顯性眞方是奢摩他今阿難求此而仍引權說以證心處正是多聞人循名味義之狀耳眼有分別者言眼有知覺也此句但是定眼根在內而已以其有知則必屬內身故也色塵無知者此句乃定色塵在外而已以其無知則必屬外境故也識生其中則爲心在者言根塵內外相對而識在中間作用分別故卽指爲心在之處此方分明說出根塵之中也阿難此計有兩錯前註實相錯今註權宗又錯也△先審

佛言汝心若在

根塵之中而生者此所生之心體爲復兼根塵二者耶爲不兼

根塵二者耶△正破○承上若兼二者如父母合而生子不兼二者如不因父母合而自生子也若

兼根塵二者而生識是色法生心法則物體雜亂且根塵之物非心體有

知物屬相分體屬見分見分相分成敵兩立云何爲中生汝識心乎是兼二

不成生識之中也若使不兼根塵二者而自生識不兼根非屬有知不兼塵非屬不知

既無能生之根塵即無所生之體性中何爲相而云識生其中耶么結破○以

是兼與不兼俱不能生識之故應知識心當在根塵中間生者無有是處

○又一講不兼根非了有知之根不兼塵非了無知之塵則無識之體性中何爲相正顯識依根塵而有

若無根塵識心無依無依則不執不執即是狂心歇處即世尊所談實相現前

○七破據聖教無著明不從無因生○上六番有著落處不當心所在則知無著落處是心所在不知

常住眞心有無不立中道不安也一ム計無着

阿難白佛言世尊我昔在般若會上見佛與大目連須菩提富樓那舍利弗四大弟子共轉法輪時尋佛常言此見聞覺知六用知精與第六分別心性心性卽依他起徧計執二性也此心性不在內外中間三處阿難指來轉計謂此心性既不在內亦不在外不在中間俱無所在是以一切無着落之處名之爲心則我心亦無着落處可以名爲心之處所不此二句是阿難不敢自決之意○蓋佛語三不在者正三種非眞義中第二無體義也阿難證成無着爲心是謂心有體但無着而已問詳此語意雖不覺妄心無體而已遁成無處良以佛之徵處本顯無處今已無處何得又破答曰佛之徵處固顯無處實令悟其無體今證無着卽爲心體是雖無處而執有體所以破也世尊于般若會中談無着眞宗不在內外中間正言心

無處所無處住心不應復有所着故大品云若住一切法不住般若不住一切法方住般若釋云若住法則不見般若若住般若則不見法以法有相般若無相故亦非離有相法別立無相般若以相即無相全是般若故經云若學般若則學一切法何以故夫般若者是無住義起心則是住着若不住着一切法即是般若故曰心處無在不在之處唯是一心一心之體本來寂滅唯有入者只在心知等尊者錯解佛意謂世尊說無着名心我今將心不去着在一切法上可得名爲心不殊不知將心不着早是着矣厶以相有則在破○牒所執佛向開口不得處就與一拶告云阿難汝言能覺知能分別的心性俱無在者夫無在即無着言一切者如今世間上自虛空下自水陸飛者是禽行者是人諸所物象萬像森羅名爲一切汝稱不着一切法者爲汝之心本有所在而今不着一切法耶爲是汝心本無處所而自然不着一切法耶若汝心本無處所而自然不着者此心無則同於龜毛兔角

之本無云何更添不着乎若處所汝心有而不去着法一切者則是汝心
已有着處不可名無着矣○有不着者正是所守之偏空二乘之執在此句點出△正破○若
汝果能無心相則是眞無心決無有着若非眞無心則心定有相心
相既有則有處處定粘着云何而說一切無着如是則不但有相不可名無着
即無相亦不可名無着以纔說無相即隨有相故也厶結破是相有則在不可名無之故應
知一切無着名覺知心無有是處○此世尊有無俱遣正顯法身周偏
慧海和尚云心是法身謂能生萬法故號法界之身
上文于前三種非眞義中括第三有處之執啓示妄
識無處竟下破第一是心之執顯呵妄識非心○貧
中判經從初至二卷破心見二執證人空從汝猶未
明一切浮塵諸幻化相至三卷破陰
處界等以顯法空義趣之分如是
○正破緣
心章

此章由破處而請眞際所詣佛放面門一光雙標眞妄二本舉拳驗見連破非心有體二迷令入奢摩他路也ㄙ儀陳請

叙爾時阿難在大衆中即從座起偏袒即肉袒右肩以右為順以左為逆如云左遷左道皆是逆意故稱右也右膝着地禮記云君再拜稽首肉袒親割敬之至也又云肉袒服之盡也彼合文雖無膝地之言而拜服之儀亦示卑下之誠也

掌恭敬而白佛言四王生八子獨我是如來最小之弟照應前天倫同氣語蒙佛慈愛我幼小雖令出家未得合佛直心一道猶恃己之嬌態倚佛哀憐所以不肯前修反認多聞有漏以為實證未得無漏定力不能

折伏娑毘羅咒為彼婬魔所轉溺於婬舍今蒙世尊前七番破處非我固執不捨良如世尊前責當由不知眞心實際所造詣處用諸妄想使然也

此請依舊問新住之處意謂我等愚迷悠悠忽忽恃愛不修毫無實證此固大悲所當憐愍者然我等雖

欲詣眞際無路不達惟願世尊大慈哀愍開示我等詣眞際之奢摩他路以奢摩他是詣眞際家之大路前七番破妄是奢摩之方便但破心之所在如臨岐開路相似後斥能推方入正路發軔在此方請路也惟得此路則令諸闡提隳彌戾車彌戾車云惡見謂不信自己有此大佛頂首楞嚴王而妄認三十二相爲奇特妙好一切向外馳求川諸妄想者皆闡提惡見也若得世尊開示奢摩他路造詣眞際方能令彼生信自隳惡見得正趣也然撥無根於惡見惡見根于妄想妄想根于不知妄心體虛故作能達體虛卽得奢摩他路令諸闡提隳彌戾車也

是語已五體投地及諸大衆傾渴翹佇立以欽聞世尊開示教誨下放光默示三端誨以二種根本也○尊者厭多聞而欣請大定世尊問當初發心示以常心誠令直心詰心所在立三摩以安心阿難不顧其旨不得自住執心在內世尊究竟此心以內不相知破之執心在外以身心相知破之執心潛根以法喩不齊破之雙計內外以身眼兩覺破之執隨合以

無體不能合破之執心在中以非知不知破之執心無着以相有則在破之七處既破塞其識心之去路絕其六賊之資糧而色陰受陰不能爲咎則阿難心向有法上不能自守只得回頭向空如來藏中請問眞際所詣詣者往向義也依舊問心之所在不知破處正顯法界一相之眞際即性淨明體也後爲斥破妄心正明常住眞心故世尊今日從面門放光令諸世界合成一界以顯眞際無二周偏圓融無在不在合阿難擔當此光爲菩提涅槃之根本捨執內執外生死之根本誅其六識之首級也○疏云此經放光茲爲首瑞將開奢摩他路先以形似也形似也頓上根利智目擊道存聲似也漸中下之機耳提方悟此經形聲雙似頓漸兼施無法不融無機不攝今先以形似文有三節初六根瑞爲下文顯眞見張本次諸法瑞爲下陰入處界七大顯如來藏張本又次達聞瑞爲圓通根之張本表明開發時一切見是眞見一切法是佛法不勞施設一切現成了此光瑞楞嚴大旨思過半矣

△初六根瑞

爾時世尊

從其面門放種種光○面門即六根門頭將欲勦除心賊展發正趣顯示本明不離

當處故先從面門口眼耳鼻眉間一時放種種百寶
無畏光明表破六根顯出六湛圓明之相正乃默示
奢摩他路以啟廻諸修行人之信臨濟云有一無位
眞人在汝六根門頭放光動地諸人未證據者看看
是也○又據大般若云世尊面門不長不短不大不
小如是端嚴是第二十九之相好也僧伽羅剎所集
佛行云最明曜處面門中如牛乳色鞞婆沙云向面
故名爲門光即心之靈相在佛成種種光明在衆生
成種種顚倒業種照心爲光取境爲業日
月之光照物得名妙心之光照性得名也其光體也晃
曜相也如百千日喻也其光晃朗曜煥顯至明無住故正以差別智照顯四科七大藏性周
徧智境全彰△二諸法瑞普佛世界六種震動用也即前十方恒沙菩薩各所住處
吾佛面光正報之用普佛地動依報之用將欲破六
識以顯六根故先動地以覺之六種者動起涌震吼
擊搖颺不安曰動自下升高曰起璘瓏凹凸曰涌隱
隱有聲曰震砰磕發響曰吼打搏警物曰擊初動名
動動四天下名徧動盡十方動名等徧
動謂盡空所有十方佛世界皆動也如是普佛十方

微塵國土一時開現顯昔迷時則六識封閉彼此我人殊方異障滯礙不通今悟後
則六用豁達十方諸佛微塵國土隨念一時開現也佛之威神令諸十方世界合
成一界若約象說佛之法化威神令諸十方微塵世界合成一界約意說由本覺智力以十八界
融一性耳正顯眞際無二周徧圓融ム三遠間瑞其普佛世界中所有一切諸
大菩薩因人咸以自性覺因攝視聽于本際皆住本國不轉依妄之事土合掌
洞開眞聞承聽我佛迦陵仙音宣示深奧也○由衆生有此本光味而不知分爲根塵識三于器世
界不能超越若能內瑩發光根塵識心應時銷落見聞逆鄰合開成就故以此瑞先示之果能了茲光端
則菩提涅槃元清淨體不動步而得人衆自當合掌承聽也向下破妄顯眞卽顯此光了此何別求佛法
哉△標誨二種根本爲一經之綱宗○此二根本卽前性淨明體用諸妄想詳示之先明業種墮者修之
末眞故也佛告阿難一切十類衆生從無始來種種顛倒業

種自然如惡叉聚顚倒者背眞逐妄如以頂向下足向上故凡夫以非常計常等二乘
以常計無常等八倒認心知服見是顚倒根本下文若干顚倒皆此發去言業種者迷此覺心忽起無明
出此無明轉成業識造種種業熏成種子名爲業種種必有果子子相生則輪轉生死無有斷絕故惑業
苦三生必同條如惡叉果惡叉毒樹名也西域有惡木一枝三子生必同科名惡叉聚喻衆生惑業苦三
生必同聚也下文別業同業術業發業業本皆從業種流出正是大定所破者此爲後文廣明七聚之張
本諸修行人不能得成無上菩提乃至者超諸人鬼神也如二乘
人雖順正法不樂勝進故亦斥爲別成聲聞緣覺背大心而證小果及成趣邪
之外道諸天修十善而欣樂果魔邪王此云能奪命祟邪忌正能作奪命因緣故
稱爲魔魔王魔民皆邪因邪果邪業邪報也及魔眷屬就欲境而亂正修者皆由不
知眞妄二種根本錯用妄想亂爲眞因修習菩提縱經塵劫終不能得成佛

猶如煮沙欲成嘉饌縱經塵刧終不能得煮沙喻錯修嘉饌喻無上菩提妙果縱經塵刧終不能得以沙非飯本故以喻不知眞妄二體依妄想錯修欲希無上菩提縱經塵刧終不得成此爲後文詳辨魔境之張本由請開示我等奢摩他路故就尊者覿體指出兩條路來

Δ徵云何二種Δ列眞妄釋阿難一者衆生最初迷一眞法界不覺心起而有其念爲無始生死根本即根本無明如狂勞花現睡熱夢生本無緣起之由非有定生之處由一念動三細六麤執內取外造業受報則汝今者與諸衆生所用東攀西緣之心爲自性者前認此思惟體即我心性○疏云示以二種根本者令當機知所去取也一有不知悉皆顚倒不以所當去者而取之所當取者而去之今之行者當用心於此故如來告之能緣之心爲攀所攀之境爲緣凡夫攀緣六塵外道天魔攀緣邪見頑空二乘攀緣偏空菩薩攀緣緣假迭論不無勝劣入道須分倒正故爲別成聲聞緣覺外道七趣之根本也二者無始菩

提涅槃果覺也元清淨體因心也此心體則汝今者微細精想名曰識
精識精元本自明一眞法界不爲生死所染亦非涅槃所淨不爲無明所迷不爲菩提所覺卽是
六湛圓明之性但觸境動念卽能隨無明熏習之緣而轉生諸六識攀緣心等楞伽云藏
識海常住等是知前六皆此識海所生諸浪故虛妄也有作七識者亦可衆生旣用攀緣心爲自性而爲
緣所遺者是此元明體也今者欲證十方如來得成菩提涅槃果覺必得不生不滅元清淨體
爲因心而此因心必從識精中求由諸衆生但認妄想遺此本明雖終日
行而不自覺之故所以起惑造業隨業受報六趣不當入而隨業入之是眞枉入諸
趣○復講無始菩提涅槃元清淨體者卽前常住眞心性淨明體而加詳明也眞妄皆稱無始者如金
之與沙二俱無始不可詰其先後乃佛敎中正說異外道之有始菩提三種中眞性菩提涅槃義翻圓寂
眞本圓妄本寂也卽三種中性淨涅槃取次依本覺如如智理而言菩提是本覺涅槃是寂滅乃是果上

智斷二轉依號菩提云道涅槃云滅度滅二種生死度圓寂彼岸故此菩提涅槃元是吾人清淨心體正指吾心說元者本也本來無染故曰清淨縱使汨沒塵勞輪轉諸趣此心本然曾無濁穢故稱元清淨體現今即具不取後修斷染而有然此眞體不在別處則汝今者識精元明能生諸緣而諸衆生認緣失眞即所遺者是也識精元明者指八識爲識之精若對五識識即八識精即五識精對麤說前六識麤浮唯第八本識是諸識之精元明是第八識湛不搖處古德謂長水諸師按起信論覺不覺義解指此元明爲妄今按第二卷見精明元彼明元者即此元明也合之總一識精元明分之則爲六湛圓明故不必作眞解第十卷識陰文中自明十卷文云此湛非眞念念受熏故云能生諸緣此諸緣義指前七識以認緣失眞故云緣所遺者者字指菩提涅槃元清淨體以七識爲緣者即唯識依彼轉緣彼義外則緣塵內則緣心故稱緣也十類衆生遺此本明謂人人本有之明即菩提涅槃然雖說遺實未嘗遺終日負之而趨昧者不覺故曰雖終日行而不自覺枉自疲苦出入諸趣諸趣不當入而入故枉也若悟本明當下成佛何

自屈而枉入諸趣耶前七番但破心之所在下文破能推者正破六識攀緣心也緣心麤而易明其文故短第二根本乃決擇識精識精鄰眞隱而難發其文故長向後因心顯見因見顯心疑滯潛消菩提漸顯直至第四卷中請行之前方得圓滿是知二本爲理門總科亦不離前心見二義蓋第一根本破心第二根本破見心則全破見則半破皆以楞嚴大定爲能破之鋒以上就阿難貼體指示較前所示不如常住眞心用諸妄想轉更明當故復舉拳驗出令阿難無躲閃處方與斥破△舉拳驗見○先徵見後徵心前徵愛樂之妄心今重徵者以破處以示本文辭既長前之心相沉隱故必重徵以便斥破

阿難汝今欲知奢摩他路願出生死願詣眞際故我爲汝指出兩條大路一一分明不知現今從何路去今復問汝卽時如來舉金色臂屈五輪指爲拳勘問見處語阿難言汝今見不所謂突出中原無價寶不同趙璧與燕金阿難不解向佛舉拳時薦取咎言見其實此答是初見拳時如鏡現像無別分析便是識精元明此中問

答意別阿難以求知心處爲路如來則以了此妄識無體無處而別有眞心爲奢摩他路上總下別△徵所見

佛言汝何所見瀾泥中有刺阿難當面錯過却言我見如來

舉金色臂屈五輪指爲光明拳耀我心目只認得個拳頭豈知金拳耀處直下要識本明正脉謂此汎領宗門所云正法眼藏涅槃妙心之名字爲本明而實未能親覩目前見性卽是涅槃妙心所謂似現量而非眞現量也若果此處徹領見性卽是本明到盲人矚暗章中不應如常說破見也△徵能見

佛乃赤心片片更與一錐言汝將誰見阿難依舊只言

我與大衆同將眼見眼卽根也不知見者是心而反認所生之根卽緣所遺者所謂塵相未空依舊認賊爲子△重徵緣心

佛見三番問處始終不能薦取見性爲心只得落草盤桓拈轉話頭別行一路

告阿難言汝今答我如來屈指爲光明拳

曜汝心目縱許汝目可見汝以何物爲心當我拳光之曜

合前文將何所見誰爲愛樂是兩番徵心所謂口裏雖黃舌端鋒利△二番直答緣心阿難依舊刻畫無鹽唐突西子復認能推以爲心性答言如來現今徵心所在而我以心推窮尋逐即能推者我將爲心推窮尋逐之心卽阿難自述思推愛樂及如來所判妄想攀緣之心也上文由目觀見如來勝相心生愛樂合此是兩番自呈妄心前文七番破處此下直破識心惟用攀緣心爲自性故知阿難雖請無上菩提覺遺菩提涅槃元淸淨體雖發心出家願捨生死猶用生死根本所謂好個阿師又恁麼去也不知此心如鏡裡之形無體而全因外境似水中之月不實而虛現空輪認此爲眞迷之甚矣△正斥非心佛將妄心徵令現前見阿難頭頭不薦奮師子踞地之威言咄阿難此非汝心如此勦絕窠臼使彼狂心放下覺悟本頭以破三種非眞義中第一是心之執此咄彼時若是黃蘗德山臨濟巖頭也須耳聾三日宗鏡云阿難執此妄心爲實世尊所以呵斥二祖求此妄心了不可得初祖于是傳衣前七番破處是絕賊之資

攖塞其去路擣其巢穴此番呵斥是斬賊首級也△驚索妄名阿難被世尊一喝所執識心七花八裂却又孤負故矍然恐懼貌避座合掌起立白佛此非我心當名何等△指名出過佛見阿難驚懼不定即收機告言阿難此心是因前塵虛妄相上所起名曰妄想由此妄想惑亂汝之真性豈可認爲心乎前塵六字乃答其名前塵即現前所對六塵虛妄相想者言推逐思惟者必帶塵相虛妄暫現無實體也由汝無始至於今生妄想本非是心而誤認爲真心猶如賊本非是子而誤認賊爲真子用此識即情失汝元來常住真心是故枉受諸趣輪轉生死無有窮已上顯呵妄識非心竟向下說透識心徹體虛無斷滅全不是心以破識心無體△先興無心土木疑○此是戀妄不捨慇叙平生作善作惡許多功能皆用此心以盡凡夫情慈世尊一片婆心翻成鈍置古德謂非但能言人不可得正索解語人亦不可得果然

阿難白佛言世尊

我佛寵弟心愛佛故令我出家上謂出家用此心我心何獨
供養如來乃至徧歷恒沙國土承事諸佛及善知識
發大勇猛行諸一切難行法事皆用此心不唯作善用此心
縱令謗法永退善根作諸惡事亦因此心善惡兩者皆假設擬度必不能
外此心也倘依佛捨此更復揣摩沓無別心可得若此發明不是心者我乃
無心同諸土木離此覺知更無所有云何如來說此
非心殊不知作善作惡者是屬發業無明名曰妄想不思善不思惡者却是尊者本來面目棄本有
而不知戀妄想而不捨豈非小時了了大未必佳邪ム逃自他驚疑我實驚怖大有逕庭不近
人情兼此大衆無不疑惑正明一會人天凡外權小無不說此為心故驚疑同也縱
有禪定取證亦由制住此心而得一切衆生及修行
人皆以事善事惡之心為本命元辰特假阿難盡情

吐露世尊極意破盡爲此非汝心之計脚ム請示惟垂大悲開示未悟如何此非我心如何名爲前塵虛妄相想此尚未及求說眞心也當機述怖已竟ム如來曲示眞心有體以釋無心土木之疑爾時世尊開示阿難及諸大衆欲令心入無生法忍如天台判別教初地以去方證圓教當住位所證住此忍者于三界內外不見有少法生不見有少法滅超情離見一一當體即是眞如實相亦即一切事究竟堅固也衆生不能證入於此者由誤認生滅妄想爲心故與此忍永隔今將破彼生滅顯發無生故預標以示如來垂教利益之深耳至後叙開悟云世間所有皆即妙明獲本妙心常住不滅即此忍之義相也阿難固執生滅心爲心今世尊欲令棄生滅心即十生一滅證入無生以無生滅對治生滅一廢一立誠藥病之切要於師子座者師子乃獸中王吼時百獸震驚表如來說法魔外喪膽震裂其處故所謂有時鐵裹綿團有時綿包特石假嗔假喜能放能收故宗鏡云朝四暮三令衆狙見喜悅苦塗水洗養嬰兒以適時見阿難執妄爲實故振

聲喝之翼然生怖故復于師子座摩阿難頂而告愍之言汝何自疑無心同土木耶如來常說世出世間諸法所生唯眞一心之所現起卽前由心生故種種法生之義ム歷舉諸法有體以顯眞心之必有體一切衆生善惡因果指十界正報言一切世界麤而大地細而微塵指十界依報言莫不因眞心而成眞體萬法離眞心無芥子許可得汝何不悟耶ム釋上惟心所現以明眞心有體〇良以阿難認此惺惺者爲心一旦被佛咄破離此惺惺而不知寂寂之眞體故疑爲無心是以佛云阿難若諸世界一切所有其中乃至草葉縷結如絲麻之類乃有形之最細者盤詰其根元咸有體性ム舉無體以況有體縱合虛空無形之最大者亦有太虛爲名無礙爲貌何況自體無垢曰清淨處染不染曰妙淨湛寂虛靈曰明心之性爲一切心王心所之體性者而反自無體耶謂彼世出世

法一切心王心所皆此妙淨明心爲其本離此妙明無別有一切心之性也此是況顯之詞言所現之物尚皆有體能現之心豈無體乎決言眞心必定有體但因執妄則迷眞也上安慰許有竟厶令尊者揣摩能推是妄以去其戀妄之心正說破非眞義由第二有體義若汝執守慳恡分別覺觀卽尋伺也覺觀二字各具一意正是六識緣慮心的行相瑜伽論云謂于外五麁境上怨遽麤轉名覺怨遽細轉名觀俱屬慧心所法又分別者乃散心任運之用覺觀者乃究理推度之用所了知性卽妄識必認爲眞心不捨者此心卽應離諸一切色香味觸四塵以及聲法諸六塵緣慮事業營業之初曰事事辦之後曰業言塵事塵業也別有點無洩無漏完全性在方是眞心厶托塵似有如汝今者在我座前承聽我法之心此聽法心則因我說法聲而方有你的分別性單舉聲塵者以現前對境之勝舉一以該色等謂第二緣佛聲教心是洩漏心非完全體不得爲眞故重拈于此破盡

唯第三聞法領悟心在二卷現以緣心充所瞻仰處重破此中不但六識現行分別不明爲眞縱汝滅盡一切見聞覺知六識現行種子成阿羅漢若使內守幽閒就寂滅樂不肯放捨猶爲法塵分別影事不得爲眞況今現種未空乃欲認此以爲眞乎此破第四止散入寂心也見聞覺知約前五識及五俱意識而言以四攝六蓋合觀當爲一覺滅者覺觀諸識不外緣也幽閒者內心寂境即獨影也此科該諸修學人此境即凡外權小在定所守之境亦彼取證以爲法性也法塵者指此境之本名如云本非法性元是法塵分別者即守此境之心影事者言此境此心但是光影了無實體○蓋凡外權小執此幽閒以爲法性深處而不知常是妄識所緣法塵又執守境之心已離塵而非分別不知正守法塵猶是分別然此境所以爲法塵之由者有二一者凡外小乘不達諸法本空但捨外而緣內如鏡外之物不除鏡中之影常在但相似不動而已實念念不忘外法豈能除其影乎影即法塵也二者權教菩薩雖達法空而未知此經塵有十二今于幽閒之時雖離明動通甜合

生之六而未離暗靜塞淡離滅之六故亦是法塵也
至於守境之心所以爲分別之由者亦二一者境既
法塵體非本有全托分別而後分明一不分別境即
沉沒故恒分別如無波之流望如恬靜而實不住也
二者凡外權小皆依六識思惟爲觀六識印持爲止
離六識無別定慧之體故根本元是分別豈能擺脫
乎○夫境是法塵心是分別境不能離心心不能離
境自謂清淨實全垢染自謂寂定實全流注凡禪理
不明而好靜者不能除此也抑知權乘有出入定者
皆使細分別心持彼寂境名曰入定一不分別寂境
即失名曰出定楞嚴大定豈如是乎已上托塵似有
已竟△離塵實無○先且暫縱離有即許爲心然
我今日非是強勅汝執悋分別覺觀所了知性爲非心但汝於此分別覺
觀之心微細揣摩是有是無是眞是妄若離前六塵別有能分別
的自性在此即眞是汝的心可暫許爾若分別性離塵無體斯
則汝所執分別覺觀皆是前塵分別影事影是六塵緣影事是根塵交接取捨愛憎

等皆是前塵塵非常住是生滅法倏變倏滅塵若遇變壞滅之時此
因塵所有之心即隨塵滅是則同龜毛兔角之無也既隨滅心則汝法
身同於妄心斷滅稱法身者即以眞心法體爲我常住之法身若此心斷滅其誰爲因
地心修證無生法忍止結歸欲合心入無生法忍故知心本不有因塵故生離前塵而無
想可成除分別而無塵可得也此可謂決擇親切△一衆無肎即時阿難始覺識心離塵
無體與諸大衆默然無辨自失土寃欲戀不能欲捨不得亦不知平日所執爲心者
爲有得耶爲無得耶三迷全破三執全消我輩談及于此甯無愧乎正斥破竟△警結○警諸行者爲生
滅心誤聖果難成結第一根本義佛告阿難不但世間泛常人認前塵緣影者未出生死即
欲界世間一切前三果諸修學人現前雖成四禪四空并滅盡定以
九番次第而入之定前八是凡後一是聖全此九定即超生死破人執證涅槃得阿羅漢

果今有不得漏盡成阿羅漢者無他過也皆由固執此招生死之六七二識妄想誤為眞實法性而不肯捨是故汝今阿難雖得多聞道力未全不成聖果此破第五界外取證心也百尺竿頭坐底人雖然得入未為眞況滅定未修幽關未守且執前塵妄想聖果何由辨哉兩師曰前云守者抱定而不移此云執者固執而不捨守字是病執字亦是病除却守字便非影事除却執字便非眞實世尊兩番作苦切語深錐痛劄皆是徹底為人要令尊者捨妄識而覓眞心若果兩頭坐斷中道不安無始菩提涅槃元清淨體自然成就矣前標二種根本今破第一生死根本斥破所執妄心開奢摩他路竟

○會見章

此章卍字一光以應妙心道眼之請引盲人矚暗顯色根損而見性無虧曾見綸心破眼見心知之執使悟靈光獨耀迥脫根塵也厶叙儀阿難聞久滅想定尚墮生死已重復悲淚始而

自恨繼而自咎終而悲淚皆自阿難眞實痛切處五體投地長跪合掌而白

佛言厶悔恃不修自我從佛發心出家但凡阿難自敘必兼俗情正是逗機導俗之意恃兄是佛仗佛威神之力常自思惟無勞我自己修將謂如來是我天倫必然惠我個三昧正定令我成尊恩賜佛不知父子身心本不相替代如愚人忙迫令他代食終不自飽適蒙如來毫不容情斥破非心頓失希望惠我之三昧本心眞悟從無始來失我本有眞心不由我不悲淚感佛之慈誨悔我之深迷

今我身雖出家心不入道經文詳切如此使我輩讀之自然加勉厶喻明上義譬如窮子之功德財捨父喩失眞心逃逝喩逐妄緣畜聞成過所以生佛本來同一法身住持法身者似離而實合似疏而實親今衆生認妄爲眞似合而實離似親而實疏對面千里向外奔馳從人乞食此爲恃豪勢而不入道者勸也今日蒙佛示誨乃知說得一丈不如行得一尺雖

有多聞若不從聞思以修因行取證與不聞者同等如人說七珍
八寶之美食終不能飽此爲徒恃學問而不修行者警也△正請心眼之實發起辨見之端
世尊我等今者二障所纏不能脫者自良由不知寂常心
性執此妄想誤爲眞實也○二障者煩惱及所知也煩惱障卽見思二惑見乃作意分別之惑卽十結
使思乃任運貪愛卽貪瞋癡慢四結使前麤後細總
屬我執所起能障人天勝妙好事故名事障煩惱卽
障耳所知障者亦二一者取境謂不達外境唯心而
謂心外實有有所希取二者法愛於所修證不達性
空而生愛着亦前麤而後細總是法執能障法空之
理故名理障然所知二字不卽是障正是法空之理
依彼所障之理以爲名故曰所知不是障被障障所
知是能障所知之障耳亦名智障卽法空之智同前
理說阿難初果方脫見惑而思惑未盡是尚爲煩惱
所纏至于所知障淨然未解脫也寂者不動搖也常
者無生滅也因佛開示覺得前來所執之心分別喧
動無有寂時起滅紛飛豈能常住由此方求寂然常

住之心應知此前破處之後所所求之意迴別前云溺於溺舍當由不知眞際所指是向以妄識爲眞心貴已不知眞處但惟求處而已今云二障所纏良由不知寂常心性方始貴已不知眞心而別求眞心矣、

惟願如來哀愍窮露無法味滋神曰窮無法衣蔽體曰露發妙明心我雖有妙心一向隱覆不識好惡誤認能推以爲眞實不知別有涅槃妙心是故惟願如來哀愍窮露發其覆而顯出妙覺明心開我道眼謂一向蒙蔽不分皂白但認肉眼以爲能見不知別有正法眼藏故願如來哀愍刮其翳而開我道眼此正請示佛知見也○下交重重辨見直至第二卷末皆辨見義其見既顯眞心自明心見本非二法故以心眼雙請有微意存焉然斯心見二義爲談理之媒初則破心顯見之妄次則融心會見之眞三則泯心見于性覺自阿難見相發心以至極玄極妙總不離此心見二字向下世尊將酧心見之請而先放光以寓其意△示光相警悟

卽是請時如來從胸卍字是佛三十二相中胸前萬德吉祥紋相從此涌出寶光顯智體萬德圓備亦見佛

知見從自己胸中流出方始蓋天蓋地非粘湛所發
光也前破能推心亦於面門放光表破六根顯六湛
明眞際所詣今如來胸前放光表會見歸心灌佛及衆頂者示心佛衆生三無差別其光晃朗耀昱見智相明踰日月有百千色見此智萬德成就用等河沙十方微塵普
佛世界無遮無礙一時周遍以本覺智光不動而周圓照法界徧灌十方
所有寶刹中諸如來頂見無見頂旋至于灌阿難及諸大衆
頂無二圓滿佛心不動動心中理以象擬意古聖之
則如法華現瑞文殊默識即知欲說大法今象亦然
智者觀之必因象以會心古德云父母未生前凝然
一相圓釋迦猶不會迦葉豈能傳此光時刻在我但
心不明眼不開逐境失照今世尊放光在吾人面前要
且不識故又將不言之道拈向一邊于無言之旨更
加言說也求標淨妙ム告阿難言汝等錯亂修習自性法幢墮地已久吾今卍字寶光
為汝建大法幢于頂上汝等宜高着眼使不復再傾頹矣摧邪樹正曰幢取不傾倒義今

爲摧攀緣之心非心見色之性非眼故取況也下文種種摧破引盲人矚暗曾見歸心故稱法幢法卽幢故不獨爲汝言失我本心之一人建大法幢亦令十方一切衆生所獲內外追尋一總無境上施爲渾大有之妙微密性光體也萬象森羅影現中一類圓明非內外之淨照明心也光相得入諸塵而不雜應諸根兩不染之清淨智眼光用也以此淨眼見此光明光光相照何煩惱之有今較面門又降一等爲人使得最上智也△詳密前已斥緣心是妄今欲顯能見是眞故指前見性疊興三問以詳審令彼分明答出然後借事發揮故召告阿難汝先答我見光明拳此拳光明因何所有云何成拳汝將誰見光明與拳是所見見境見是能見根以所見之拳例能見之眼用拳爲喻本光明因見擧且△寶答阿難言由佛全體閻浮檀金此云勝金須彌山南有此檀金樹果汁入水沙石成金此金一粒置色佛常金中悉皆無色佛之身色如之赤燄日赩佛身如寶

山之高聳明徹是清淨之因所生不從愛欲生是從無量功德智慧生故有光明
如閻浮檀金此答光因何所有也我實眼觀依舊認肉眼爲能見答汝將誰見也五輪
指端如來指端皆有輪相故曰輪指屈握示人故有拳相此答云何成拳也如
此三答自己法幢猶未得樹△喻竪佛見尊者依舊認眼爲見就將赤手空拳作個[illegible]眼鏡子比類發
明漸令悟見歸心告阿難言如來今日實言告汝能見在心諸有
智者要以譬喻而得開悟阿難譬如我今有手有拳若無
我手不成我拳汝今有眼有見若無汝眼不成汝見此句有意無眼
根但不能成就汝之能見非無心也世尊隱而不言且套他一套今以汝眼根例我拳
理其義均不猶言是同是別△例答阿難言唯然世尊既無我
眼不成我見以我眼根有眼行見例如來有手有拳事義相

類殊不知將個寂常心性例成斷滅知見矣ㄙ明不齊佛告阿難以眼例拳汝言相

類是義不然何以故手外無拳如無手人拳畢竟滅眼見各體

彼無眼者眼滅見存但不成就發見之根門非見全無也手眼之體用此例不常

故曰不然ㄙ徵所以無眼而云非見全無者何意也ㄙ釋汝試於途路詢問

彼盲眼之人曰汝無眼于明暗等色相何所見耶彼諸盲人必來

答汝曰我今眼前唯見黑暗更無他矚既見黑暗可見非見全無

以是盲人能見黑暗之義觀之以但前塵自暗見何虧損此是無眼

有見明內不依根下明外不循塵ㄙ疑暗非見阿難言諸盲眼前唯覩黑暗

云何成見甚矣根識之難分也阿難一向將心眼認作兩物又不知眼與燈光黑暗皆是見性

增上緣一向認緣失眞故一間前塵自暗見何虧損之語撒呆粧昏便不敢信反中難言諸盲眼前一無

所見唯觀黑暗云何不假明緣亦復成見後文不明自發則諸暗相永不能皆是不假明而自發者乃爲見自具足何謂無眼卽不成見耶內義破徧計執之比非二量如餓鬼見水爲火盲人見明爲暗皆不見諸法實相故且如明眼人看經不究心者與不識字人觀書同等ㄙ校審二黑同異佛告阿難諸盲無眼唯觀黑暗與有眼人處於暗室二黑有別爲無有別ㄙ答無異如是世尊此暗中有眼人與彼無眼羣盲有眼無眼雖是不同二黑校量曾無有異也ㄙ例明能見非眼阿難若無眼人全見前黑忽得眼光還於前塵見種種色名眼見者彼暗中人全見前黑忽獲燈光亦於前塵見種種色應名燈見若燈有見者燈能有見當卽名見自不名燈例夫若眼有見當卽是見不應名眼又則設燈是眼燈自能觀何關汝暗室

中人事例夫又卽眼觀何關心見之事事△結示見卽是心是故當知燈爲眼家增上緣

但能顯色不能見色如是見者是眼非燈例夫眼爲見家增上緣但

能顯色不能見色如是見色之性是心非眼直令知其離彼肉眼不藉明塵別有全性所謂若虧其一必喪其兩物我既忘則本心自露故曰靈光獨耀迥脫根塵若夫將此光照出世則覺路可登照世間則古道可復且尊者向誤爲二世尊今日合而爲一豈不離之則兩傷合之則雙美也○問見性與心有何差別答此中見性卽是阿賴耶識見分以在眼名見故卽指見性是心也以此發明妙心道眼不離見性者曰阿難一向但知見性是眼不知見性是心故反之曰是心非眼是心二字與前非心照應正謂前所斥能緣者非心卽汝能見者是心旣知能見是心卽知能見非眼阿難心知眼見之執一言了當矣此科雖名會見歸心但破在根之執實顯見非破見此當十番中第一顯見性無虧也

○客塵主空章

此章喻顯境有去來而見性不動破半信是心非眼之迷令悟心性本寂也△叙儀阿難雖復

得聞是見無虧損見性是心指示寂常心性之實言深信佛開示與諸大眾口

已默然者有三研味一研盲人矚暗無眼有見二研見暗亦名見三研是心爲見而此見精離彼

肉眼別有自體誠異前識心離塵無體也雖然阿難之心依然未大開悟因前緣心不寂

不常非妙非明故別求妙明之心今佛示此見爲心不知此心亦寂常妙明否先德云只爲分明極翻令

所得遲猶冀如來慈音宣示合掌清心佇佛悲誨契理契機

也△示誨攝問爾時世尊舒兜羅云霜綿網相光手開五輪指

世尊舒手酬問凡三度初令遣妄明眞今令遣眞非妄後乃眞妄互陳皆明眞妄非二只在反掌間耳佛

藏經云凡夫賢聖人平等無高下准在心垢滅取證如反掌誨敕阿難及諸大眾

上雖實言告以盲人矚暗見無無虧損之語與彼發妙明心道眼太煞明白而阿難久爲二障所纏沉湎濡

首不得開悟今再說無作諦實之法猶恐不易了知故藉生滅諦實之法令識無作眞如辨別虛妄相想方與合歸古舉舊時驗過艮方伴問弟子令其同倫旁通一線我于菩提樹下夜覩明星初成道後卽於古國王養鹿園中爲阿若多五比丘等佛爲太子時王命五人隨侍一阿鞞此云馬勝二跋提此云小賢三摩訶男是長子之稱父族也四阿若多云解本際五十力迦葉此母族也五比丘中阿若多最先發解佛因彼先悟客塵故爲彼命名憍陳那是姓此云火器先事火因以命族及汝四衆言一切衆生不成大乘菩提之果及小乘阿羅漢果者皆由緣塵分別客塵煩惱所誤汝等當時聞三轉四諦行法輪及所悟之言于大乘小乘無作生滅四諦因何開悟今成聖果△陳那答時憍陳那起立白佛我今長老乃發明客塵之耆宿於大衆中獨得解名因悟客塵二字成果當時說客塵之喻以喻集諦反顯主空喻

滅諦耳今但取能出之喻不取所喻之法以此中客
塵但喻身境及緣身境之心主空俱喻見性故耳佛
之聲教業力超勝陳那一聞便悟故不同今備錄之
以便采取客塵即見思也主空即滅諦理也見即五
利五鈍惑亂諦理者三界其八十八使乃五根對色
等五塵起諸分別也思即貪嗔癡慢迷諦理者三界
其八十一品乃意根對法塵等起諸愛著也約小乘
論但破六識分別我執及第七俱生我執名見惑盡
破第六俱生我名思惑盡約大乘論六識有分別我
法俱生我法第七獨有俱生我法若破第六分別俱
生我及第七俱生我則滅事障不隨外生死流轉名
客惑盡若破第六分別俱生法及第七俱生法則滅
理障不內障眞如理名塵惑盡大乘以始覺之智契
本覺理成菩提果小乘以八忍八智九無間九解脫
斷惑盡證阿羅漢若陳如昔時所悟但明集諦下見
煩惱麤動如客俱生思微細如塵即此見思雖異不
住是同能惑眞性總名煩惱障若人乘者煩惱如客
所知如塵也又所知即緣塵分別麤流逸念煩惱即
起滅不停細流注心言客寄旅亭宿食喻緣心對境
即生緣會而來也食宿事畢前行喻緣心離境則滅

緣散而去也主人自無攸往喻常心不逐境緣去來生滅也又隙塵搖動不停喻微細念慮起滅無息虛空澄清寂靜喻眞性離念湛寂凝然若衆因所示而識妄知眞則認妄爲眞之情忘二障之纏釋而寂常心性悟矣何聖果之不獲哉先悚悟妄身爲苦諦即客義△世尊譬如行客喻色身投寄旅亭喻旅泊三界或宿喻大年長壽百年或食喻小年天則二三十等由此身相遷流不住故喻如行客李翰林云天地者萬物之逆旅光陰者百代之過客皆可類推宿食事畢俶始也便整束行裝前進道途匆匆不遑安住喻報盡則遷若實主人喻常住眞心自無攸往攸所也主人恒居其所而無所去來也由我如是思惟觀察于無常身中已得親見主人則知遷流不住者名客不遷流而常住者名主人自悟證後凡有所見賓主歷然皆以不住者名爲客義△次陳悟妄心爲集諦即塵義又如新霽清暘升天喻破分別身見初得少智慧日升于

（性天）光入隙中發明空中諸有塵相（喻智慧日有一隙之明始得照見八十一品細惑也）塵質搖動虛空寂然（見塵之動而因悟空之不動也謂我）如是思惟（觀察于亂思中悟得）澄寂名空搖動名塵（自悟證後九百見地動靜歷然）

告以搖動者名為塵義（此不獨為阿難旁通一線亦復替世尊親傳法旨△印證）

佛言如是（上印證喻說分明以彰下文所示孰為動者同于客塵孰為靜者同于主空故也辨定客塵竟厶代外境顯見不動○先以手作外境此身猶為疏遠其與見性動靜易見要令阿難因客悟主因塵悟空引他向開手合手處識取）

即時如來於大眾中屈五輪指屈以復開開已又屈謂阿難言汝今何見阿難答言我見如來百寶輪掌眾中開合（寶掌貴重之稱佛之手足中心皆有千輻輪相開合顯動相也厶辨定開合）

佛告阿難汝見我手眾中開合為

是我手有開有合為復汝見有開有合阿難即以在手不在
見答言今我端視佛時而其見見性湛然盈滿于前乃視世尊寶手眾中開合我
見如來寶手在我見性中自開自合而不住佛手自同客塵非我阿難
見性有開有合何異主空此動靜顯然分明故先合辨定是誰開合則動靜自分于是阿
難果答不謬△審明動靜佛言誰動誰靜如此一問要令阿難當下直了客處是非塵處
即空動境隨心見性本寂柰何阿難答言佛手不住動也豈知佛以悲心作緣故手
開合乎而我見性尚無有靜謂從來不曾動也誰為無住猶言豈有
動乎但我識心對境分別而不寂豈知前言離塵無體今有寂體耶○如此見性動靜雙離正是本寂佛
將寂常妙性點在阿難面前又以手代境放在見性之中勅阿難自究自叅自信自解眞妄歷然可分寂
性有何覆蓋作家妙手格外鉗鎚世尊做盡去也做工夫的人向此薦取見性從來至靜非由攝念而得

制伏自得天然自佛見阿難已知痛痒便將寂常
性本定矣△印證心性坐在身上要令擔荷故言

如是若知手動而見不動悟客塵主空一半矣既知
佛手開合與見性無干則凡一切萬像及諸世
界任其紛亂動止皆與見性無干矣若人于萬像中
忽然覷見此不動之性常恒不昧何得爲境所奪妙
之至也又宗家豎拂伸拳發明于人者多容此意要
人自見自悟但教家分明說透爲異耳以上對外境
顯不動竟△就內身顯見不動○內身外境親爲自
體其與見性動靜難分故從疎至親又以頭驗見也
且先引
頭動

如來於是從輪掌中飛一寶光在阿難右卽
時阿難迴首右盼又放一光在阿難左阿難又則迴
首左盼初引尊者在開手合手處薦取不動之見性
復恐所見不親故又將個大光明藏飛在眉
稍眼角邊令彼左顧右盼要他向回頭轉腦左顧右
盼處認取所謂要得周郎顧時時誤拂絃△勘動因

佛告阿難汝頭今日因何搖動而左顧右盼邪
亦是一往深情阿難

不孤所問答言我見如來出妙寶光來我左右故左右觀頭自搖動此句謬矣頭若自動眼能自見否△辨動靜阿難汝盻佛光左右動頭頭爲汝頭動爲復見動此放開一步問阿難漸新答曰世尊我頭自動而我見性尚無有止誰爲動搖若謂頭屬色法見無分析非頭動非見動是我識心對緣而動則旨全也△印證佛言如是意謂若頭自動而見不動亦是客塵主空義佛意非離此見別有性常以見與見緣元是菩提妙淨明體故經云汝曾不知如來藏中性見覺明覺精明見清淨本然周徧法界但見性既明則印如是上顯見不動竟△責結○此科明責大衆不悟見性寄責阿難雖悟猶迷不能用根性爲因心結前起後旨無予盾斷不可以即動即靜作結也於是如來普告大衆陳那叙悟緣心是客塵而證四果阿難因之有入矣若此會中復有衆生亦因陳那之悟以搖動者名之爲塵應知塵處即空

以不住者名之爲客應知客邊有主自悟身心生滅如隙塵境有去來如行客則不

認妄實矣爲汝觀阿難聽說搖動名塵塵處卽空卽謂頭自搖動雖不知非頭自

動是彼現前生滅緣心所動業已悟身有生滅見無所動矣又汝觀阿難聞說客有

去來主無攸往謂我手自開合雖不知非手自動是我悲心作緣致手開合業已悟境有

去來見無舒卷矣陳那之悟如彼阿難之悟如此云何汝等今聞塵空向以

阿難頭動爲身不悟自己見性本寂乎亦間客主徒以如來手動爲境不悟自己

見性本常乎厶結前起後○縱其汝等悟見不動現前不能用此根中不生滅之寂常心性爲因心仍同

從趣生之始泊捨報之終咸以念念攀緣生滅動不動者爲心分別身境總

遺失迴出動不動之眞性雖現前感悟聞法至請寂常皆是逐聲塵而向外馳求顚倒

行事仍同無始以來性心失眞認物爲己寸步不移安能取十方如來無上菩

提之果覺哉此結前起後之文如常可知○遺失眞性顚倒行事者總結妄執身心客塵緣由也客塵各有二執塵之二義一細塵指根身曰以動爲身二麤塵指器界曰以動爲境客有二執一延長不住約三世卽從始洎終二短促不住約妄心卽念念生滅別夫動則爲生不動爲滅咸遺眞性旣遺失眞常之性縱窮其心亦成惑業故曰顚倒行事復究遺失有四一遺失無相法身而認勝相發心二遺失寂常心性而認六攀緣妄想心三遺失三如來藏性而認根境爲心四遺失迴出客塵主空之眞性而認生滅動相爲身心皆顚倒行事也焉知有迴出動不動之眞性哉性心失眞認物爲己者有二義一不知性淨明體本無搖動而認幻身之物爲己乃性失眞也二不知常住眞心本無修證而認妄心之物爲己乃心失眞也豈特今日汝等自從無始以來性心失眞認物爲己起惑造業

輪迴是顚倒身境之中皆自取流轉于三界卽阿難見相發心願捨生死用諸妄想而未免生死者非天與非人與亦生自取流轉○輪迴是中者嬰二死之輪迴于是身境之中塵劫不離于凡夫麤身境中爲分段所輪權小

細身境中爲變易所輪自取流轉者謂自棄不動之本性但取流轉之身境而已嘗謂纔學道者便之覓主人翁却乃認攀緣不住之行客而不知目前朗然常住之見性方是眞主人翁纔聞般若者便說眞空却乃閉目懸想摇動之法塵而不知目前廓然不動之見性正是眞空快哉今日楞嚴會上法王究竟如此之妙我輩如是信受此六根門頭有堂堂不動之法身放光接物矣○此章大意先令陳那從旁計破客塵主空二義次令阿難向開手合手回頭轉眼處領會客塵主空二義次在衆中激揚以堅其信亦見世尊循循善誘之眞慈矣已上于手自開合見無舒卷處發明寂常心性之寂字下發明常字

後學比丘見法校閱重鐫

大佛頂首楞嚴經貫珠集卷第一

# 大佛頂首楞嚴經貫珠集卷第二

明　金陵華山律學沙門戒潤　述

此卷來意由尊者示墮淫發大教世尊頂光說咒提出根本淫習以欣根本大定啟請十方如來得成菩提等妙方便及乎反質初心答曰見相發心根本已落生滅佛即責其不知真妄誠以直言直心曰十方如來同一道故出離生死皆以直心既徵誰愛誰見答曰用我心目及徵心目所在答曰眼在面上心居身內欲進而破之且為標宗作歸宿地曰有三摩提十方如來一門超出妙莊嚴路此欲尊者當下超出奈何不薦遂牒前案三番斥破妄心第一七番破處令妄想無依尊者忙請真際所詣佛放面門一光雙標二種根本一者無始生死根本二者菩提涅槃元清淨體即為界拳驗見尊者依舊認眼為見能推為心佛振聲一喝咄此非汝心此是前塵虛妄相想是為第二破妄識非心遂興無心土木之疑佛答草葉縷結詰其根元咸有體性何況性一切心而自無體汝所用心是前塵分別影事離塵無體是為第三番

破妄識無體尊者始知所認緣心是妄特問寂常心性妙心道眼佛從胷前卍字湧出寶光爲當機等建大法幢於項上亦令十方衆生獲妙微密性淨明心得清淨眼故于根中十番顯見謂之帶妄顯眞今人變名十法幢是也一引盲人矚暗會見歸心顯見無虧二屈指飛光引客塵主空顯見不動終而責日云何念念生滅遺失眞性顛倒行事爲此卷發起三觀河顯見不滅四垂手顯見不遺五八還顯見不還六見量顯見不雜七舒縮顯見無碍八文殊顯見不分九因自顯見超情十見見顯見無妄同別二妄章剖妄出眞交與圓滿菩提不生滅性更爲發明合非合義尅就根性直指眞心竟尊者得入空如來藏自此不復有根性之別名復拈不空如來藏性以收四科先破尊者五陰身心令獲法身當處故有此卷雄文首悟捨生趣生正令知有八識爲生死本也

○觀河章

大意藉境以顯顏貌變而見性元無生滅破斷滅執令悟常心也△經家敘述當機已悟未悟之念爾

時阿難及諸大衆聞佛示誨緣心離塵無體法身同塵斷滅變然避塵轉更不通今蒙根中指出見性宛然離識心外別有寂然不動法身眞體驚疑頓息所以身心泰然矣既見不動眞心則念無始以來失却本有不動眞心妄認緣塵分別影事之心爲心譬如窮子捨父逃逝今日開悟見性如失乳兒忽遇慈母此喻始覺還家之象父母雖分二體本覺豈有二殊若不分而分則父喻本覺權理母喻本覺實理維摩所謂智度菩薩母方便以爲父也此不以母爲喻者謂一向多聞未得無漏如失乳兒今示不用識心了悟根中見性忽遇慈母已獲法乳之益還有未悟之迷合掌禮佛謝前屈指飛光顯出見性不動佛又責曰云何汝今以動爲身以動爲境則身心不眞妄未辨虛實又責念念生滅遺失眞性則生滅與不生滅者亦未能辨願聞如來當陽顯出吾人生滅身心中眞妄虛實發明現前何者是虛妄生滅性與夫現前何者是眞實不生滅性令

我識知眞妄

二發明性

此尊者心疑未決之請也△匿王陳請○匿王昔事外道邪種在心今見尊者于生滅外求不生滅抓着癢處故引外宗乘機發問冀佛直破斷見令知死後趣生亦令尊者悟眞常性不離妄識世尊一就匿王老相易顯變遷二顯此身無常至貴不免然佛指根性元爲改權宗生滅因心以立成佛眞因地心首破凡夫最淺斷滅知見者權小鈍滯固可矜憐凡外迷淪猶宜哀救

時波斯匿王起立白佛我昔未承諸佛誨勅見迦栴延云翦髮計諸法亦有亦無毘羅胝子此云不作計諸法自然得道皆以斷滅爲宗不知業種相生妄計咸言此身死後斷滅名爲涅槃涅槃者一性恒常遠離生滅彼執身死斷滅爲涅槃眞斷見也蓋匿王未聞佛教先受此惑以不解第八阿賴耶識去後來先爲生死根本轉此藏識方證涅槃是故妄計死後爲涅槃若此方所計生爲七尺軀死作一棺土卽有剉燒舂磨無所用之等皆此一類豈知有死而不亡者在也我雖値佛今猶未忘邪種于所聞說

不生滅性尚懷狐疑狐獸其性多疑凡過冰聽水必多反覆匿王昔聞死後斷滅今聞不滅不生孰是孰非猶豫不決故以狐疑喻之特問世尊云何發明揮散其狐疑證知此心見性果是不生滅之理地直令宿疑決了令觀河不變卽證知不滅也今此無漏大衆及我諸有漏臣民者咸皆願聞據除斷見粗惑此有漏唯指界內凡夫二乘有學若辨見性眞常則小乘四果別教三賢亦須普指以彼自來未明見性是眞常故苟知滅元不滅則知生本無生眞常。之義顯矣△指現身證知不生滅性先審令悟佛告大王汝身現在此總問也今復分別問汝汝此肉身爲復畢竟同金剛常住不朽之物耶爲復畢竟是變壞之物耶○常住者七常住果之一也常住若海之水肉身若海之漚漚有生滅水本眞常也△總答世尊若據現在論我今此身雖曰現在不可常住終從變滅與迦旃延一鼻孔出氣也△轉釋究竟佛言大王汝身今此色

力尚强現未曾滅云何預知此身必斷滅耶此發明生滅無性之間也△觀心決知
無常世尊我此無常變壞之身現在雖未曾滅假令此身如太虛空
凝然不動卽知終無變滅但我稟二師之教法與佛教會合觀察此心現前念念
遷謝剎那不住如東逝之波以致此身新新不住步步趨死如西垂之炤一朝變壞
如火成灰漸漸消殞殞亡不息決知此身雖曰現存不可常住
縱有百年當從滅盡何待死後知滅哉○卽一身剎那盡相推之則萬類之生具剎那行者莫
不咸爾一等歸盡以爲法剎那盡故豈有百年不盡之身乎△印證佛言如是果爾此身
無常速朽之法也夫匿王所敘數語誡爲警念無常劇貪世務者寍不惕然哉△就身容易改顯不遷○
問則二時答則三時大王汝今生齡齡卽年也年者天之數齡者人之數已從暮年
衰老顏貌何如童子之時世尊我昔始生爲孩始行爲孺

需乳所養之時皮膚腠理滋潤鮮澤之象年至長成之時精神完足血氣充滿之象而今六十有二頹齡之時迫近於七十之衰八十之耄昏忘之象頹則形色枯悴衰則精神昏昧髮白頂露面皺骨彰以此身觀無常逮將于世不久年雖六十有二已經老狀現前如何見比中年血氣充盛之時此於身心生滅處觀無常年老者聞此安可恬然不懼哉△審生滅頓漸佛言大王汝之形容昔也孩孺于今衰耄應不一日頓然衰朽一氣不頓盡一形不頓虧必因漸而至此也答漸朽△王言世尊四時循環遷改變化密移身形我誠不覺頓衰之與漸朽所謂夜半有力者負之而趨昧者不覺此是壯生體造化密移言之也豈知行陰遷流耶但見日往月來寒暑遷流似乎漸至於此非頓朽耳何以故知其漸朽耶以我細思推度年二十時雖號年少顏貌已老初十歲時三

十之年又衰二十乃至於今六十又過於二之精神觀五

十時宛然強壯此于法處觀無常但觀其變不知行陰所遷要知二十之年比前童時已

爲衰老是則少者聞此亦可以警念無常矣王自念中審遷變世尊我見密移雖此

殂往落去○孤山曰殂落猶言遷謝也尚書以殂落爲死魂升于天曰殂魄降于地曰落此經但

以老相日升日殂壯色日降日落如此推窮其間流易且限十年爲孝此特舉其

粗略而言若復令我微細思惟推窮其變寧唯一紀二紀爲限

十二年爲一紀實爲年變豈唯年變亦兼月化何直月化兼

又日遷若更沉其思慮諦審諦觀刹那刹那念念之間不

得停住故知我身漸至于此終從變滅刹那時之最促者一念間具九十刹

那以利刀透九十紙爲一念準分刹那故經云一息一瞬眾生壽命四百生滅智者若能觀命如是是名

能觀念念生滅者○但凡夫心粗殊不知覺先德偈
云如以一睫毛置掌人不覺若置眼睛上為害極不
安懸人如手掌不覺行苦遷智者如眼睛為極生厭
患昔梁時有高僧奉帝勅請百大德帝勅朝門嚴甲
兵萬亦怖百大德百大德至意畏見殺有九十九人
悉皆驚走唯有一人不生驚怖王問和尚何故不怕
答曰怕何物我初生孩童時剎那剎那念念已死何
得今日返畏死乎若此大德是眞念念了生死行苦
者此上以身心無常發明處妄生滅性也△牒所敘變滅審不生滅佛告大王汝既見
身隨念變化遷改不停悟知汝身終從變滅亦於念念生滅時
汝能悟知生滅身中有不生滅之眞常性耶△答波斯匿王聞此不覺
悚然合掌白佛我實不知古人謂不知最親切此答不知者言只用而不知使其知
此決不迷子斷見矣上即身示不薦△藉境發明佛言汝既不知我今即汝生滅身中指
示汝不生滅性以釋汝斷滅之疑且為先審觀河之見不異可借河流助顯見性大

王汝年幾時見恒河水問定所見境時王言我生三歲慈母
攜我謁耆婆天此云長命祠謁之得長命故經過此流爾時卽知
是恒河水佛躡前變滅問言大王如汝所說二十之時衰
於十歲乃至六十日月歲時念念遷變校其所見則汝三
歲見此河時至年十三其水云何異耶不異耶王言其水不變
如三歲時宛然無異○正觀曰恒河無異者非眞不異也以今日之流似昔日之流
實非昔流也子在川上曰逝者如斯夫不舍晝夜亦有此義斯顯見性不異眞不異也乃至於
今年六十二亦無有異欲示不生滅性先審六十歲與三歲觀河之見有同異者
欲其了知年年變而見不變○正觀曰以是本覺之常光故既知今日之不異至于剎那剎那皆不異矣以
後剎那性卽是前剎那性故推之無邊劫海論變之中此之眞精常無變異故下文如來印定見常不印

永常也其實無明未盡者見精明中有微細生滅在既是眞妄和合今且從眞而言不異○前章頭自搖動見無所動手自開合見無舒卷之旨亦明矣上彰所見不變下彰能見不變△牒定童耄佛言汝今自傷髮白面皺其面必定皺於童年△較能變則汝今時觀此恒河與昔童時此能觀河之見性有童耄不問見有變無變欲其答出見無童耄即本有法身也△答不變王言不也世尊○問老而眼明者不變老而眼昏者何如答皆人囑暗業已詳矣今約匿王不病之眼驗見性不變非約肉眼能不變也△直示幻中眞體○此分明指示二發明性先因變與不變以發明生與不生答阿難之請佛言大王汝之虗幻身而雖皺而此見精眞實之性未曾皺唯重性守見精之見屬八識微愛之本體對境流逸爲妄離妄則本體全眞即常住不朽所謂彼見眞精性非眚者人釋○汝而皺者爲變則顯生死無常以無常故元無自性徹底惟空也而此見精性

不皺者非變則顯涅槃常住以常住故眞實不空是謂如來藏也示如來藏徹底惟空則曰
彼變壞之身者幻妄自受生滅示如來藏眞實不空則曰彼見精中不變
之性者本眞元無生滅如此證知生滅身中不生滅性此性元無遷改云何於業識
中同受汝身之生死耶○楞伽云七識不流轉不與因緣俱如來藏流轉與因俱義也以
七識生滅無性剎那滅故無容從此遷至餘方誰爲流轉無體持種故不與因俱唯如來藏自體不空具
不思議熏變故流轉與因俱今示此義故曰皺者受變等○如此不生滅性不自體會而猶引
彼末伽梨此云不見道即六師之一等前迦旃延及毗羅胝子三人咸以斷見爲宗都
言此身死後全滅不大謬乎○孤山曰外道有六師一富蘭那迦葉所說諸法皆不生
滅二末伽梨拘賒梨子說眾生雖有苦樂無有因緣自然而爾三刪闍多毘羅胝子說于眾生任運時熟
得道如縷丸所投極則停住又言八萬劫滿自然得道四阿耆多翅舍欽婆羅說于眾生當受苦報今以

苦行拔髮熏鼻粗衣代之謂死後受涅槃樂也五迦羅鳩陀迦旃延說于諸法亦有亦無六尼犍陀若提子所說皆由業定無可改易無逃避處不亦謬乎△發生正信

王聞是上證知之言轉邪心而成正信

信知身後捨生趣生不入斷滅正謂如來藏流轉與因俱去後來先作主公也此意謂王在身上觀察故成斷滅世尊任見上發明故無生滅今聞一時之法揮散昔蘊之疑不覺

與諸大衆踊躍歡喜得未曾有然見性不皺不變雖無救于捨生趣生業已了知眞妄落處破外道斷見答二發明性之請令阿難出生滅門入眞如門矣首卷至此破迷中迷竟但了生滅不生滅之念又認見精是眞故有下文破悟中迷也

## ○顯例章

大意乖于以示見聞遺而見性不遺破認妄爲眞之倒執令悟諸法唯心也匿王知見不多故一言之下心地開明驀直信去阿難多知多見觸事生情故方信而忽疑此疑因聞遺失眞性顚倒行事發起將謂

離生滅外別有不生滅性令聞即此見性示不生滅故爾生疑△敍儀陳請阿難即從座

起禮佛合掌長跪白佛世尊若此觀河之見願樂欲聞必

不生滅前見佛手開合之見亦不生滅與佛無異云何世尊獨許匿王觀河之見不受

生死名我等輩遺失眞性顚倒行事而諸佛不名遺失顚倒耶前云而此

見精性未曾皺不皺非變元無生滅重性字尊者誤認觀佛手開合之見精類同觀河之見性雖了見無

所動緣心非眞猶認見性爲眞遺失本體是其顚也以妄爲眞是其倒也蓋本性不失因顚倒而言失性

不失而難顯手不失而易明故師資隨順世人認手之正倒以況認性之眞妄顚倒而後發明也願

興慈悲洗我塵垢△垂手以示不失先審倒正令其自定即時如來垂

金色臂輪手下指驗其倒情示阿難言汝今見我母陀羅

手卽印手三十二相之一也爲正爲倒雙問阿難言臂無正倒世間衆生

以此天然垂手爲倒如身境本自眞常返生厭離乃二乘外道之顛倒也而我不知誰正誰倒即佛手不住而我見性尚無有靜誰爲無住也佛告阿難若世間人以此天然垂手爲倒即依之爲倒然世間人將何爲正阿難言如來豎臂兜羅綿手上指於空世間衆生則名爲正依世間人答正豎臂是倒反以爲正是認生滅無常而妄計爲常此凡夫之顛倒也○溫陵曰此明諸佛衆生同一體性固無遺失特依倒見言遺失也如臂順垂爲正反以爲倒逆豎爲倒反以爲正是失眞也△結示生佛無殊惟在心性正倒之別佛即依之豎臂告阿難言我手本無正倒唯一臂也但以上豎之首換爲下垂之尾以示令悟其臂本不失如性在迷中不失而已若此顛倒首尾相換妄生分別爲正爲倒則汝阿難與諸世間人無二見解一倍瞻視豈知以下垂爲倒固倒也以上指爲正亦倒也何得以上指爲正下垂爲倒哉△發明顛倒○由汝

等倍生此見而如來不作是見則知汝四之大身與諸如來智聚清淨法報之身比類發明分個正倒出來如來之身本無正名對衆生知見則如來名正徧知達此心包萬法爲正知達萬法皆心日徧知如來達此名正徧知身汝等之身號性顛倒執色身包心爲倒知執心外有法爲倒見凡小以倒知倒見爲性名性顛倒身然汝自謂與佛等無差別不名顛倒者誤矣△諸倒無處示法唯心○既與發明。顛倒必有顛倒之實隨汝諦觀汝身佛身比例發明佛身號正徧知汝身稱性顛倒者名字在何處號爲顛倒是汝心境不空妄計度耳若識顛倒性何遺失苟或不識則一往皆顛倒行事烏得不名遺失哉○夫正倒非有莫大之別但于物上不循物理以首作尾以尾作首即謂之倒而正倒元未嘗離于物是故衆生與佛同一體性若認心境爲實有則轉法身爲五蘊四大矣若達心境本無則轉四大五蘊爲法身矣故以心包太虛性融法界爲正徧知執心在身內法在心外爲顛倒見而正倒亦皆名相而已○阿難能于世尊問處達得名字性空則妄想情盡求正徧知亦不可得而顛倒所在豈實有乎於時阿難與諸大衆一衆無措瞪瞢瞻佛目睛不瞬不知身心顛倒所在前問云何名我等輩顛倒行事何等心熱今問白眼不知何等心冷苟非佛慈發明顛倒實處則能見之見幾乎滅矣佛興慈悲哀愍阿難及諸大衆發海潮音世尊說法不前不後應不失時故喻潮意徧告同會諸善男子汝等不知正倒所在我于權教常爲汝等說言五根六塵十一色法八個識心眼識九緣生等諸緣並及八個心王所使之五十一心所諸所緣法唯如來藏心所現此廣舉二十四種不相應及六無爲皆色心上差別善惡染淨等法乃至山河大地明暗色空眞妄性相邪正因果諸所緣法悉無自體唯心所現如鏡中相全體是鏡即汝現前幻妄身汝幻妄心皆是妙明眞精妙心鏡中所現

之物全體是心眞心如鏡諸法如影眞心如海諸法如漚漚不離海像不離鏡法不離心故曰唯心所現既知無內無外之心能現諸物有何遺失汝身卽根身汝心包王所皆字總上根識是字指法之詞爍挐昬而獨炤曰妙明混萬物而獨露曰眞精卽身心而離身心曰妙心所現物指身心既是眞心中所現物

云何汝等遺失本妙圓妙明心寶明妙性認悟中迷

此名顚倒實處也迷背本有曰遺失不假修成曰本妙超空有而靈應萬方曰圓妙明心隨諸緣而眞體不變曰寶明妙性認卽迷執也悟指妙明眞精妙心言迷指身心言身心二法皆是迷妙明而妄現故意謂汝身汝心皆是廣大妙明眞精妙心中所現物云何汝等反認蕞爾身心而轉遺失本來自妙不假修成圓妙明心之寶明妙性豈非認悟中迷乎△發明身心所以爲悟中迷○承上圓明心性智理一如本無身心世界由于心體中一念不覺之無明妄動當下

晦

圓妙明心之眞智而爲業識

昧

實明妙性之理境而

爲

頑

空

所謂癡愛發生生發徧迷故有空性由此一迷而所變之頑

空

冥晦于能無明變暗中墜其妄而結其色故結暗為依報四大色法所謂化迷不

息有世界生既有四大復以有知覺之無明妄見取無知覺之無明色法色雜妄想想心色

相和合為正報之身所謂見精映色結色成根根等此即身所以為悟中迷也既有根身四大內

外合成則妄有緣氣於中積聚故爾七識聚六識緣影內搖八識所藏新舊種子六識趣

外五識奔逸根境起諸現行復執此內搖外緣昏昏擾擾緣氣結成之心相以

為真精妙心寶明妙性此即心所以為悟中迷也一迷此昏擾擾相為真心

決定惑廣大真心為色身之內物所以有實居身內之執也上明迷妄即認物為已

是一倒下明迷真即性心失真又一倒故成顛倒殊不知內而色身外洎山河虛

空大地情與無情咸是妙明真心中所現之物今汝棄此廣大圓妙明心

妄認四大為自身相六塵緣影為自心相譬如澄清百千大海棄之唯認

海中一浮漚體目爲全潮在是即爲窮盡瀛渤海名汝等即是迷中加一倍之迷人迷眞認妄一迷矣認妄爲眞又一迷矣由是觀之則知汝身與如來身比類發明雖同一體本無差別如來了得海是海漚是漚不棄海認漚故名正知不認漚爲海故名徧知汝等既棄海認漚復認漚爲海故號性顛倒所以目汝等即是迷中加一倍之迷人也△牒垂手結破顛倒汝

○阿難我斥汝爲迷中倍人者如我垂手實乃平等本無倒正差別而汝以手下垂爲倒上指爲正此即汝等顛倒所在故知汝等本無遺失因顛倒而稱遺失如來說爲可憐愍者此也意謂汝等若眞遺失不足深愍由顛倒而常如遺失正如持珠作丐枉受貧窮如來所以深爲可憐愍者

○八還章

大意以八心境顯相可還而見性無還破緣心聽法之執令悟本妙常住心也△經家敘儀陳請阿難上章瞪瞢瞻佛不知顛倒所在承佛發海潮音哀憐悲救拔顛倒之晦昧示正徧之圓心

深誨迷中倍人悟法雖心所現顛倒誤認猶多不得不垂泣叉手而白佛言
我雖承佛如是無虧不動不遷不失四章妙音悟此妙明眞心卽自
已元所圓滿無法不具無物不現元所常住不生不滅不變不遺之心地心卽
眞心地約前說地生萬物物有成壞其地常開心現諸法法有起滅其心自在故曰心地我等一向遺此
廣大眞心認此昏昏擾擾者爲心性故名我等號性顛倒宜矣而我悟佛現說法音
非以離聲全性爲悟現以六識緣心允信所說心地瞻仰世尊慈顏世尊雖不
欲我用此而斥爲非心但我現得緣心之用故不敢不認妙心雖則廣大而我徒然獲此妙
心現今不得其用未敢認爲本元心地此認字與認悟中迷照應此正尊者方搖
未穩之際緣心眞心兩持不決止不捨前五心中第三聞法領悟心也願佛哀愍宣示
隨類各解眞豈幷用之圓音拔我疑根到不疑之地始得歸無上道圓音

有三一殊方異類皆同本音二大小淺深隨解皆益
三有緣隔遠皆同目前今謂眞妄二心并用之圓音
也疑根與菩提道如人惑於岐路恍惚不定導師指
之方可決一而歸根即緣心前咄破者是其枝葉今
猶用其根本然眞與妄實非兩途如水與波元非二
質念動名妄念敬名眞下文舉月指主客之喻以還
字爲拔字諸可還者即拔根也尊者此疑根尚在未
敢認爲本元心地後文各各自知心徧十方獲本妙
心常住不滅乃承認本元心地也蓋以惺惺者易曉
寂寂者難明直至明時又非此段光景向下先破緣
心文顯見性△責認聲塵不達法性○勉
其識月亡指破五心中第二緣佛聲教心**佛告阿難**
**汝等尚以**昔時**攀緣**之**心聽法**寸步不移尚守是痛責之詞言我如此吐心吐
膽落草盤桓欲汝捨妄緣心達法性聞法思義會義
明心豈意汝之見解尚以緣心聽法且汝既以緣心
聽我所說圓滿常住心法**此法亦**成所**緣**法塵**非得法性**貫義○楞伽經云依義不
依語依智不依識今依緣心則是依識不依智故曰
非得法性法性者教詮眞理理是衆生妙明心性豈

可執聲教爲眞理哉△引喩○人喩如來指喩說法月喩法性人喩聽衆不知說法者謂我所說法音

如人以手指月示人如佛以法音指心示人若汝聞說之後絕言語默聽明一切放了默究自心此同

彼人因指當應看月不存指相之人喩彼人因法當應看心不遂聲塵之人若汝依舊多知多解不肯消歸自己是逐句尋言執指爲月之人也

若復觀指以爲月體若復緣佛法音以爲自心此人豈唯亡失月輪之明亦亡

其指之暗此人豈唯亡失自心亦亡聲塵之幻何以故以所標暗指爲明

月故何以故以法音緣相爲自心故○正脉云此人兼亦不了教心體相何以故教以聲塵爲體以自無覺照爲相心以靈知爲體以本有覺照爲相斯人即以無照之塵爲有照之心有照無照二不別故

豈唯亡指亦復不識明之與暗此乃指月俱迷豈唯亡法亦復不識妙明

及與緣相何以故即以指之暗體爲月之明性月性本明標指本暗今觀

指爲月是於明暗二性無所了故何以故以緣相爲妙明性緣相妙明無所了故
汝亦如是汝執法音不達法性何異執指爲月昏曉不覺者哉○宗鏡云若欲研究佛乘披尋寶藏一一須消歸自己言言使冥合眞心不可執義上之文隨言生解直須探詮下之旨契本會宗如是則天眞之道不昧無師之智現前若一向背己狥文執學與辨是對木人而待語期石女以生兒空懸塵沙終無得理△以法喻責認妄心而不認眞心若汝以分別我說法音之分別心
爲汝眞心者此心自應離所分別之法音有能分別之體性許爲汝心云何離聲又無性耶△喻明○妄心如客眞心如主客有去來主人不動上說指月之喻恐汝不解我將陳那悟入之喻喻汝分別法音之緣心譬如有它事之行客寄宿于中途之旅亭暫止一時便又前去始便是客終不同亭主之常住其分別法音之緣心應諸緣生滅終不同體自眞常元無生滅即如亭主雖接往來行客而掌亭人都無

所去故得名爲亭中主八喩六根性都乃前面陳那無所去八法合此悟客主之義

亦如是我所示之分別法音此但以主合眞心法性示寂常不以客合塵性以有去來塵性在前

已破眞性在此發明故曰若眞汝心則無所去云何離聲無分別

性斯則豈唯分別我聲有分別心離聲無分別心卽分別我容

則有分別性若離諸色相亦無有汝能分別性以此皆屬前六識分別囙非眞

心如是乃至香味觸三分別都無絕了外塵現行分別內守幽閒正是非色非空

光景以爲別有自性性雖非色非空正是第七識緣八識名眞帶質亦是分別非自性也彼數

論師拘舍離等昧而不知執此爲冥初自諦非色非空者無性覺體故非色有相

故非空拘舍離卽前末伽黎下半名也等者等于五師俱於非色非空處昧爲冥諦冥是暗冥諦是諦實

彼執非色非空光景渾沌不分故立冥諦之名諸外道依此非色非空立二十五諦初爲冥諦末爲神我

逆知八萬劫中事前則冥然莫辯故知七識緣八識
雖無間斷尙有自性況間斷意識念念遷流云何執
爲自性計有實用不捨耶離諸法緣無分別性者謂耳識因聲緣有離聲塵緣無耳識分別性乃至意識因法塵有離法塵緣無意識分別性則汝心性俱屬客塵各有所還還謂動靜分別各歸前塵本所因處如寄宿旅亭之客云何爲得不去之眞主豈終爲無主沙彌哉還字起下八還之文△請明不還之主○還者如借人物必要還八若自家物無處可還

阿難問言若我攀緣心性各有所還則如來所說妙明元心云何無還性垂哀愍爲我宣說○昔張無垢謁善權清禪師問云此事人人有分個個圓成是否清曰然公曰爲甚麼無個入處清于袖中出數珠示之曰此是誰底公俛首無對清復袖之曰若是汝底即拈取去纔涉思惟便不是汝底公悚然故知纔有分別即有可還妙明元心本地風光豈可還乎△佛托一見精示無還性○諺云逢人且說三分話未可全抛一片心故先以

見精示之真以妙淨明心寶明妙性具體相用三大由無明不覺一念妄動轉此本體而成業識轉此智光而成見分名轉識復轉真境而成相分名現識此此見精即是能見之性此能見性即是本覺體中所具徧照法界大智慧光明由隨無明力轉智光而成見性也

佛告阿難且汝見我見我者正指見三十二相之時講見精即眼家映色之性精是湛然之氣明淨無滓

見精明元故稱見精明元者即精體明淨之元本此是八識見分分而爲六在眼曰見在耳曰聞等雖分六處不離湛然本體六處皆號明元此點光明元是本具不從日月燈三光借來故曰明元此見雖是精明不混不雜但帶一分相妄遂存能所不得互用未可稱妙

此見精雖則非是妙精明心不妙切近于真而當體即真心故

如第二月切近于真而當體即真月

非是第六識如水中

月影以二月自非真月見精自非見性以妙明元心本無形相亦無方所卒難指陳故托明見精方便開示若悟見精則妙明元心便可超悟矣此有三喻一真月喻妙明元心二第二月喻見精三

月影喻緣塵分別即楞伽三性謂圓成實依他起徧計執也△誠聽許示汝應諦聽今當

示汝無所還地世尊不直示以妙性無還且指見精不還者引物入如來藏之方便先示

之以眞恐阿難執此爲眞若悟見精無還則妙心不遠矣前匿王見性不滅之疑未釋見精無還即不滅

之義明矣△喻標可還境引阿難此大講堂喻妙明元心不動之體喻相有八明喻智

慧暗喻無明通喻六根通達人面玲瓏觸處洞然塞喻心胷茅塞面壁面牆頭頭是礙分別喻善惡頑虛

喻無記鬱埻喻昏迷澄霽喻醒覺正顯種種幻化皆生如來妙明元心而妙明元心明來明現暗來暗現

通來通現塞來塞現實無現相若講堂然見明見暗見通見塞之見皆屬見性故先托見性以顯不還次

顯妙明元心本淨後文見見之時見非是見見猶離見見不能及實由此中發起故喻標大講堂三字大

有研味先出八種可還之因△一明因洞開東方一面之牖則空洞無障日輪升

天則有明曜從東方入使知明因日有也△二暗因中夜黑月即夜中凡十六

日已後光漸滅時俱名黑月十五前則皆白月雲霧晦暝則復昏暗△三通因戸牖之隙則復見通△四塞因牆宇之間則復觀壅△五識因分別之處則復見緣緣即法塵分別心起則有法塵見百論以此名法處所攝餘七相皆約外塵說惟此約心說法相由心故置於中也△六示空因頑虛之中徧是空性△七昏因鬱埻之象乃風霾昏濁之氣則紆障昏塵△八淨因天無雲翳日澄晴明開朗日霽斂收也山川嵐氣日氛又觀清淨此八相俱屬還因能見之見精當欲誰還△總牒八相示可還義阿難汝咸看此無而忽有有而還無之諸變化相生滅不常吾今各還本所因處△徵云何各還本因△釋阿難此諸變化明因日輪升天為因今還日輪何以故無日不明明因屬日是故還日下七相皆畧徵釋恐繁文故暗還黑月通

還戶牖壅還還墻宇緣還分別頑虛還空鬱𡋯還塵清
明還霽則諸世間一切所有不出斯類示可還之狀竟△顯見性
無還汝見八種見精明性當欲誰還△徵何以故見性無還△釋
若還於明則不明時見精明性應當無復見暗既復見暗豈還明乎則知
此見性是自己物是法性始日日用時時用未曾間斷非若緣塵分別之見有去來也雖明暗
等種種差別見無差別諸可還者自然非汝已物譬如行客
暫住便去拔字義止於此不隨汝所見之暗明可還者非汝自已物而誰之物
平若掌亭人都無所去此亦如是若眞汝心則無所去但汝識此見性不還則知汝心本
妙本明本淨矣心即見性本謂本有不從人得不爲諸塵所遷而緣心不能超勝曰本妙不
爲諸塵所蔽而緣心不能障碍曰本明不爲諸塵所
染而緣心不能疑混曰本淨以見性是賓中主眞心

是主中主故汝自迷悶不醒旣不識賓中主又不識主中主所以喪失本性枉受輪迴於生死海中常被漂溺頭出頭沒無有出期迷悶者執恪緣心不捨之意喪本者反遺棄本妙本明本淨也受輪漂溺皆其自取是故如來名爲此可憐愍者其流逸之光似有可還離念之體當欲誰還上示見性不還境

○見量章

大意以五見量顯物相殊而見性不殊斷云何得知是我眞性之疑令悟見性周偏卽眞也前文初指見性是第二月未指見性卽是本妙明心言無定準未免生疑△呈疑請決阿難言我雖識此見性無還是不與諸相俱還矣然水陸等物混雜不分于諸物中云何得知是我眞性云何決擇是諸物象正謂大道直在目前要且目前難會所以請決此請只重我字不重眞字佛爲先列能見之性與所見之境後方揀擇此借見精緣現量境不生分別卽是眞性也○問

佛與眾生緣現量境胥壞懸殊則此現量見精安得無異答眾生生現量見精如一星火佛之現量見精如大地火然不可說一星異大地之火以一星之火擕而充之皆可徧燒大地故又如盛世清任和時雖異而聖性未嘗異也先以五種見量列顯△列能見性

佛告阿難吾今問汝今汝方證初果未得無漏清淨天眼有學之人慧眼見量承佛神力見於初禪非佛神力但見一四天下得無障礙而阿那律云無滅昔因施供受福不滅是佛從弟晝夜被訶精進失目遂得四果無學天眼見量見閻浮提如觀掌中菴摩羅果此果云難分別似桃非桃似柰非柰喻見閻浮提之小以況見大千界之大亦小也諸註謂閻浮提三字多是娑婆界貫珠謂以小況大之詞既見掌中果亦必見全掌也諸菩薩等法眼見量見百千大千界此亦以小況大也其實地上見量猶大十方如來佛眼見量窮盡如微塵不可數之清淨國土無所不矚從聖泊凡眾生

肉眼見量洞視不過分寸有二義一自如來較衆生窮極其量不過分寸二上齊如來下
齊蜎蠉自廣至狹不過分寸此在者均一能見性也△列所現物○正為發明現量見精見境量境不離
不即要分阿難在萬象中自審自擇以顯有形可見者是物無形不可見者是真性阿難且吾
與汝觀四天王所住宮殿居須彌四面東持國南增長西廣目北多聞住于山
腰齊於日月去地四萬二千由旬之高中間徧覽水陸空行一切物象所在之處
雖有昏明種種形像無非皆是眼家前塵分別之見停留障
礙處列能所竟△揀汝見性果能擇物見○阿難若汝分別汝應於此能見所見萬象之中
分別自已見性他之物象汝不能自擇我為汝代擇今吾將汝能見之見性
擇於所見種種形像之中誰是我能見體性我字是世尊代阿難之語誰
為所見物象以現量見照現量境如鉗取物似日舒光親炤親持了無障隔元是一體本無自他

使于頭頭法法一一審其見精所在令其自知自會意△物不是見阿難極盡汝見量之
源如云盡汝眼力也先從高處至日月宮一一諦觀汝所見者此皆是物而非
汝之見性矣亦從遠處至須彌山外持雙持軸擔本善見馬耳象鼻魚嘴七金山周徧
諦觀所見種種光耀一一明白雖則種種物光此亦皆是物而非汝
之見性矣漸漸更于最下徧觀雲騰鳥飛風動塵起樹木山川
草芥人畜一一諦觀此咸是物而非汝之見性矣如此三番言是物非汝則
明物不是見也△見不是物○如此一一審問正欲令阿難鬧市叢中識取天子百草頭上薦取老僧以
此見性卽一切法故旣令推審復宗阿難汝日中所見是諸近之山川草木遠之七
金山高至日月宮諸有物象羅列之中于汝見性者雖復千態萬狀之差殊
同是汝不雜于物之見精現量徧見于諸物之上者則然惟一清淨見精所能炤

矚則知諸有物類自有差別而汝見性無殊何嘗混雜于有差別
之物象乎△結此見精妙明之性即前所說妙淨明心誠汝見性元非他物以見
性離一切相故也上兩科已悉物象見性分析明白故下兩科反其辭而辯之令其事理愈精見地愈明
也△辯見不是物○承上同汝見精清淨所矚等謂豈獨物不是見見亦不是物若汝見是
物我見亦是物則同見爐瓶等而汝亦可見吾之見恐彼謬執云與我同觀四
天王宮併一切物時世尊之見在一切物上吾豈不見故牒云若我謂汝同見物者名
爲見吾之見此是人之常情設吾收視不見物時可謂遺物獨立汝何不
見吾不見物之見指其處即若轉計執言亦能見吾不見之處則吾
之見自然非彼不可見之相反是有相可見者是何形狀若汝不能
見吾不見物之見地則吾之見自然非有相之物吾見非物汝見亦非

物見既非物卽汝卓然獨立之見性云何非汝之見性耶△辯物不是見○此又顯有情無情若凡若聖毫釐不須動着自是一眞法界耳承上汝之見若是物則物亦是汝之見又則汝今見物之時汝既見物物若有見亦能見汝則諸世間有情之見體與無情之物性紛然雜亂不可辯矣則汝見與我見亦不可分并諸世間不成安立眞△結阿難若汝見物見我之時只一定是汝之見而非我之見此則汝我分明現成安立則情與無情判然不混卽知見性離諸物相縱汝現前觀彼四天王宮乃至草芥人畜皆汝自已見性周徧總不離物亦不離我非汝之見性而誰△勸信○既是汝之見性周徧而不爲物混云何反自疑不是汝之眞性乎蓋眞性汝固有之汝自不肯信以爲眞反取我言求指實性而曰云何得知是我眞性迷之甚矣眞如法性有安立非安立二義上顯見無雜究竟徧計自性顯安

立眞如對八緣明眞常竟
後文顯非安立眞如也

○舒縮章

大意斷前塵大小自碍而見性無得破認見爲物之
執令悟轉物則同如來也無還不雜二科已示其必
爲自性而不雜科中兼明體之周徧遂復疑之謂眞
性當有定體何無一定周徧眞我應得自在何故動
被物碍佛爲遣諸計而顯超絕故有無碍之科由前
見性周徧非汝而誰二句遂認見爲相故有大小舒
縮之疑良由識精元明體具四分謂證自證分自
分見分相分雖有四分而見相二分總屬自證自證喩
蝸牛二角開則成雙合則成一故世尊托見性因
處發明眞性圓滿而阿難意謂見性周徧不雜下
則應隨處不變何故有大小舒縮
不同耶故有此疑△陳疑請決

若（佛言）此見性（本來周徧）必我（自有）非（同）餘（物故）（何）我與如來 阿難白佛言世

觀四天王勝藏寶殿（天王殿中衆寶俱在故稱勝藏）居日月宮（起世經云）

日宮正等五十一由旬上下等量月宮四十九由旬日宮本火摩尼寶成宮殿臺池天上充滿日宮雖火摩尼而亦清涼同月但光勝下注成熱如火鏡光注成燒而體實不熱也此見周圓徧娑婆國此云堪忍大千界之都名今舉總顯別也孤山云既證初果惟見一四天下言徧娑婆者舉通此名耳非指大千也我自退歸精舍秖見伽藍梵語僧伽藍摩此云眾園謂眾僧修道之所又云無諠雜此校見一國之大別為見一室之小又退歸于屏息諸緣之清心戸堂但瞻簷廡廡簷下也此校見一室之大列為見一廡之小以此三番觀之宛然有殊非常偏也世尊此三番見如是不一其見之體若是本來周徧一界卽當常偏今在室中何只唯滿一室耶如此大小不定者為復此見現量縮一界之大為一室之小耶為當此見本通被牆宇夾令斷絕一界之大為一室之小耶若縮為小有自由分若夾斷大小無自由分若由我可作主若由他還是客故不得不請

問此乃局方隅之遠近定心量之卷舒如屈蠖攀條
安前足而進後足似狂猿得樹放高枝而捉低枝豈
不惑哉△總結疑請我今不知斯大小續斷義之所在雨師云斯義指見性也阿
難未證眞如未發眞用所謂一處失功兩處不通自然觸途成滯也願垂弘慈爲我敷
演問前五種現量之不齊者何答各自惑業淺深非見性有所不一也除器觀空正照應此下示大小
舒縮在相而見性本無舒縮△相相見對破佛告阿難一切世間大小內外
諸所事相業用對待假立各屬眼前塵境汝等當知塵有大小見離數量
不應說言能見之性有舒縮也汝之見性譬如虛空一切塵相譬如器皿塵相有
碍則有大小內外見性無得則無舒縮斷續譬如器有方圓而空無定相也汝今不知見性塵相但觀空
器則可知矣△以喻開曉○意謂不定由塵而教其悉塵即解脫矣譬如方器中間無物雖
見方空喻一界見大也方圓本以互顯舉一類知吾復問汝汝先出外見一國還歸見

一室謂有大小一定者此方器中所見方空器有方圓空無定相今汝諦觀空相
為復定方為不定方法合一界之見為復定大為不定大Δ兩義俱非若方器
中空定是方者除却方器別安圓器于圓器中空應不圓空既隨圓非定
方也若方器中空不定方者在方器中應無方空空既隨方非不定也
法合汝之見性亦復如是若一定大而徧滿一界入室之時不復為小若不定者而于室外當應周偏Δ
示義無在性汝言不知斯見性周徧之義所在其大小舒縮等義性如
是云何為之定在耶果能于定處見不定于不定處見定則心同太虛矣示不定由塵明隨
物轉竟下明轉物之方Δ明忿塵白徧阿難若復欲令空性入無方圓者
但除器之方圓空體本無方圓之相不應說言除器後更
除虛空方相所在意謂欲令見性入無大小者唯除情塵而見性本無大小不應說言

除情塵後更除見性大小之所在古德云不用求眞唯須息見上破大小由塵非干見性下破舒縮大小之疑△以不可挽破縮義若如汝問凡見入室之時既可縮一界之大見令爲一室之小者則應從室出外仰面觀日之時亦可挽見齊于日面汝豈能挽一室之小見齊於日面之大乎既非可挽定非可縮明矣△以不可續破斷義若謂築無情之牆宇能夾有情之見令斷者則應穿牆爲小孔竇時當有痕迹寧無續見之跡卯既無可續定非可斷明矣今既不能挽之令上安能縮之令小不能引之令續又安能夾之使斷哉△責問不當是疑見有大小之義不然言不善究心也向下重分迷悟會明重一轉字破物轉者認器觀空各分見量能轉物者除器觀空等同如來故前分立五種見量此中明衆生轉物卽同如來則知見精不是物明自不是他也△以法合喻○阿難一切衆生從無始來迷己眞性爲色之心物所謂于妙圓中粘湛發見攬色

成根托根奔色由是內為浮塵所錮外為器界所局中為業識所持不能超越色心既成真性即隱所以失於本有常心為妄想之物所轉故於是前塵大小境界中各分見量觀大觀小非謂見性有大有小正如虛空本無方圓隨器現方圓也若今悟物咸真心也除器觀空自能轉大小之物入于無碍智起境亡則能轉身心之物同如來清淨法身正徧知心不隨物有差別也肇師曰會萬物為已者其唯聖人乎能字是功動謂以真如熏無明起始覺智內脫身心外遺世界中翻業識轉識成智則得身心圓明心圓明則能徧炤十方如來不動道場身圓明則於一毛端徧能含受十方國土若體若用與如來無差別也豈同未轉之前汝身汝心及諸物象皆是妙明心中所現之物乎古德謂此正明無量為一盡攝事成理非從體起用也如大品一切法趣一法故非同下文體用備陳真際曰既滅前塵形量不立一切即一性乃圓成故就本文讀義一毛端即身中八萬四千毫毛中之一毛頭正報之最小者徧

能含受不墮數量也國土依報之最大者一對十一多無碍毛頭對國土小大相融于一毛端徧能含受十方國土而毛端不小國土不大十方國土徧能攝人一毛端內而國土無外毛孔無內是爲內外平等毛土相融即事事無碍亦首楞嚴一切事究竟堅固無不可耳前之所以動大千界者此也佛生一轉念間何大小舒縮哉所謂但除器方空體無方如此一同難所請妙心道眼至此披露可見盡法界是沙門一隻眼盡大地是沙門一卷經以這隻眼看這卷經則法界數量消滅圓明了知不動道場上破徧計所執是眾生現量竟

〇貟章 文殊

大意顯迹分物我而見性不分破認相爲見之執令悟妙體無是非也詳夫見性量括十方體含萬法其與萬法非即非非離非即故靈光獨耀非離故塵刹混融若相背而實相成也尊者領轉物則同如來不了見精不是物則謂山河等皆我妙性是離身而有見當在我前也△牒標陳疑

**阿難白佛言**

世尊前言此精妙明誠汝見性又曰見性周徧非汝而誰若此見精必我妙明見
性今此妙明見性離我身去現在我前同于物象若見精周徧一切必
我眞性我今身內之心能分別者應不是我復是何物△下出已意○若謂
身無見性而今身內之心分別外物有實作用而彼外物名見性者無
別作用分辨我身是則見性獨在我何謂轉物得名爲見性哉此與前文緣心有用妙心不
得其用故不敢認同旨足知阿難向來悟處是口行人事何未能肯捨緣心安能肯認見性周徧乎若
謂一切法實我心性爲我主宰令我現今見種種物即見見性則見性在外
物上外物若實是我反能見我而此身應非是我我當不能見物前云汝既
見物物亦見汝則諸世間不成安立佛前已斥其謬矣見性既在我前又能內見自身何殊如
來先所難言物能見我前既爲謬今何不爲謬乎展轉推窮實所未論△請決

惟垂大慈重為啟迪開示發散未悟之疑也此問由尊者見性未圓故于一性而分物我之別如來令其指陳言雖破其見不在前意顯萬法一體無是非相使悟圓明之性本無物我之殊亦無是非之異實是天地同根相見不二微密觀照之理顯矣△牒責佛告阿難前顯諸法唯心故云若能轉物今汝不了其旨所言見在汝前是妄誕也其義非實此乃把住疑關之句向下放開一線令其即物推無是見無非見庶彼自尋脫身之地△先牒疑立理若此見性實在汝前則汝見性類乎物相實有相狀可見者既有相狀可見則此見精同物有狀必有方所既有方所在萬象前非無指示豈成眞見離名絕相者△即物推無是見且今與汝坐祇陀林徧觀林渠及與殿堂上至日月前對恒河汝今於我師子座前師子力無所畏威攝禽獸佛坐此座以四無畏辯威攝魔外也舉手歷歷指陳是種種相

陰者是林明者是日礙者是壁通者是空如是乃至
草樹纖毫大小雖殊但可有形無不指着若必其見
性令現在汝前汝應以手確實指陳何者是見猶言轉那一法為見上令就物指見下令指見同物正脉曰此為立格防其混濫先將阿難答處立成格式便絲毫不能混濫故下阿難兩處答辭皆順佛格式所謂雙用即離單遣是見也先即物有見須當不壞物之本相如即壁成畫不妨壁畫兩存方可說物為見也阿難當知萬象雖殊但有形者是物無形者是空今將二種以辨是見若空是見既已成見何者是空若物是
見既已是見何者為物汝可微細披剝萬象析出精
明將此淨妙見元之體指陳示我則信此見精同彼諸物分明
無惑方成見在汝前△兩答不能阿難領旨言我今於此重閣講堂

遠泊恒河上觀日月舉手所指縱目所觀但見緣塵不能分析
是我見精凡所指陳抵皆是物無是見者此即物而目觀手指何者是見固不能△
引他況已世尊如佛所說即物剖出見精分明無惑之事況我有漏初學
聲聞承佛神力但見初禪者（即阿那律等乃至證眞菩薩大智見百千界者亦不
能於萬物象前剖出精見離一切物別有自性佛言
如是如是即其即萬物指陳無一物而是見以見性離一切相故△即物推無非見○先牒徵
佛復告阿難如汝所言決定無有見精離一切物別有
自性則汝所指是物之中無是見者既無是見應即非見今復
告汝汝與如來坐祇陀林更觀林苑乃至日月種種
象殊必無見精受汝所指汝又發明此諸物中何者

非是之汝見性Δ先答不知阿難言我實徧見此祇陀林不知
是萬象中何者非我之見何以故不知耶若樹非見應離能見之外
見所不見云何現今見樹見樹則不可云非見若樹卽見樹當名見復云何
名之爲樹樹則不可云卽見此正情與無情一理也如是乃至若空非見云
何見空若空卽見復云何空我又思惟是萬象中微
細發明無一法非我見性所照燭者尊者此答業已轉物但言到而義未徹下文此
見及緣元是菩提豈謂見性實我而身非我耶佛言如是如是印其卽萬象中無一物而
非見以見性徧一切故先德云是他得的人道是也有出身路道非也有出身路所以世尊無是見無非
見兩皆應許此爲云何于中有是非是之案Δ大衆失守於是大衆非無學者聞
佛此兩番印可之言是非不決于是茫然蒙昧不明不知是義終始此有

三說一是見義既失非見理復乖始于卽物推無是見終于卽物推無非見二始執見性現在我前終難究竟指歸何所而不知能見所緣俱爲勞相是非卽離咸是緣慮二法空之慧未開。智焰之惑難破。由是非無學者不知此無是見無非見之二義後度佛未說之旨覺不能測其歸趣謂不知終前推佛已說之言初不能尋其由來謂不知始**一時惶悚失其所守**謂或是或非決于一定則可爲守今則雙許曾無一定故惶懼失守也○蓋是非不到處卽禪迦入室境界毘耶杜口境界神光覔心不得境界觀音動靜不生之境界二十五聖于四科七大法上消息斷的境界一切有心至此而死一切意智至此而斷是以有學之衆茫然失守也自阿難問寂常心性之後幾番開示如云前塵自暗見何虧損又云手自開合見無舒卷又云皺者爲變不皺非變又云汝身汝心皆是妙明眞心所現物又云若眞汝心則無所去又云諸可還者自然非汝不汝還者非汝而誰又云物類差別見性無殊又云大小由塵見無舒縮無非破塵出經離相見佛尙易領會至欲令阿難就萬象而剖出見精固不能又令卽萬象而指非見性又不能如來兩皆印可宜乎一會茫然總不知其落處也△佛慈安慰如來知其神魂思慮變動驚慴心生憐愍安慰阿難及諸大眾△慰詞諸善男子如來證極妙果于法自在稱爲無上法王人品既尊所言自重兩番印可是眞實語猶言決定不易之語如說苦決定苦如說樂決定樂通眞通俗如者稱也稱其所證如理而說實則不虛誑無賺誤之事眞則不謬妄無虛僞之愆非末伽梨四種不死矯亂論議四種者謂亦變亦恒亦生亦滅亦有亦無亦增亦滅不死者終不決于一定也教中言此外道妄謂有不死天一生不亂答人者當生此天矯亂論議者謂皆持兩可言無決定佛無是見無非見決定雙遣二俱不立不同彼亦有即是亦無等四種不死矯亂論議兩楹不決也△勉令諦思汝等心粗慮淺不諦思惟若肯諦思向是非關裏透得去必無忝辱汝哀懇戀慕之誠也△文殊代請○佛爲無上法王知眾變慴而安慰勉進是時

文殊師利為法王子愍諸四眾茫然出班請決意見與佛同房共住三摩
地中智炤一眞法界了無是非二相者方可決擇是非在大眾中卽從座起頂
禮佛足合掌恭敬而白佛言世尊此諸大眾不悟如
來發明二種一者精見二者色空是非是義世尊若此眼
前境緣者無越色空等象此象若果是見精者應當卽萬象而
有所指胡為不能若果色空非見精者應當卽萬象而一無所見胡為一
矚之時無處不是而今大眾正由聞此深密奧義不知是義之所歸著故
有驚疑怖懵非是疇昔善根輕鮮而有驚怖也唯願如來
大慈發明此諸物象之相分與此見精之見分元是何等
物類於其一眞中間既無有是又無非是元是何物正問父母未生前一

句前云汝身汝心外洎山河虛空大地咸是妙明眞心中所現物約已形之後說今約未形之初問也△

會相見歸眞明無是無非之旨以成兩番印證之實語**佛告文殊及諸大衆**阿難前請十方如來得成菩提等及我示以有三摩提阿難未得自住故爲破妄見顯見精破見精顯眞見而彼認智爲識于萬象中全以識見分別不能出是非圈也若其**十方如來及**捨藏識而得如幻三昧之**大菩薩於其自住三摩地中**以自覺聖智了達**見**即見分收前見相等見及**與見緣**即相分收前三十二相及盲人矚暗等**幷所想相**即前六粗識見精思惟皆是假相**如虛空華本無所有**故印許無是見也汝問此諸物相與此見精元是何物于其中間無是非是**此見**精**及**見**緣**根塵識三**元是菩提妙淨明體**故印許無非見也菩提即三種中眞性菩提名本覺眞心者是所謂法性如虛空諸佛于中住三摩地即法性也住此法性尚不見有色空精見**云何於中有是**見而復有

非是見乎虛空本無花則知妙淨明體中本無相見二分以相見是業識妄見故且相見尚不可得又何是非之有哉△就體喻眞○世尊既與發明復恐不能信解要文殊從傍添注就體發明一眞法界本無是非二相故召告曰文殊吾今以眞以是以非三問問汝一舉體如汝此身是個眞文殊二索是此文殊外更有一個文殊喚作是文殊者耶三索非爲并本體而全無喚作非文殊耶文殊亦三答一領眞如是世尊如我是個眞文殊二無是相一眞之外更無文殊對眞文殊喚作是文殊者此句斷定無是相△徵釋詳明欲人領畧何以故無是耶若有是者則有一非乃二文殊今乃唯一故無是也三無非相然是故不可說而眞亦不可泯則我今日非并本體而全無喚作非文殊但於一眞體中實無是非二相豈連本體全無也祖家云心有所是必有所非若貴一物則被一物惑△法合○但有根塵影畧想相佛言此

見精妙明與諸空塵亦復如是本是寂照不二之妙明無上菩提之果覺無染無欠之淨圓眞心一實相而已了無是見亦無非見也蓋是非所以生起者亘由本覺眞心一念隨緣以成藏識轉爲相見二分妄爲色空及與聞見△喩明心境法出是非○色空聞見依眞而起如捏目所見之第二月雖非實有宛見二輪。迷者不覺妄生擬度誰爲是月又誰非月若謂是眞月不妨有二若謂非眞月離眞無體所以往復是非不能逃也若汝文殊但一月眞縱有二輪明知衆生捏目所見於眞月中間自無是月非月永出妄擬之戲論是以汝今觀見阿難等未住三摩地中不達見精與諸塵相所該內而根身外而器界中而識心種種依他徧計發明約身心而言見性在前約萬物而言是非是見俱名爲虛之妄亂想本味妙明非得眞實而竟不能於中出乎是見與非是見也斯如捏目所見第二月而妄恣擬度終不出是月非月之謬見也由是如文殊自住三摩地中一念純眞前後際斷盡法界唯一眞精妙覺之大用不離寶明妙性之全體體用一如心境不二根身器界唯本是心故能令汝超出於是非之外起復於萬象之中謂何者是見可指者乎何非見不可指乎亦如見一月眞則妄計無庵是非自泯矣此激阿難住三摩地意也

○因自章此章大意直顯妙覺性超情離見破邪宗濫正之執令悟精覺離諸戲論也世尊一往發明常住心地阿難不悟不肯承當反認現在緣心為用及至發明見性周徧處又不審詳見性來歷又認見為相復認相為見至此發明精見色空元是菩提妙淨明體方得領悟見性周徧之語復誤認覺緣為妙覺且計妙覺明性爲自然不知自然因緣皆屬妄情計執佛為發明見性不屬因緣自然得超情也△先牒陳疑阿難白佛言世尊誠如法王所說覺緣徧十方界湛然常住性非生滅誠如者深信之詞法王所

說果是眞實語不誑不妄覺緣者覺卽見性緣卽萬法以見性能見明見暗見通見塞徧緣一切故目爲
覺緣此覺緣能徧十方界領上不混無碍二章見性周徧成此徧義湛然常住者領不動無還二章性非
生滅者領不滅一章總攝以成常義△出同外計**與先梵志**先者古人也梵志此云淨裔謂
是梵天苗裔卽婆羅門亦云淨行**婆毘迦羅**此云金頭外道**所談冥諦**卽彼所計
二十五諦中第一諦本是法塵中滅塵非色非空境界謬稱冥性常住作諸諦冥初之本源夫外道究理
深者但伏六識現行種子全迷末那俱在所執冥諦似非八識應惟法塵**及投灰**卽苦行外道
**等諸外道種**如拔髮熏鼻臥杵之類**說有眞我徧滿十方**外道所執
我相不出三種一大小二微細三廣大此廣大我也或卽神我乃二十五之末諦耳所以非眞者象外取
空別有自體此但分別影事豈正覺乎**有何差別**者言如來說周徧常住外道亦說不相異
也世尊尋常說此神我爲妄計而今與覺緣徧十方界同不知認魚目爲明珠認山雞爲彩鳳矣△出違

自宗世尊亦曾於楞伽山爲大慧等敷演斯之因緣義楞伽此云不可往唯神通者可達斯義者指因緣正義也彼外道等常說自然謂內外法無勞造作不假修成悉本無因自然而有如云誰開河海堆山嶽誰削荊棘盡禽獸世無一切能生者是故諸法常自然以彼不知阿賴耶識含藏種子惑潤受生爲趣生本遂計身中有一神我常在不滅處處受生徧十方界我說因緣非彼境界者因謂種子緣謂助發內外法必由眾緣成就方能辦果意謂往日彼外道等常說自然世尊在楞伽峯常以自所證境界說因緣深義破彼自然△認妙覺性爲自然我今觀此覺性自然曾未遺失元本是有不假借來處處現成頭頭迴出非生非滅一體純眞周徧法界名正徧知遠離一切虛妄顛倒似非昔日所說之因緣反與彼外道自然相合若世尊所說之自然與外道所說不同以云何方便開示如來所說與外所計各不同道令我必得不入羣邪頓獲

非因非緣及非自然之眞實心以證妙覺明性之全體大用耶△先責後破○謂覺
性非自然生以不守自性但隨緣也佛告阿難我今如是見汝不達法性故先破妄
心顯見性交借見性顯覺性不知費多少曲折開示用過多少方便眞實告汝汝
猶未悟乃復惑爲自然耶阿難若汝必以湛然不生滅性周徧法界爲
自然者自須甄別明白自已固有自然實體不隨緣顯方是自然十界
之相不越明暗塞空汝且觀此妙明之見卽汝所謂覺也明暗空塞卽汝所謂緣也
於此妙明見緣二者之中以何爲自然體此見爲復以明爲自以
暗爲自以空爲自以塞爲自一體凝然埋無能所覺緣周徧必藉緣推緣自
不成邪執自破故藉緣推自也阿難若以明緣爲自然體是以明爲本自天然之體
而一定不移則此見性只合見明及至見暗此見與明同滅應不見暗若復以空

緣爲自然體者則此見性只合見空應不見塞如是乃至諸暗
等相以爲自者則於明時見性斷滅云何見明今明來見
明塞來見塞汝之見性隨緣而顯云何惑爲自然耶△復認妙覺性爲因緣○貧始爲因助因爲緣既非
自然定屬假借如四緣生識之類阿難言必此妙見性非自然定假因緣
我今發明是因緣生但因緣生法未必常住今妙覺性常住周徧本非生滅而義不
合因緣性不知云何方契因緣之性心猶未明故咨詢于如來是義云
何合因緣性△雙審佛言汝言因緣吾復問汝汝今見性
因見明暗等相而生見者見性現前然此見性于明暗塞空中以何爲因爲
復因明有見因暗有見因空有見因塞有見△破見性不從
因生○薛簡問六祖曰師說不生不滅何異外道祖曰外道所說不生不滅者將滅止生以生顯滅滅猶

不滅生說不生我說不生不滅者本自無生今亦不滅所以不同外道正此意也阿難若因明有是以明種子爲生見之因及其暗來明卽滅矣則此見性應隨明滅應不見暗如因暗有應不見明如是乃至因空因塞同於明暗今既見明見暗則見性非因所生明矣Δ破見性不從緣生○因親緣疎分爲二門復次阿難此見又復緣明有見緣暗有見緣空有見緣塞有見阿難若緣空有仍緣空滅如藤緣樹有樹倒藤枯應不見塞緣一境有見應不見餘三境也若緣塞有應不見空如是乃至緣明緣暗同於空塞因略空塞緣略明暗置文之巧○合論云世有寶鏡種性精瑩有翳有拭有開有掩方其翳非暗與之方其拭非明與之方其開非空與之方其掩非塞與之明暗空塞之不常而其種性則眞常故世尊示見精明性者其能容受明暗通塞四種緣塵此寶鏡如之向下重重拂迹結顯覺性不變隨緣隨緣

不變以執自然者不解隨緣執隨緣者不知不變故有外道小乘之別若夫不變隨緣隨緣不變是世尊說法之洪範入理之深談也△結示當知如是精覺妙明精體不變非屬因非屬緣妙用隨緣亦非屬自然先德云非因緣非自然妙中之妙玄中玄森羅萬象光中現尋之不見有根源與此互明矣雖然所謂因緣自然如離海認漚亦未嘗離此妙明故曰非不自然非不因緣但妙體本無無元字腳而本無非因緣非自然亦無不非因緣不非自然亦非無是因緣無是自然亦無非是因緣非是自然蓋離一切相卽一切法前八還章下離一切相也五種見量章下卽一切法也以至無是見無非見及文殊章後又不卽不離也此下又爲後文章本向後三科重破因緣自然七大重破和合非和始完此叚公案雖云萬象皆虛不妨一眞法界有非心思言議所能知之者非汝今云何於妙明中措心擬議

復以諸世間因緣自然對待戲論一切名相而得分別精覺妙明乎若

以因緣自然測度如來妙覺明性者如以手掌撮摩虛空秪益自勞虛空云何隨汝執捉虛空不可措手妙明豈可措心乎

○見見章

大意顯見精成就四義而眞見無妄破認緣生妙覺之執令悟實相也△引昔教證阿難白佛言世尊必妙覺性非因非緣世尊云何尋常與比丘宣說見性具四種緣所謂因空因明因心因眼是義云何此中心是親因緣空明眼三是增上緣不知法相宗中但說四緣生識初未曾說四緣生妙覺性以妙覺性非生因之所生故阿難既認妙覺性與見性。爲一已是混悞復認妙覺性從因緣生則溷悞極矣故下文先破見性不屬因緣反顯妙覺性是見性所不及者決不屬因緣八還章托見精以顯妙覺性直至文殊請問章發明見與見緣元是菩提妙淨明體而阿難郤將鶻嗁悞作鶯啼遂認此見精爲妙覺性故曰誠如覺緣徧十方界湛然常住性非生滅旣仍執生滅性爲自然爲因緣故世尊一一掃除然後直顯眞覺妙明無非不非無是不是離相即相不可措心乃以自然因緣而妄議之乎阿難因聞此語引昔教以證妙覺性必屬因緣也△直顯見精佛言阿難我昔常說四緣生識者爲外道妄執自然故借世間諸因緣相以破自然之執非若今說妙覺性之第一義時也汝乃妄認妙覺爲自然性乎然且不獨妙覺性不屬因緣即見性亦不屬因緣阿難吾復問汝諸世間人各各自說我能見云何名見旣已成見云何不見阿難答言世人因於日月燈光見種種相名之爲見若復無此三種光明則不能見此則見與不見皆屬因緣故知見性從因緣生△就計以破阿難若此見性無日月燈明時名不見者應不見暗若謂雖不見明而必見暗此則但是無明云何稱爲

無見阿難若在暗時不見日月燈光明故名爲不見今在白晝明時不見暗相還名不見如是則明暗二相俱名不見有是理乎若復謂明來暗謝二相自相陵奪非關汝見性於中暫有暫無如是則知見暗見明二俱名見云何見暗之時不名爲見以是見明見暗俱得名見之故阿難汝今當知見明之時而此見精非是因明有所見暗之時而此見精非是因暗有所見空之時此見精非是因空有所見塞之時此見精非是因塞所有明暗空塞四義若無此見精終不成就蓋明不自成明義因見精以成明義等然見精縱能成就四義而復能超然於四義之外猶與藏識中識精元明等無差別雖屬不變眞如尚帶一分無明與妙覺性差一間在△顯見離見汝復應知眞妙覺見見于見精之

時此見精雖不雜于四相實亦非是眞見如第二月之見精猶離于尚眞

見則如水中月影之見見聞覺知之見不能及其如眞月之眞見明矣△責過勉進○此眞見

居見聞之地見聞之之所不及處思議之中思議之之所不到云何復說妙覺性是因緣性同

彼自然及和合相此是世尊引阿難于萬仞懸崖一推要令撒手承當汝等聲

聞局劉舊聞故狹得少爲足故劣之甄別無識發心狹劣立之智故志麤浮故不

能通達即萬法而不染之清淨即萬相而無相之實相惟不達此見精是凡聖迷

悟之關爲彼所障故佛知見不開不能即見精而通達清淨實相第常住眞心性淨明體吾今已

誨于汝汝已得聞必聞斯行之當善思惟無得疲怠於妙菩提

清淨路當知欲至菩提唯此見精一路爲最妙正指覺奢摩爲無上菩提之路一三三一圓融無礙

不可思議故稱爲妙結前起後即五十五位妙菩提

路一一位中皆依此一心三觀修去上文示奢摩他

帶妄顯眞正義已竟下文復由未悟見見非見等義重請發明奢摩他中微密觀炤也

○同別妄見章

大意合精見之妄源顯眞見之實相也上十科帶妄顯眞如指璞說玉下剖妄說眞如剖石出玉也△因聞見見非見而生疑請決阿難白佛言世尊如佛世尊爲我等輩宣說見精非因緣及與非自然斯已解矣其未解者而此見精非諸和合相與不和合二義心猶未開已爲迷悶本惟望佛次第更談和非和義而今更聞眞見見于見精之時見精非是眞見益重增我等迷悶矣○

兩師云世尊既云見性不動不滅非舒非縮乃至云見與見緣元是菩提妙淨明體則此見精卽妙覺性明矣而忽又云見見之時見非是見見見性是一何故說眞說妄但知見性已不屬因緣自然尚未知見性是和合與不和合心猶未開已是迷悶而今更聞見見非見猶不知其所以然故重增迷悶前斥緣心是

矣有矍然之驚今斥見性不眞更迷悶極矣○和非和等雖未明了尙可少待至於見見非見之旨不可緩者**伏願**世尊**弘**開大**慈**慈乃佛之道體**施大慧目**慧即權實二智如人雙目稱大慧目亦即妙覺智謂求法空智山迷此而成見精者也今請施權實二智鑑機炤理圓發空如來藏纖疑在念則覺不明淨故願**開**導指**示**令**我等**輩頓釋迷悶使獲**覺心明淨**庶不疲于妙菩提路而通達清淨實相也覺心明淨即妙覺性在見精而不屬見精此即始本二覺也言我前請發妙明心開我道眼時世尊即以見性示我向以見性爲大慧目爲妙覺性矣世尊又斥此見爲非決知別有大智慧光明正法眼藏及明淨覺心以授我故復請開示也向下世尊爲彼發明見性元是三細中見分與相分皆從業識變現故須除業識破見性方是妙覺性方是佛知見也**作是語已悲淚頂禮承受聖旨**厶經家欽未悟**爾時世尊憐愍阿難及諸大眾將欲敷演大陀羅尼**欲說而未說曰將欲敷演者開發義也大陀羅

尼云總持即妙覺慧性言藏性隨緣有三科七大之別故曰諸三摩提即正受定慧均等故
曰妙修行路蓋前結歸奢摩正義竟今將敷演三摩集者意謂總持義屬三摩故遵標其名
蓋由阿難于奢摩深義未明重有此請佛且示同別二見及和不和相以完前義下自汝猶未明已去始
起三摩經文起伏次序綿遠如此三科七大皆下手做工夫處是爲趨菩提之大路下文十方如來于十
八界一一修行皆得圓滿無上菩提是也○正脈云諸三摩提總目二十五圓通妙修行路密指耳門意
言諸圓通中妙耳門也以此二句釋上大陀羅尼後請入華屋即有得陀羅尼入佛知見之語及佛許曰
開無上乘妙修行路又云於佛如來妙三摩提不生疲倦相炤應△許示微密觀照先責迷悶以誡聽
告阿難言我向爲汝破心斥見大總持門亦既開闢將與汝說妙修行路令汝入此陀羅尼門
奈何汝雖強記但益多聞以恣口耳於奢摩他性具妙定精微隱
密觀照理行心猶未能明了豈可諭三摩提入妙修行路乎故且將微密觀炤爲汝發

明然後更談妙修行路微密者對麤疎言以分別覺觀爲麤疎故觀熖者取反觀之智言以用此而見暗見明有相見二分謂之麤疎覺觀用此而反觀覺性破業識謂之微密觀熖非二物也言反觀者但見萬法不起見性卽是性具妙定則業識自破覺性稱妙非有別樣反觀也今汝但知見性是眞而不知其所以眞卽知是妄又不知其所以妄宜乎聞此而重增迷悶若知見性如不龜手之藥在善用不善用則獲妙微密性淨明心得清淨眼在反掌間亦卽大陀羅尼諸三摩地妙修行路也　汝今諦聽吾

**當爲汝分別開示**見精是眚眞見非眚以此眞妄都明不唯現在破其業識亦令**將來諸有漏者獲菩提果**向下將此見性演爲二種妄見明二見皆從業識現起識起時則爲分段變易二生死之本識轉時則爲菩提涅槃之本也將示奢摩他熖以答見見覺心之問先明同別二見前云汝身汝心外泊山河虛空大地咸見妙明眞精妙心中所現物轉棄海認漚目爲全潮是爲顚倒茲益明矣△標二妄果因

**阿難**界內凡夫二乘及十二類**一切**正報**衆生**

輪迴六道依報世間果者由二顚倒迷己爲物背覺合無明故曰顚倒由知見立
知則有微細流注分別根身器界爲親疎故曰分別見妄起惑造業感報有殊善則昇惡則墜
理之然也必當處發生當業輪轉者謂惑業苦三也當處卽當念若當念所生是
善則造善業當善業輪轉于人天修羅受報惡則三途○起信論云謂不了一法界義故不覺心起而有
其念念無自性不離本覺正顯二妄切近乎眞爲菩提涅槃本以依不覺故心動說名爲業動則有苦果
不離因循業受報正顯二妄卽是業識爲二死本○由阿難向以六識三毒爲生死涅槃根本不知業識
爲根本故標此二句以顯三種見妄通妄通眞△徵云何二見別業一人妄見同分多人妄見
先引別業喩阿難一人眼根之妄次連同分廣喩十方衆生根身器界同一妄耳△別明一者衆
生別業妄見卽不共業所感衆生正報各各五蘊身心皆從黎耶中不共種生以是自業所
感自所受用故曰別指內心言業者業用六根各具業用故二者衆生同分妄見

即共業所感依報器界以從黎耶共種生由共業所感眾皆有分故曰同約外境言○此經約一人一識所見根身器界爲別業妄見故下文云例汝今日以目觀見山河國土及諸眾生皆是無始見妄所成若一人如此彼彼皆然故復約多人多識所感根身器界爲同分妄見以同迷覺體故下文云同是覺明無漏妙心見聞覺知虛妄病緣和合妄生和合妄死問阿難既疑見見非見世尊不直答而廣明妄見者何答若不廣示妄見有見不能顯發眞見無見故下文廣約一人多人對辨未離無明皆病者無論凡小即等覺菩薩亦名見妄唯佛一人眚病盡除彼見眞精性非眚者方名眞見耳△單徵別業釋義云何

名爲別業妄見欲顯正報眾生各各五蘊身心本空原依妄見而有故舉一人眚妄明之

△先設別業妄見喻以明妄有

阿難如世間人目有赤眚目喻自覺本智赤眚喻無明業相眚因熱氣逼成識因無明所動夜見燈光夜見喻因時妄見燈光喻本具眞理別有圓影五色重疊喻五蘊根身器界謂理智一如本無能所由不如實知眞如法

一故心動說名爲業以依動故能見依能見故境界妄現以有境界緣故起心分別等△徵審○雙開燈
見二關對辯圓影虛妄以顯見病爲影於意云何此夜燈明所現圓光
爲是燈色爲當見色△卽燈見求不可得阿難此圓影若卽燈而有
五色則非眚人應合俱見何不同見喻此相分塵境卽眞理有則住三摩地人
應合同見何故了如空華而此圓影唯眚之觀餘無見者喻此相分塵境唯業識眾
生見之明圓影不卽燈有若是圓影卽見上有之五色此見已成五色圓影
不合復見圓影纔是則彼眚人見圓影者名爲何等喻身界不從見生若
從見生見已成身界而見根身器界者名爲何等故知相分塵境雖是眞如隨緣變現而不變眞如本來
不動皆從業識變現△離燈見求不可得復次阿難若此圓影離燈別有
則合傍觀屏帳几筵有圓影出喻相分塵境離眞理別有卽無因生不合

當處發若此圓影生矣離見別有應非眼矚云何眚人目見圓
影喩如相分塵境若離見別有則有妄見者不合見根身器界云何有妄見者必見根器已上不即不
離則知不隨因緣自然生本虛妄不實者妄生分別也△結顯實義明圓影起處是上即離求之不
可得故當知色實在燈謂燈上實有光明本無圓影因清淨見體上忽有青赤之
病轉燈光而爲影喩相分塵境原是眞理現起但獨境不生多因能緣之見分心方顯所緣之相
分境△法喩合明○然所見之影能見之見俱爲眚病目非病而不眚燈非眚而無影故
曰影見俱眚心境皆妄也見眚非病者若能了知是眚病所爲然能見眚之見非墮眚病之中
蓋影見俱眚是法喩合明謂燈明圓影固是目中赤眚所成即能緣境之妄見亦是妙覺心中之眚妄見
眚非病是了妄即眞意若彼凡愚不見眚者則妄生分別謂此圓影爲是燈是見爲離燈離見若復智人
即能見眚則雖有此眚亦非是病如云知幻即離故爾終不應言此圓影者是燈處生

是見處生是不言況且於是中更有非燈處生非見處生如是則知相分
塵境從無明業識生終不應言根身器界卽妙覺性生離妙覺性有故前指見與見緣如第二
月非眞月體亦非水月中影何以故第二之觀捏所成故
彼愚者不知則妄生分別謂是月形非月形諸有智者不應說言此捏目
根元是月形非月形喻如見與見緣在凡愚妄生分別指此見等謂卽眞見離
眞見若謂佛菩薩自住三摩地中了知此見及緣元是菩提妙淨明體自不說此是眞見非眞
見矣△以喻合喻○謂以圓影之喻合第二月喻今此圓影亦復如是諸有智者旣知
目眚所成今欲名誰是燈是見之圓影耶是且不言何況分別
非燈非見之圓影耶若知二月是捏目所成苟無是非二相則知影見俱目眚之咎又何於燈
見起妄計△單徵同分云何名為同分妄見欲顯十方眾生所感依報世界

不有元依妄見所生故舉兩國災祥明之△先同分妄見之事指境在外設阿難此閻浮提總舉須彌山南面之一洲四海外除大海水卽七金山外鹹水海中間平陸無水之地有三千洲水環之地曰洲通稱閻浮也正中一大洲爲主其餘外海小洲爲眷屬洲卽如琉球日本越裳師子三韓林邑波斯等國皆閻浮提眷屬洲五天竺國據洲之中東極爲震旦西極爲波斯南極南天竺境北極雪山香山瞻部林等則此寒外五單于諸胡之地在此洲東北境內仁王經云此閻浮提有十六大國王五百中國十萬小國此經謂東西括量大國凡有二千三百二經舉數雖各不同皆指此爲主洲耳其大洲之外餘有小洲在諸海中周匝圍繞故此爲中正大洲也諸海者指東西南北四海說其小洲中間或極大有三兩百國者或一百或二百國者至於三十四十五十國者此明小洲大小之不同也舉多洲說者意在單取兩國小洲顯彼不祥△標

阿難諸不祥事見境為心外相不實故有見不見者汝知之乎若復此三千洲中有

一極小之洲祇有兩國此兩國間唯一國人同一惡業招感惡

緣則彼小洲當土眾生覩諸一切不祥境界△別明惡相○

祥是吉義不祥是不吉故言或見二日後周時宋太祖陳橋兵變時見日下復有一日黑光

摩盪久之遂有黃袍加身之事是此類也或見兩月如月食時有黑月障覆之狀大約惡相干

差難以定論也其中乃至災相多端不煩筆錄兩儀之中郎日月有暈適珮玦災相

繫焉妖氣環匝于日月日暈俗稱月圍是也薄食日月曰適適音責郎孟子曰人不足與適也適又昏義

曰男教不修陽事不得適見於天日為食之按杜預曰月行遲日行疾月適及于日而與之會交會而日月

同道則食月或在日道表或在日道裏今此適字是彼月適之適又適近也災氣近日如珮玦之狀皆日

月之災相也星芒偏指曰彗芒氣四出曰孛橫去曰飛下注曰流此皆星辰之相也災

氣夾吳興謂通占曰氣如半暈著日上爲負負日曰負耳倚也五行志作抱孟康曰抱氣向日也耳宜作珥聲之誤也珥在耳曰珥孟康曰珥形點黑也直解按經意謂負耳疑是一相或氣傍日月如耳環相狀名爲負耳　虹蜺詩云蝃蝀注曰日與雨氣交候災氣映日曰　然成質似有血氣之類乃陰陽之氣不當交而交者天地之淫氣也又曰雙出色鮮盛者爲雄曰虹暗爲雌曰蜺此皆陰陽之象也種

種惡相于一小洲分兩國但此國衆生惡業所招見彼國衆生本無同業故所不見亦復不聞況出世二乘也故約兩國說○長水孤山諸師指生佛淨穢兩土說但諸佛淨土非如凡夫之有非如二乘之空法華云非如三界見於三界如者空義非如不空義諸佛迴超淨穢有無之上不可以淨土說此國彼國皆衆生則可知矣若必例之當知甄別凡夫五濁穢土以有漏識爲體煩惱造業所共感故諸佛淨土以無漏智爲體眞如淨用所現故若以他受用土說則衆生名不錯矣厶進退合明

阿難吾今爲汝以此同別二種妄見所現之事進

退合明即展轉會明之意詳言之則從前向後名進從後番前名退法喻相例曰合明上文二事
既明即當以法合上同分之事明奢摩觀照顯見無見今且暫退同分之法先進別業之喻然後進法例
之其所進者別業文云色實在燈見病爲影影見俱眚見眚非病四句也△進別業阿難如彼
衆生別業妄見矚燈光中所現圓影此進色實在燈見病爲影謂雖
有而非實有所現圓影舉體全妄曰雖現非實別有曰似境終彼見者目中赤
眚所成目中赤眚即眞見上所發之勞相非燈色所造此進影見
俱眚皆妄矣若言眞者然眚不見眚而能見赤眚是勞見所成者乃見之眞體終
無眚病之見咎此進見眚非病也△進同例別○同是一類謂之例言無差別也且先明妄本
例汝阿難一人今日謂人之與境皆現前親住親見近境非後來懸遠之事故曰今日以
目觀見山河國土及諸衆生觀見指見分攝六根如別業赤眚之妄見見國土

衆生指相分攝六塵如燈上圓影情與無情皆是無始眞見上一念妄動之眚病
所成見病者以法言之即染汙見分以惑言之即根本無明華嚴經云衆生妄分別有佛有世界若
了眞法性無佛無世界可見國土衆生皆一妄念而有也豈視爲眞實哉由彼無明業相于不熏處而能
熏其業識遂發能緣見與見所緣境俱從自證依他而起皆如空花本無所有乃似現
前之所緣境也合前雖現似境終彼見者目眚所成究其所由元是我本覺妙
明如云見與見緣元是菩提妙淨明體但於覺體上忽起一念之妄能見及所緣皆依眚
而生非眞理境中本有也合前眚即見勞非色所造阿難汝善思惟若以覺明覺此能見之見精
即眚妄者則覺與見皆即眚矣以隨分覺未得究竟則眞智帶無明故猶爲眚也然本覺明
心雖於日用徧覺諸緣是妄而實非有眚妄之見合前然見眚者終無見咎也△牒
答尊者見見非見重增迷悶之疑亦指尊者一人以微密觀照復還本覺○文承上既知本覺明心覺

其所覺之見精從眚妄起此本而覺明心非墮眚妄之中此實上文所說
見見之時見非是見義則知上見字是妙覺性下見字是見精乃無明識精識精乃見之精者以如
眞月之眞智而觀如第二月之見精猶屬見妄云何復將妙覺明性而名如水中月影之覺
聞知見可及者哉是大謬矣合前見猶離見見不能及也此見尊者絕無入處但於見聞覺知處
認本心不知本心不屬見聞覺知亦不離見聞覺知
此正顯眞見離妄心亦責未悟也然佛所說二種顛倒
分別見妄者由尊者前云世尊爲我宣說因緣及與
自然心猶未開是故廣示別業同分所見之相皆是
虛妄爲彼重破因緣自然二種之執也又示覺非眚
中此實見見破見見非見重增迷悶之疑也△結示
眞妄是故當知一眞性海本無生佛能所之分汝今見我及汝根器并見
諸世間十類衆生之見有能有所皆即見眚如病目見圓影相似非爲炤
見眚病是虛妄者即了眞法性也上斥下酬以彼炤見眚病是虛妄之者眞而不

雜妄於精而不雜於眚若摩尼之應色似明鏡之現形終日見而不見有世間相以此眞見之性
本非眚者故不名見乃名本覺明心也此會見歸覺義如燈有圓影○屬於眚見○見若
無眚名淨眼此眞淨眼無影可見故不名見所謂知見無見斯即涅槃○古德云妄知知有知有所不知眞見
無見無所不見是故眾生知見盡而後佛知見現也△退別進同○別業妄見虛而易明同分妄見實而
難信意欲將實者皆同虛也○阿難我爲汝以一人例一國以一國例大千不出一眚妄耳如
彼一國眾生同分妄見種種災祥妄見際定妄因此句進同與別相例例彼妄
見圓影之別業一人且置△以一人例一國○復將一病目人同彼一
國人互相合明彼一病目人獨見圓影者是勞目中眚妄所生此一國
眾人同分所見不祥者乃同見業中瘴惡所起此二者固雖虛
實有異所見不同究其根本俱是無始無明見妄所生姑蘇曰同分妄見謂凡夫

二乘六識妄見別業一人謂菩薩八識妄見以八識一病目人同一國六識妄見故曰彼見圓影眚妄所生八識眚病也此眾同分所見不祥同見業中障惡所起六識三毒所感也俱是無始見妄所生六八難殊同是妄見此說亦可但不同展轉廣破八識以明八識之深例破六識之淺也△以一國例大千○阿難當知豈獨此二者一同一根則本惑見妄所生以此一國普例南閻浮提三千洲中所有一須彌日月既同兼四大海亦同我娑婆世界百億須彌日月四天下一釋迦佛化境既同并洎十方諸佛所有諸有漏國及諸眾生無明妄性同是覺湛明性無漏妙心中最初一念妄動粘湛發妄則於一精明分成六和合遂有見聞覺知為六知根如目中之亦眚則現虛妄見病之六塵境緣如燈上之毛輪根境逢緣妄識轉生則妄認四大為自身相六塵緣影為自心相當處發生當業輪轉故於勝因緣和合時妄見有生和合因緣別離時妄見有死生之與死俱不離妄故云

和合眞妄和合故有生死偏言妄者眞如在迷也又則心與色法和合故生雖生匪實故曰妄生心與空法和合故死死亦空死故曰妄死△識遣和合因緣復本常心○蓋和合即因緣不和合即自然皆生死因喻云見精不能及眞見見者猶未滅此生死因故上文覺見即眚至此實見見納阿難一入以微密觀照復還本覺此□十方法界衆肯迴光反照斷盡前生以微密觀□後還本覺也若六識麤惑不墮分段生死則能遠離諸和合緣及更斷俱生細惑不墮變易生死則復能遠離諸不和合又則復能滅除諸藏識中二生死因因即種子也種現斷盡即轉八識成四智謂之轉煩惱圓滿菩提根本智轉生死圓滿涅槃不生滅性此即二轉依號智理一如永絕輪迴則始覺之用完復清淨本心本覺常住之體始本不二皆由滅生死因而得故起信云遠離微細念故得見心性心即常住名究竟覺此見世尊欲人命根下一刀與無明父母永別直與清淨覺相應自初卷講至於此是一大結局合轍云無始生死報盡無始菩提

涅槃方得圓滿也以上結答覺心明淨之問已竟此前例文重在見聞覺知虛妄病緣一句破見境之義明矣向下破和合義向以三毒爲生死根本今知業識爲生死根本從來說破業識是以遠離二字爲破貫珠謂若能二字正勸修而後破此但論其前遠離也

○和合非合章

大意顯覺性超業識而獨妙也因尊者前云佛爲我等宣說因緣及與自然諸和合相與不和合心猶未開而今更聞見見非見重增迷悶世尊即就同別二見文中破妄覺顯眞覺發明見非是見則阿難已悟本覺常住竟若因緣自然先已破除唯非和合非不和合尚未開示故不待更問而示之△先許已能

阿難汝雖先悟本覺妙明性非因緣非自然性先悟者在見見章首悟當知如是精覺妙明非因非緣亦非自然曰必妙覺性非因非緣之決△次出未曉而猶未明如是覺元非和合生及非不和合覺元者即見精明元

前已會見入覺故稱覺元非不和合者是和合義㴱萬物而爲一故云非不和合若果定和合應無菩提由前云無漏妙心與見聞覺知非不和合一處故有生死復恐謬執故破之正破生滅與不生滅非一相故文覺元者亦指元淸淨體意云若會如是覺元定屬和合則同諸幻法永爲生滅若一定非和合則不能即一切法而棄諸幻法於覺性之外△問定執處**阿難**前以四塵破因緣自然矣**吾今復以**明暗空塞**前塵問汝**我上來發明大千依正俱是虛妄生死汝兩番只吾本覺非因緣自**然汝今猶以一切世間妄想和合諸因緣性而自疑惑**以爲能**證菩提**之本覺妙**心**亦同世間妄想待前塵**和合而起者**然因緣自然和合非和合義雖無殊詮言有別故隨一門一一辨破以世間人能證智是菩提心假因仗緣和合而生其所證理名爲涅槃不從因緣但了因所了一向偏執有爲無爲二性全別不知如來嘗依二諦說法皆障一眞法界尊者執方便教依安立說遂成戲論則疑勝義一眞菩提從和合有生住異滅是無

常性有違淨名云寂滅是菩提滅諸相故乃至無爲是菩提無生住異滅故△開釋和義則汝今
者妙淨見精現對明暗通塞而當與誰和而爲一耶夫和合者如水和土溷而不分今此見
精爲與明和爲與暗和爲與通和爲與塞和若此見精與
明和者和則雜而不分且汝舉目觀明適當明相現前時從何處
雜和之汝見精若見精與明相未雜和時雖非歷歷可指容可辨別今者既雜
雜何形像所謂和者見如水明如土水土既和則水失其清土失其礙而成泥相今見與明兩
相雜和見失其見明失其明而雜和之狀復何形像耶或曰見明之時明相現前明中自有見精而見中
亦有明相此即其雜和之相縱許明中有見祇謂之明而見則失矣若明非見者云何
見明然則見精且無雜何形像縱許見中有明祇謂之見而明失矣若明即見者云
何見又見見然則明相且無雜何形像若轉計見雖入明中見未嘗失而與明相一樣圓滿明雖

入見中明未嘗失而與見精一樣圓滿者若必見性圓滿無地而非見何處和

明若必明圓滿無地而非明不合見和何處容得下見而說與見和耶△雙

結○既見與明各各圓滿是見不容明而明不容見則見必異於明而明必異於見二者

了不相雜矣若謂見屬心明屬境必相異者當雜和時云何成雜若見雜於明雜則失彼能見

之性若明雜于眞性雜則失彼見明之相名字雜既失彼明相之性是與見性其

見和於明決非義也如是離亦不可即亦不可一亦不可異亦不可而和明之義不成

矣△例同彼暗與通及諸羣塞亦復如是△開合義釋復次阿

難又汝今者妙淨見精能了前塵各別故謂之妙不與前塵和合故謂之淨見精

如此眞性可知不言覺性而尚言見精者正顯猶帶二種妄見未了公案正爲先明見非是見等意故暫

停至此下文亦然若見精與明暗通塞相附合者必如蓋合函附而不離也今此見精爲與明

合爲與暗合爲與通合爲與塞合若此見精與明合者至於暗時明相已滅此見卽隨明滅決不與諸暗合云何暗來又能見暗若謂雖見暗時而實不與暗合而與明合者亦應非見明矣既不見明云何明合了然知其是明而非是暗今既能見明復能見暗決知此見不與彼暗與通及明合云何而言見與明合耶△例同諸羣塞亦復如是上合義不成則菩提心非和合起也上破和合下破非和合○覺性徧滿於眞俗二諦若約實際理中纖塵不立故非和合若約今世門頭一法不捨故非不和合不和者不與萬法爲侶若果不和合應無生死所以破者生滅與不生滅非異相故然妙覺元卽本覺眞性雖不與萬法爲侶而與萬法爲根又不可惑爲非不和合良以體雖不變用乃隨緣豈非和合耶阿難雖離和合之執又起非和合之思將前破過阿難白佛言世尊如之案重究一番△先出所計

我思惟此妙覺元（既不與前塵和合是）與諸緣塵（境）及（業識）心（與分別意識）念慮非和合耶（△牒疑執處）佛言汝今又言覺非和合吾復問汝此妙見精非和合者（△闢非和破）爲非明和爲非暗和爲非通和爲非塞和若（此妙見精淨）非（與）明和則見與明（二家）必（各）有邊畔汝且諦觀何處是明何處是見在見（自何方起至何方止爲畔）在明自何（方起至何方止）爲畔阿難若明際中必無見者則（彼此界限各）不相及（汝見）自不知其明相所在（明之邊）畔云何成（其限界乎夫明不自明因見以緣明見不自見因明以顯見故除見外明畔無成故不可謂非和△例破）彼暗與通及諸羣塞亦復如是（△闢非合破）又妙見精非和合者爲非明合爲非暗

合為非通合為非塞合若見精非與明合則見性角一與明相明相一角相乖明與見性相乖二家相乖各不根只如牛之兩角相順如耳能聞聲與明相則了不相觸既不相關見且不知明相所在云何甄別明白合與非合之理耶夫見精之妙妙無所在故非不和合見精之淨淨不容雜故非和合△例破彼暗與通及諸羣塞亦復如是此顯覺性離業識不與明暗等和合無結文者以本屬前超情科餘意故不另結必欲結之當牒前文但換非因非緣等句曰當知如是精覺妙明非和非合非不和合乃至虛空云何隨汝執捉也從前至此剋就根性直指眞心顯見已極而答奢摩方便已竟人執破徧計亡依他露業識明圓成實性有兆總名破妄顯眞矣下文拈前將欲敷演大陀羅尼妙修行路則明藏性隨緣能與四科七大和合以答三摩破法執總明僉妄不眞也

## ○總會藏性章

大意會四科歸如來藏明諸妄本眞破計五陰實有體性之執以答三摩鉢提之請也自阿難請大定方便佛即反質初心所見隨酬見相發心未詳問中何意不知見有幾種相是何物爰是何人俱從何有故世尊徵心目之所在遂為三番斥破妄心而為會見歸心十番顯出見性皆名帶妄顯眞至於進退合明見見之義方名剖妄出眞說破業識歸覺故云若能遠離諸和合緣及不和合則復滅除諸生死因圓滿十方如來所得之菩提是為圓覺性顯更破合非合性其理卓然獨存從前是約心見二門答一心奢摩他理無礙法界歸空如來藏此後約色心二門答一心三摩事無礙法界歸不空如來藏正指前將欲敷演大陀羅尼妙修行路故不待請而自說也△世尊自誨○承上汝等雖悟前眼根一門見與見緣如虛空花及妙覺明性非因緣和合二種阿難汝猶未明見妄當處發生當業輪轉皆有歸宿

四科七大一切浮塵諸幻化相當處出生隨處滅盡一切浮塵指蕩有諸法虛假不實曰浮染汙眞體曰塵無而忽有曰幻有而忽無曰化其相宛如陽燄乾城空花圓

影鏡像水月野馬浮埃無根之物故曰諸幻化相究竟歸宗本無所依但是迷眞忽然而有豈知當處出生隨處滅盡乎知則其相亦有落處當處發生生處無生隨處滅盡滅處無滅生滅不離當處故不用違離諸和合緣等前云當處發生全迷法界心而爲法界性當業流轉者循業發現生滅總由業轉故須違離諸和合緣等由其不知當處故聞因緣自然兩途成滯若了當處則轉因緣自然悉唯心現後三個處字皆微密觀炤究竟幻妄稱相之落處阿難就眼根一門顯眞見體離緣絕相非生非滅略會見與見緣元是菩提妙淨明體今者四科諸法皆

**幻妄稱相**物無當名之實**其性眞爲妙覺明體**隨緣之妙正指幻妄諸相着落之處全屬不動眞如妙性如空花生滅而空無生滅但因翳眼見空花好眼不見校之萬法即眞唯識乃知衆生識心但見萬法○楞伽云一切法不生我說剎那義初生即有滅不爲愚者說華嚴云一切法無生一切法無滅若能如是解諸法常現前前云轉物則同如來者此也此中所謂通惑者二乘人雖知無我仍計五陰實有體性阿難初果見道通知小乘菩薩未

得色空一如是名法執(一)此下破五陰我法阿難初果見道通惑雖破別惑猶存前破心見正是初果之我迷如來藏性而有者今此會通一切浮塵諸幻化相以歸藏性破法執若執藏性爲實如來藏亦是法性則不眞實矣△釋相性(二)意謂世間極浮虛幻化之物究其根元皆有落處**如是乃至五陰六入從十二處至十八界**皆是平生自己護惜之物反不知其生所從來死所趨向妄謂父母已靈三種**因緣和合虛妄**名之**有生**四大六根**因緣**各各**別離虛妄名**之爲**滅**者爲其下落乎**殊不能知生滅去來**之相未曾動着絲毫總不離乎**本如來藏**之當處含藏衆德妙用名如來藏如來道前萬行道後三身皆性理含攝故曰藏有四揀別一佛性論云從自性來至此約本覺法身說二成實云乘如實道來成正覺此約始覺報身說三涅槃云所說不變名曰如來此約後得智化身說四此經言本如來藏妙眞如性合體用諸法說乃攝末歸本也藏性有三佛性論總以如來藏性爲體通攝凡聖因果性故起信論云二者

相大謂如來藏具足無漏性功德故此經明空與不空空不空三義此爲標宗也**常住妙明不動周圓妙真如性**此明藏心德相即圓實性衆生認徧計之所遺者今爲顯發也本無去來曰常法界藏身曰住本無迷悟曰妙明本無生死曰不動無處不在曰周圓體萬物而至神性一切而不異曰妙真如性若於真性當處悟得則**性真常中**唯一常住**求於**三世**去來**不可得惟一妙明求於生佛**迷悟**不可得惟一不動周圓求於輪迴**生死**不可得如是性真一切情謂畢竟**了無所得**況諸對待相形是爲大陀羅尼也○台嶽引中論疏云常則人天定位故無往來無常則六道各盡一形亦無往來又常即凝然不動則無往來無常則念念變易令誰往來是則常與無常俱不相到皆無往來法華云常住寂滅相即此本經言一切事究竟堅固即此而首表有三摩提名大佛頂等亦此若向此處得下落則佛知佛見不用力而開大陀羅尼不動步而入故欲于一切法成等正覺者無離此三科別求也○問前云見與見緣等已將根塵識三會歸如來藏性

究何故此下復以三科七大會歸答前之會歸是明如來藏性不立一法以顯理究竟堅固此之會歸是指三科七大當體即見如來藏性以明事究竟堅固前欲人即性以推相見諸法之無相此欲人即相以推性見諸法之無性見諸法之無相相相寂滅見諸法之無性性性性圓融如此交明互顯妙旨難思

○五陰章

大意總釋五陰幻相當處性眞也△總徵阿難云何世間五陰生滅之法本如來藏妙眞如性之當處也五陰者色受想行識亦云蘊積義陰者覆義謂積聚有爲蓋覆眞性故○五陰皆爲有爲乃世間生滅之法梵語塞犍陀此云蘊古翻爲陰即器世間與衆生世間也若以根之現量所緣自色而識以器世間爲能緣體生起衆生世間故下文因動有聲攬聲成根者是若以意根比量所緣自識而色以衆生世間爲能緣生起器世間前云衆緣內搖趣外奔逸者是若解五蘊如幻相即智正覺世間故名如來藏思益經亦同此說○五陰者心法唯一今開爲受想行識四陰故曰開心

合識對懸心不懸色者說五陰也○會色歸眞△標眞立體○首舉喻義從見與見緣并所想相如虛空華本無所有發來阿難彼色陰者譬如有人此汎指以清淨目觀睛明空喻眞智照眞理唯一睛虛迴無所有絕九界妄色也△從眞起妄其人無故言無端也不動目睛眞心隨緣而成業識瞪以發勞瞪乃直視貌勞喻見分妄心則於虛空別見狂華喻相分妄色單指色身色類非一故復有一切狂亂非相總指身外九界色法也如眚見毛輪如捏目見第二月相似△法合從眞起妄色陰當知亦復如是以不如實知眞如法一故不覺動念現六塵境若翳見空花所謂一翳在目空華亂墜也△辨妄無實阿難是諸勞目所見之狂華非從空來喻色陰非從理有非從目出喻色陰非從智生乃妄動而復見也△辨外色不從空生如是阿難若此狂華從空來者華生既從空來華滅還從空

入若此華相既有出入則此虛空亦有內外既有內外即非虛空空若非空便有實體實則自不容其華相起滅如汝阿難既實有體更不容外有阿難於汝身中往來何謂狂華生於空耶今空非實華非空出明矣此單破外色不從空生由凡外不達空即是色計為斷空從空生色故就其計而破之來即生義△辨內色不從目出○由權教菩薩雖知色從內現又計色外實有故亦就其計而導之承上謂狂華不生於空豈生於見耶若此狂華從目出者生時既從目出滅時還從目入若從目出即此華性從目出故屬人所生得眼氣分當合有見方是目出之華若有見者可名眼根去時既為華見空旋時合當見能生之眼矣若無見者可名為翳出外既翳于空旋歸當翳眼矣蓋出既翳空又見華時目應無翳即是清明眼見空中華云何反言翳眼見空華旋當翳眼當

言翳眼見睛空云何今見**睛空**者實**號清明眼**耶△了妄卽眞○以**是**狂華二處皆無則妄本無因之**故**卽**當知**其**色陰**本無生滅俱是**虛妄**稱相其性**本非因緣非自然**本如來藏妙眞如**性**○又一講華既非見非翳不從目出明矣既非目出空來何因緣和合可生哉或者空華自然而有耶若華自然有者又見華時目應無翳矣云何又是翳眼方見睛明空中狂華不號清明眼見睛空華相耶既是翳眼見空花不屬自然有之故當知色陰虛妄稱相究其根源本自無生是則當處發生本非目與空出之因緣隨處滅盡本非離目與空之自然由不屬因緣自然故謂之本如來藏妙眞如性也○會受歸眞○受以領納爲義卽五十一心所中徧行心所之受分而言之卽前五識合而言之總爲受陰然必以前五根對前五塵發起前五識能領納違順俱非等境而生苦樂憂喜捨受雖徧行知識而前五識合三離二受用徧多固當分屬眼耳鼻舌身識以此五識必依根境相對而生觸故以兩手摩空爲喻此喻從前如以手掌捉摩虛空發來△標眞立體**阿難譬**

如有人手足宴安百骸調適忽如忘生性無違順即如一念不動時尚不知有身心安知有根境可受△從眞起妄○當處發生受者出根境相偶憑空妄生諸受猶如其人宴安之後無故以二手掌於空相摩於二手中妄生澀滑冷熱諸相即如一念動時根境相偶有違順離合之不同而於中妄生諸識故曰受陰當知亦復如是△辨妄無實阿難是諸幻觸不從空來不從掌出如是阿難若謂此幻觸從空來者空無分別決無選擇既能從虛空來此觸掌亦當觸身何不觸身今不觸身而單觸掌者不應虛空有分別選擇而來觸其掌既不從空來豈從掌出若謂幻觸從掌出者獨掌亦能出應非待合掌未合時何無冷熱諸相必待掌合而出耶不特此也又則若使從掌自出之故合離皆有者合則掌知觸出離則掌知

觸入若必有出入則其連掌之臂腕骨髓中應亦覺知冷暖澀滑四種觸塵入時之蹤跡何故不知若有蹤跡則臂腕骨髓必有覺心知其觸出知其觸入若知出入則汝尋常日用元自有一實物身中往來無時不觸何必待掌合而後知其出要名爲觸離則不知耶若知此幻觸二處皆無則知妄本無因即可通達實相矣△了妄即眞是故當知受陰但虛妄稱相其性不從掌空而出本非因緣待合方知本非自然當處本如來藏妙眞如性澀與滑冷與熱合違順二義掌有離合二義總顯受陰因此而起但托幻觸以辨受陰虛妄之本若援法相宗强配恐謬矣○會想歸眞○想以緣慮爲義即徧行之想心所在八個識中安立自境分齊故唯第八識細想不易得知而能安立自境意識徧多以能緣慮三世境故此意想者本無實法但取六塵等爲境以融通妄想爲此義故入談醋梅口中水出是想陰虛妄也此喻從前如人說食發來△喻標妄本阿難譬如

有人談說醋梅口中水出思蹋懸崖足心酸澀想陰
當知亦復如是今取說梅是聲塵醋是味塵梅是色香二塵懸崖是觸塵此約他說若約
自說則想有三世之別事繁不盡錄口不食梅而口中水出足不至崖而足心酸澀其談說之名相虛妄
而此想陰者畢竟從何而出△辨妄無實阿難如是酢說不從梅生非從
口入云何聞說而口中水出如是阿難若此酢說是梅生者梅合自
談口中之水當從梅生何待人說而口中水出若此酢說從口入者自
合當以口聞而口水出何須待耳聞而口中水出若獨耳聞此水何
不從耳中而出必從口出者何耶既知酸說無根則知想陰不實矣故譚子云聞臭腐之
狀則輒有所噦聞珍羞之名則妄有所嚥臭腐不曾求珍饈未曾至而有噦嚥者非妄而何想蹋
懸崖與說相類應云如是崖想不從崖生者崖合自思何待人思若從足入足應有思何

用心想若獨心思此酸不應心中自有既知口水與酸澀無從則知想陰之所出便可即想陰而通達實相矣△了妄即眞

是故當知想陰虛妄口中酸澀無從本非因緣不間談時口中無水不思懸崖足心不酸本非自然本如來藏妙眞如性○會行歸眞○行以

遷流爲義即偏行心所之思以能驅役自心能造善不善俱非等故即是業行于百法中攝法最多雖八識皆有遷流而末那遷流最勝以念不斷故八識皆有思而末那思爲最勝故思量性偏屬第七識取暴流爲喻者以是陀那細識習氣所成故即下文陀羅微細識習氣成暴流此喻從前觀恒河水發來△喻標妄本

阿難譬如暴流波浪相續此二句明遷流義乃生滅麤相前際後際不相踰越明不遷義乃生滅細相此暴流但就妄言眞妄雙舉者則以水體喻眞性流水喻諸識生滅如波浪全體是水本無實體前波滅引後波生故曰相續由彼日夜遷流無間故此行陰當知爲生滅根元亦復如是人身從生至幼從幼至長從長至老少自少老

自老由行陰生滅之根元亦如暴流之無自體則知行陰虛妄乃爲十二類生之生基綱紐也△辨妄無實

阿難如是暴流波浪性不因空生不因水有亦非水性非離空水如是阿難空喻眞如水喻業識若此暴流因空而生則諸十方無盡虛空成無盡流空無盡流無盡者喻眞如無際行陰無際也依空立世界空既成流世界自然俱受淪溺又何分水陸空行乎若此暴流因水而有則此暴流急性應非是水應離水外別有處所別有流相則能有之水性所有之流相如樹生果喻識性應非佛性應成二體今應二俱現在如父生子各有體性現在性既不可得安謂從其生乎若此暴流渾濁之時卽是水之體性則澄清時應非水體以暴流盡而水澄行陰盡而心淨故喻識若卽性識滅時應無性體若離空水空非有外可容暴流且離水之外更無

流相非即非離便可即行陰而通達實相相矣正脉以空水喻心境△了妄即眞是故當知行陰虛妄不因空水本非因緣不離空水本非自然本如來藏妙眞如性○會識歸眞○識以了別爲義以能了別自分境故雖諸識皆能了別而此業識受熏持種能了別三類性境故當偏屬業識也性覺眞空本周法界含吐十慮盌有方所一迷爲心惑爲身內自私自小故以瓶空爲喻此喻從譬如方器中見方空等發來△喻標妄本阿難譬如有人取頻伽瓶人喻業行即第七識瓶喻中有本有身空喻業識塞其兩孔謂煩惱所知障塞二空也以有二障遂有二死人死時見聞悶絕諸根不通有以兩孔喻二習者滿中擎空千里遠行用餉他國業牽中有身識而走如人擎瓶空而行法句經云雀來入瓶中羅縠掩瓶口縠穿雀飛去識神隨業走識陰無形在有情身如瓶盛空千里而行用餉他國謂妄識爲業所使末那所遷三界六道無處不往以續後陰也去後來先者業識也遷識往來者末那也以末那隨所生所

繫故○溫陵曰內外一空喻性識一體塞其兩孔喻妄分同異空無往來不可擊餉喻性無生滅亦無捨受今言擊餉者比迷性為識妄隨流轉之狀由野送飯曰餉即向去義也他國喻三界六道識神隨業在處受生不能出乎三界生死是故識陰當知亦復如是下約彼方此方破者以真如不動由七八二識遷流不住似有去來彼此究竟不離當處△辨妄無實阿難如是虛空非彼方來非此方入如是阿難若瓶中空自彼方盛來者則本瓶中既貯空去於本瓶之來地應少一塊虛空本地既無所少非彼方來也若瓶中空自此方入者有入即有其所出則于他國開塞之孔倒瓶為餉時應見空出方信空入既無空出則非此方入○矣破此識不從此方入以此方不曾欠少故涅槃經云若人捨命之時心意識即生善道而是心法實無去來亦無所至直是前後相似乎相續相貌不異耳今彼方不見空少此方不見空出則知識陰之所自出便可即識陰而通達實相

矣△了妄即眞

**是故當知識陰虛妄本非因緣非自然性**

空無出入識陰不生本妙眞常何曾起滅豈執因緣自然虛妄相哉卷首明捨生趣生終明識陰無往來者總顯無明體本如來藏也○若微密觀照則見五薀幻相聚沫之色既虛水泡之受何有陽燄之想非實芭蕉之行唯空幻妄之識無住而如來藏性逈然獨露永嘉明一念之中即具五陰謂歷歷分明即是識陰領納在心即是受陰心緣此理即是想陰行用此理即是行陰汚穢眞性即是色陰若論吾人下手工夫當知五陰舉體即是一念此一念者舉體即五陰歷歷見此一念之中無有主宰即我空慧見如幻化即法空慧與此皆可互參陸亘大夫問南泉曰古人瓶中養一鶵漸長大出瓶不得如今不得毀瓶不得損鶵作麼生得出泉召大夫陸應諾泉曰出也陸從此開解與此同參已上如來妙辨出盡其理當知眞性本無生滅去來無明業力則有失來若諸衆生能斷無明則成諸佛無上菩提必不相聯此當二卷雄文究竟堅固也

# 大佛頂首楞嚴經貫珠集卷第三

明　金陵華山律學沙門戒潤　述

此卷來意由尊者感誤墮而恨多聞望極果以問方便佛示有三摩提一門超出妙莊嚴路次爲三番斥破妄心以開其路第一七番破處第二咄破非心第三破妄無體阿難始信緣心是妄而問哀常心性妙心道眼佛爲十番顯見謂之帶妄顯眞一引盲人矚暗會見歸心顯見性脫根脫塵迴然而靈光獨耀二屈指飛光顯見性離身離境凝然而本不動搖三觀河顯見性盡未來際究竟不滅四垂手顯見性從無始來本有不遺五八還顯見性無往無還捉物表而常住六見量顯見性不雜不亂超象外以孤標七舒縮顯見性元來自在轉萬物而大小何拘八文殊顯見性體本混融譬一月而是非莫辯九因自顯見性超情不墮遠越乎外計權宗十見見顯見性自相亦離轉入于純眞無妄同別二妄剖妄出眞使得圓滿菩提不生滅性和合非合直顯見眞心非和合者會通四科卽性常住先標五陰本如來藏二卷既畢故

有此卷所詮三科七大令
尊者頓獲法身之雄文也

○六入章

大意會六根各局之自性完復一眞妙性永破賊媒
令悟清淨法身也自是心非眼之後但惟顯性不復
論根所以極離其離塵一有體之眞今因巳領眞性尚
執六根別有體相未融一性更須令知六人無自體
相所以極破其離塵無體之妄雖說見性乃根中局
執之自性非同前離眼廓周之見性也是前顯性破
合非合章云證菩提心和合起者前破我執祇破根
塵識之粗个破法執實破根塵識之細雖會而實破
和合等法要阿難獲佛知見法身
法界量也△總徵會六人歸眞
復次阿難云何六
入本如來藏妙眞如性
復承五陰之總次徵六入之
別文雖根根塵對顯破意在根
六門而言入者由心心所流人根境令塵得入故又
通能所如眼根流逸奔色耳根流逸奔聲等爲能入
眼以虛受色耳以虛受聲爲塵所入亦爲迷內色者
別開五根六塵十一色法同名內色而六塵屬現量

五根屬比量以能發識此知是根故又名根色第六
乃心法是八識見分故六根本如來藏者一切如來
皆從根性脩證故如者不動之體來者周徧之用藏
者含藏眾德妙真如性者以六根門頭觸處菩提故
不離當處故△眼人依真會妄○下皆托浮塵破勝義根阿難即彼無翳之目睛瞪
發勞者發字在塵邊講勞因瞪目而發故曰兼目與勞同是菩提瞪發
勞相以見相二分同屬業識即彼二字指前文譬如淨目瞪以發勞別見狂花是以目睛喻真智以
瞪喻勞以狂花喻色陰此言不但狂花喻勞相即目
睛與勞同是菩提瞪發勞相○吳興謂取前喻之眼
為今所喻之法謂即彼目見空花固是目睛瞪發勞
相更兼目與勞諸所妄見又同是菩提心上瞪發之
勞相如言子固是父之所生而兼父與子又同
是祖之所生也○夫勞相見性二俱無性但
因藏性
於明暗二種妄塵相形粘湛發見居浮根中見精映色吸此塵象
吸字在根邊說一發一吸
相因而起轉妙真如性
名為見性△辨妄無實此見離

彼明暗二塵畢竟無體故知見性亦是菩提心中瞪發勞相○問前說緣心離塵
無體以顯見性有體此又言見性離塵畢竟無體者
何故答前以阿難認定緣心爲實不肯放捨故說見
性迥脫根塵而無虧損欲其捨緣心而證見性今托
見性以見眞性但未談及根性一一皆眞故說見性
離塵無體而令認妙眞如性爲體與前見非是見一
般故復言見性無體亦是菩提心中瞪發勞相所謂
以楔去楔若于此薝蔔朵上悟得體出則與那律相見何見無體如是阿難當知是
勝義見性非明暗本質色來非於浮塵眼根出不於頑空生
勝義根者圓覺經云譬如眼光曉了前境其光圓滿
得無憎愛下文由塵發知是也問見精心法眼根色
法色可說名心耶答眼家淨色根爲法者是第八親
相分粘湛發見映色八識親自執受故有能見精光
而其映色體質豈非色耶故見精映色即根色也以
根映境名妄當體全眞諸佛從眞流出故名本如來
藏何以故非明暗來以明暗相背故若從明來暗時無明見即隨明滅

故應非見暗若從暗來明時無暗見即隨暗滅故應無見

明何以故非于根出以離塵無根故若從根生必無明暗如是見精

本無自性何以故不于空生若於空出進前既矚塵象退歸

當可見根又空自能觀何關汝入△了妄即眞是故當知

眼入虛妄本非因緣非自然性三科七大總是指示阿難在日用見色聞聲穿衣吃飯處尋討頭腦祖師教人看話頭便是此法但彼不肯輕易與人說破令其自猜自疑自尋自討畢竟此見從何處起久久工夫純熟向冷地裏默然親見便得千了百當決不輕易道出眼入虛妄四字來故香嚴云我不重先師法只重先師不與我道破如來慈悲太煞急推赤心置人腹中故開口便爲人說破此如來禪祖師禪之所異也△耳入依眞會妄○以指塞耳極尋常事世尊拈作話頭教人透過

阿難譬如有人以兩手指急塞其耳譬如字是引例之詞細玩文義

是法非喻長水作喻解吳興曰譬如者假設其事曉訓令悟也如是下文皆作法講蓋根境不偶體自寂然無妄可得故假妄事以明勞相

耳根勞故頭中作聲兼耳與勞之勞是指聲言即勞耳根所見之相瞪目是眼家勞塞耳是耳家勞若狂花若作聲皆屬勞所現相故曰勞相由瞪目故眼見狂花由塞耳故耳中作聲勞眼根而色發勞耳根而聲發能勞所勞皆菩提心中妄相故

曰同是菩提瞪發勞相何以見其耳是心之勞相謂此聞性元無自性但因藏性於動靜二種妄塵相擊粘湛發聞居浮根中吸此二種塵象依吸取功能轉妙真如性名聽聞性無實△辨妄

此聞離彼動靜二塵則不名聞性所以名聞性者因二種塵相而立若離彼動靜二塵名尚不成豈有體乎畢竟無體若于自己新卷葉中明得無體出即入觀音圓通矣何見無體

如是阿難當知是聞性者非動靜來非於根出不於空生何以故非動靜來若

聞性從靜境來動境現時此聞卽隨靜滅應非聞動而聞萬竅怒號
者是誰若聞性從動境來靜境現時此聞卽隨動滅應無覺靜
而知寂然無聲者是誰何以故非從根出若聞性從浮根生者獨有浮根、必無動
靜二塵如是聞體離彼二塵本無自性何以故不于空生若聞性從於
空出而空有能聞之根自成聞性應名爲耳卽非無知之虛空又
空若性有自能聞聲與汝耳入無相干涉何關汝入△了妄卽眞是故
當知耳入本無生滅但虛妄稱相其性本非因緣非自然元是妙眞
如性○大經云眼耳鼻舌身心意諸情根以此常流性轉而無流轉者又云了知無生無自性說空寂
滅無所有此卽妙眞如性之旨也△鼻入依眞會妄阿難譬如有人急畜其鼻
畜縮氣也畜久成勞則於鼻中聞有冷觸此冷觸是勞相因冷觸

故能復分別通塞虛實如是乃至分別諸香臭氣塞則不聞通則
聞矣今者會破兼鼻與勞同是菩提真心上瞪發勞相何以見其鼻根
是心上勞相謂此鼻根元無自性但因藏性於通塞二種妄塵相發黏湛發聞
居浮根中吸此二種塵象轉妙真如性名齅聞性亦有言此通塞為有香無
香者△辯妄無實此聞離彼通塞二塵名尚不得豈有體乎畢竟無體
豈真無體耶君子自己雙垂瓜會得遼天鼻孔則與槃特迦相見也何見無體當知是聞非
通塞來非於根出不於空生三處都無何以故若此聞性從
通來者塞時無通則此聞性隨通相滅滅則應不知塞云何又知塞
耶知塞則聞性非從通來明矣如聞性因塞而有通時無塞聞性應隨塞滅滅則無
聞自不知通云何發明香臭等觸發明二字即因聞辯別之義既能發明即其聞

性則聞非從塞來明矣若此聞性從浮根生者獨有浮根必無通塞二塵如是聞機離彼通塞二塵本無自性必因通塞則聞非于根出明矣若此聞性從空而出是此聞性自當在空迴齅汝鼻空自有聞性與汝聞根了不相關何關汝入關鼻入則聞性不于空出明矣誌公云終日添香換水不知身是道場果能向聞香聞臭處打失鼻孔便與三世諸佛同一鼻孔出氣然聞香聞臭處世人惡畜而成勞特迦調息而成道對看何如

Δ了妄即真是三處都無之故當知鼻入虛妄稱相本非因緣非自然性

Δ舌入依真會妄阿難譬如有人以舌舐物曰舐吻舐之不已月熟舐是令生舌家之勞其人若病則因舐而妄有苦味無病之人微有甜觸且甜與苦是由熟舐舌家之勞相而有甜與苦之妄塵更由甜苦而顯此舌根當其未舐甜苦二塵舌根不動之時

淡性常在雖勞而不勞雖妄猶非妄但因舌舐不已兼舌與勞同是菩提心上瞪發勞相如此當知舌根元無自性但因于藏性甜苦淡二種妄塵相參粘湛發知居浮根中吸此甜淡二種塵象依吸之功轉妙眞如性名知味性其性非此二塵即不名知味性所以名知味性者依妄塵而立△辨妄無實此知味性離彼甜苦及淡二塵名尚不成豈有體乎畢竟無體且道將甚麼吃飯吃茶若向此中尋得舌頭落處便知徧覆三千大千世界廣長舌相元不曾離却舐吻嚼飯處與憍梵鉢提相見自能超出初假月相也何以見其無體如是阿難當知如是嘗苦淡知非甜苦來非因淡有又非根出不於空生何以故非甜苦來若此知性從甜苦來遇淡味時則知味性隨甜苦滅云何知淡知則非因甜苦來矣何以故非因淡有若知性從淡味出遇甜味時

即因淡知即隨有淡同亡復云何知甜苦二相復知甜苦此知非因淡來
明矣何以故又非根出若知性從浮塵舌根而生獨有浮根必無甜淡及與
苦塵斯知味之根離彼二塵本無自性又非根出矣何以故不于空生若
此知從於空出虛空自能知味非汝口知又空自知何關
汝舌根稱味塵之入處耶既因舌入此知不于空生明矣△了妄即真是故當知知味
之性都無則三處舌入本自無生其所有者虛妄稱相本非因緣非自然
性既非因緣自然喚作甚麼古人道喚作一物則不中△身入依真會安阿難譬如有
人以一冷手觸於熱手若冷勢多熱者從冷此是冷勢勝熱
勢負若熱功勝冷者成熱此是熱勢勝冷勢負下略結斷觸是身家所對之塵取二
手冷熱之勢顯虛妄勞相如是以此兩手合所覺之觸塵顯於兩手相

離所知之觸塵知覺二字指身家勝義根也言此身根必藉浮根冷熱兩手相合而後覺亦藉浮根冷熱兩手相離而後知正見身根由二塵而知離知合涉勢之勝負若成因於勞觸涉勢有勝負義謂以熱涉冷使冷成熱以冷涉熱使熱成冷而發覺知也涉勢是身家勞冷熱因于勞觸所現之相故曰兼身與勞同是菩提瞪發勞相何者以身家覺知元無白性因藏性於離合二種妄塵相摩粘湛發覺居浮根中吸此塵象轉妙真如性名知覺性其性若非離合違順則不名知覺性八辨妄無實此知覺體離彼離合違順二塵如是以此冷熱兩手合身根覺知觸合兩手離身根覺知觸離違順者如熱見重裘寒得絺綌則違夏得涼風冬則煖火則順今者離塵名尚不成豈有體乎畢竟無體也若果向動手時搔著癢處兜鞋時踏著腳跟便與畢陵伽婆蹉覿面相見寃為細腰鼓相為癡哉如是阿難當知是覺非離合來非違順有

不於根出又非空生何以故非離合來若此知覺合時而因手
來及離時知手覺當已隨合而滅云何覺離違順二相亦復
如是何以故不于根出若此知覺從浮根出者獨浮根有必無離合
違順四種塵相則汝身知離此四相元無自性何以故又非空生若此知
覺必於空出空自知覺何關汝之身根觸塵之爲入處△了妄即真
是三處俱無生此覺知之故當知身入無生其所有者虛妄稱相本非因
緣非自然性△意入依真會妄○七八二識共爲一根六以七爲染淨依七以八爲根本依
五根總是色法屬八識相分意知根是心法屬八識見分八識具堅住無記可熏三義以能生意故名意
知根也今辨根約三類性境不同辨識約法塵言也且意入無形但以末那識爲根相以生滅二法爲塵
相睡眠時六識不起不見有意知根世尊先藉睡寤憶忘生住異滅八相建立意知根使人易曉其生滅

二相也阿難譬如有人勞倦則眠春秋日勞者精神散也詩云倦者不力也摩訶止觀云心神昏昏爲睡六識闇塞四肢倚放爲眠然意不緣時本無寤寐緣慮既久意勞身倦則眠正眠時意知根亦隱而不顯及至睡熟至醒時倦解便寤妄念初起起不孤起必覽過去五塵相依而和且與所覽之塵未必條條有序斯得之名憶即生塵也失之不能憶者爲忘即滅塵也憶忘循環之間是其未免顛倒錯亂則片時覺醒來見其一念中初憶日生正憶日住始忘日異忘盡日滅而剎那剎那不得憶作此中識精能含藏相見二分種子而七識吸習生滅現行中歸意根而作種子其八識精了受熏隨前隨後不相踰越是其七八二識稱意知根生住異滅即意地識細生滅之相狀如是不唯眠寤意忘性境是意八中瞪發勞相兼意知根與眠寤憶忘之勞同是菩提真心上偏寂瞪發勞相何爲意入是真心之勞相此意知根原無自性但因藏性於生

滅二種妄塵相續粘湛集知居于幽室見中前五發見發覺約現行言此集知者
體了言以前五根現行從此種子發生吸習攝取塵乃意根內所現之塵即帶質獨影境三類性境
吸習攝取內塵之三類性境不與前五根順緣自分現量性境不能吸攝返緣
內塵謂之三類性境即使五根見聞逆流返緣亦緣不到故曰流不及地皆是意知
根能緣五根不到之地此地轉妙真如性之名覺知性即六識之根也△辨妄無實此覺
知性離彼竊察相分之身塵生滅見分之心塵二塵既離不畢惟無名
覺無體也若于此幽室見中窮出體來則與空生同入寶明空海矣何見無體如是阿
難當知如是覺知之根一非竊察來非生滅有二不
於根出三亦非空生何以故非三者來耶若謂此覺知性從竊
來者竊時則覺性即隨竊滅將何者昏昏是則在竊熟睡而為竊在竊未嘗

暫離所謂夜夜抱佛眠朝朝還共起也若謂此覺知性必從生時有滅時即隨生滅已同無令誰受其滅耶若謂此覺知性從滅有者生時即隨滅無誰知生者一何字二誰字皆是教阿難揣摩令其自己省發之意何以故不於根出若謂此覺知性唯從根出不知籍緣二相隨身開合以勞倦則寐也形合而眠熟眠則覺也形開而寤若離斯籍緣二塵體相此覺知者同於空華畢竟無性以單根不生故○殊不知此意知根不獨為天地根為萬物根為無明根為諸識根為生死根抑且為涅槃根為菩提根轉凡成聖正在乎此若打破此關喚作正徧知喚作始覺本覺圓覺妙覺無上覺一切覺究竟覺此是開佛知見一大圓鏡處可惜世尊無端道破經云六自在王常清淨也是以眼根任運觀色自在無礙常在現量本性不還如獅子王游戲自在所謂眼門放光照破山河大地乃至意根一念千里如云應意時絕分別照矚森羅終不歇透過山河石壁間要且照時常寂

滅如是六根所對無非佛法如者婆攬草無非是藥若摩訶男歡瓦礫無非是寶下文云輪生死證妙常唯汝六根更非他物大經云法性本無生示現而有生是中無能現亦無所現物眼耳鼻舌身心意諸情根一切空無性妄心有分別如是而觀察一切皆無性○何以故亦非空生若從空生自是空之知覺何關汝意根而爲法塵之入處耶△了妄卽眞是故當知意入虛妄本非因緣非自然性

○十二處章

大意顯六塵會爲一性破六賊之方所定在顯清淨法界藏性也△先總徵復次阿難云何十二處得歸本如來藏妙眞如性十二處爲愚色不愚心者別開也處謂方所定在六根六塵爲十二處十一色法皆是心之所慮所托處意之一法是十一色法所現生處此十二處元一圓融清淨寶覺由衆塵隔越無狀異生各分疆界如六國然不得混成一統故以云何二字

令阿難處處攻擊若破一處則十一處不待招降而自伏矣故其攻擊處皆不施巧計不設雲梯但借現前公案直究之耳亦言根塵互破正破在塵但為勢若交蘆相倚而並故先舉根塵察究也〇驚嘶魔羅經眾生知有如來藏故精勤持戒淨修梵行言我必當得成佛道開諸佛心演如來藏紹菩提種入一乘門△色處無生

阿難汝尋常但說一切法仗因托緣而生且今眼根觀此祇陀樹林及諸泉池根境二處△徵辨無實於意云何此等為是因祇陀林之外色相生汝眼中之見而始有能見之處耶為是眼中之見生祇陀林之外色相而始有所見之處耶此個問頭便是金剛圈栗棘蓬即三世諸佛分疏不下若向色處會得則與優波尼沙陀相見也阿難若復汝執眼根能生此祇陀林之外分色相而始有所見之處者色性屬眼則汝眼根見空之時非有色相而此色性自應同相銷亡色性既銷則所顯發之色相一切都無矣縱有故見亦

何爲用者謂空能顯見殊不知空假色顯色相既無誰明其空質耶空亦
如是例上而破非空不能顯色空色俱無眼根亦無所寄如是一切都無計眼能生色相者謬矣
若復謂此祇陀林之外色塵生汝眼見而始有能見之見性屬處者色則汝
觀空時非有色相而此見性即應同色銷亡既無能生之色又無所生
之見見既銷亡亡則都無是誰明見其空色乎色變而空恆一變一恆相奪不相
類計色生眼處者謬矣△會妄歸真是故當知色不生眼眼自寂滅眼不生色色自本空○宗
鏡云心外無有一毫麤法而有體性各各不相知各各不相到何者以是一法故若有二法法即相往來肇
公云是各性住于一世有何物可往來此物之所以稱理不遷而事之所以名究竟堅固也○今觀此祇
陀林之能見與所觀祇陀林之色空二者俱無處所可依既無處所可依即舉世
間色之與見皆本無住二處虛妄稱相原無自性本非因緣亦非

自然本如來藏妙真如性無生△聲處阿難前破耳入矣今排塵處汝更聽

此祇陀園中食既辨則擊鼓以通眾眾集齋堂食則受撞鐘

以作觀鐘鼓音聲一前一後相續聞之△辨無實徵於意云何

此等為是聲來耳邊耳往聲處○兩師曰前日色生眼見眼生色相此日

聲來耳邊耳往聲處雖是看孔着楔只是用不及時
若向阿難初番答出我見如來三十二相心生愛樂
時世尊因合問云爲是眼生色色生眼見管取阿
難杜口無言不敢强施一計既已放過應向第二番
悟佛現說法音處世尊亦合問云爲是聲來耳邊耳
往聲處管取阿難斷個咬嚼個轉身活路世尊兩
番放過致令尊者東卜西卜到此方扑出

阿難若復謂此之鐘鼓此聲來於阿難

耳邊則餘人耳邊悉皆無聲如我之身既去乞食于室羅筏城在祇

陀林中眾則無有我以我喻聲以我一人不能并赴兩處則知彼一鼓聲不能偏至眾耳

若此聲必來阿難耳處則眾人耳邊應合無聲既眾人引處無聲目連迦葉應不俱聞何況其中一千二百五十沙門耳邊一時俱聞鐘聲同來食處可見聲來耳邊妄矣若復謂汝之一耳根往彼鼓之聲邊去汝身邊應無有耳亦如我一身歸住祇陀林中在室羅城則無有我以我喻耳汝聞鼓聲時其耳已往擊鼓之處則鐘邊無耳矣鐘邊既無耳鐘聲與鼓聲齊出應不具聞何況其中象馬牛羊種種音響一齊俱聞耶詎耳往聲處者妄矣若耳根聲塵各無來往亦復無聞云何有聲皆聞耶〇當知聲塵生滅動靜皆空聲也不來于耳根其根也不往于聲處既無來往則心境俱虛了不可得則汝能聞與彼所聞畢竟從何出乎世人一往在聲色門頭蹉過者多故世尊審問亦與尋常不同若因二問於佛現說法音處薦得方信一切色是佛色一切聲

是佛聲亦知古人道卽此見聞非見聞無餘聲色可呈君箇中若了元無事體用何妨分不分則憍陳如
當分半座矣△會妄歸眞是故當知聽與音聲俱無處所既無處所卽
聽與聲本無生滅去來然此二處虛妄稱相其性本非因緣非自然
本如來藏妙眞如性△香處無生○先假異香之事審定阿難汝又齅根處也此
鑪中旃檀塵處也此香若復然於一銖一銖者銖之分兩初數古謂二
十四銖爲一兩一銖計重四分一釐七毫有零也雖少焚而香氣遙聞室羅筏城四十
里內同時聞氣顯此香之勝也四十里者城中四面各十里非謂四十里之遠佛取潛道
之義而顯具性空非以四十里爲優也博物志云西國有貢瑞香者漢制不滿斤不受使因竊去著香如
豆許在宮門上焚之香聞長安四而四十里可證△微辨無實於意云何汝解此香爲
復生于旃檀之木爲復生於汝鼻爲復生於空耶正謂世人終

曰聞香不知香之來處故令其詳究從何而出若香自鼻生者自于此處得五分法身香也阿難若復謂此香生於汝鼻者稱鼻所生當從鼻出汝之鼻根非栴檀木云何鼻中有栴檀香氣且稱汝鼻聞香當說香從於鼻入方謂之聞若謂鼻中出香而復說鼻爲聞者則非合聞義鼻必稱聞此香不生于鼻矣若謂此香生於空者能生空性說爾常恒所生香氣亦應常在何藉鑪中爇此枯木方有香耶此香不生於空也爲復生于栴檀木耶若香必生於木則此香質因爇成煙而鼻得聞若鼻得聞合當蒙其煙氣可說香生于木然則其烟騰空未及遙遠四十里內云何已聞香不生于木矣蒙者觸也合也據法相宗鼻乃合中取境今未蒙烟氣已得聞香又爲離中之知即此觀之足見佛菩薩說法會無定相特隨時設教對病與藥若

執彼濫此而强此令彼恐非法眼中入△會妄歸真○以是此香非木非空非鼻出故當知
香性本來周徧何待合知香鼻與聞俱無處所既無處所即齅與香本無
生滅此二處者虛妄稱相其性潛通而性空本非因緣非自然性
△味處無生○味塵無處故就持鉢受食邊詳審也阿難汝常二時于眾中持
鉢其間或遇酥酪醍醐名為上味二時者早中二時比丘受食律制二
時過中不食酥酪醍醐皆由乳成一變名酪再變名生酥三變名熟酥四變為醍醐天竺以此名為上味
人皆飲食知味者鮮故令向鉢盂邊討個滋味出處△徵辨無實於意云何此味為
復生於空中生於舌中為生食中阿難若復此味生
於汝舌在汝口中秖有一舌只當所生一味其舌爾時已成
酥味亦應如酥無有變易更遇黑石蜜味應不推開酥味移知甜宗善

見律云是甘蔗糖堅如石又古相傳海中山崖之上野蜂作窠成蜜傍崖而色黑名黑石蜜亦云即砂糖矣若不變移而獨知一味又則不名知味豈有舌根不名知味者若舌根能變移而知多味者其味亦從舌生然則舌非多體云何多味而生于一舌之知乎是則味不生于舌明矣為生食中耶若謂此味獨生於食者味亦不成既無舌根食非有識云何自知為甜為苦又若食能自知甜苦即同他人食而知味何得干預於汝舌根名嘗味之知者是則味處不生于食明矣為生空中耶若謂此味生於空者汝噉虛空當作何等滋味必其虛空若作鹹味既鹹汝舌亦當先鹹汝面則此界人同於鹹海中魚既常受鹹了不知淡若不識淡亦不覺鹹于此二者必無所知云何名知味之人也若無能知味

亦不有是則不生于空明矣三處都無則知此味不離當處若果識得地頭不勞咀嚼自味具足則是藥王菩薩一味也△了妄即真

是故當知味舌與甞俱無處所既無處所即甞與味二俱虛妄稱相其性本非因緣非自然性△觸處無生○世尊尋常誠勅弟子一日三摩頭口自誦云守口攝意身莫犯如是行者得度世故諸弟子一衆遵法今汝雖依我法一日三度摩頭即摩頭處不知錯過多少凡觸必以根境能所有知無知合離違順相感而成此獨以一身明觸正顯萬法一體本無能所合離特衆塵隔越而妄見有也

阿難且汝尋常依法行持則晨朝以手摩頭△微辯無實○此摩頭手皆有知於意云何此摩頭手俱屬所觸之知根是誰為能觸之塵能觸為復在于手為復能觸在于頭若能觸在于手手既為無知之塵而頭則亦為無知之塵獨有能觸之塵而無有所知之根云何獨境自成觸處耶

若能觸在手頭頭既爲無知之塵手則亦成無用之塵亦獨有能觸之塵必無所
知之根云何獨境自行觸處耶若頭與手各各有知則汝阿難
應有二身立定二知二身若頭與手一觸所生則手與頭當
爲一體立定一觸一體牒破若一體者唯有一知是單有所觸之根則無能觸之塵
觸處則無成矣若二體者則有二知亦單有所觸之根而無能觸之塵觸
處誰爲在耶觸處在能頭手皆爲能兩非所觸之根獨境不能立處不應虛空與
汝成所觸處耶若觸立處觸在所頭手皆爲所兩非能觸之塵單根不能成觸不應
虛空與汝成能觸立觸處耶是知尋常日用最淺最近者何不能知安能知其深者遠
者乎若果在摩頭處撞着道伴則觸處菩提無勞揣
摩則見跋陀婆羅在澡浴時摸着脚跟處也△會妄
歸眞是故當知所覺之觸與能覺之身俱無處所即身與

觸二俱虛妄本非因緣非自然性此迦葉悟入處△法處無生◎阿難汝尋常于意根中所緣之塵影不是善定是惡不記別善惡定是無記三性夫善惡淨染法也無記皆沉法也此三者乃生成法則除此三性無法塵可得矣意是根處善惡無記三性是塵處夫意根中所緣法塵不出三性善是人天性惡是三途性無記者即非善非惡于善惡性中無可記持故名無記第四禪天乃至無色界四空天捨心同分俱名無記性以其性非善非惡故名為捨生成法則者謂不教而能生來就會凡諸有為皆依三性造作一切法以此三法作則故稱生成法則也然此法塵是前五根所取三性現行落卸現成影子各有執則而為意家所緣之境名曰法塵此法與心不即不離故△審辨無生此法塵為復即心所生耶心即意根也為當離心外別有方向處所耶此開審即離向下辨阿難若此法塵即是心者此法則非是塵盡世間法總成心矣既不屬塵應

非汝心所緣之境云何得成意根所緣之處乎即心無法塵之處處人無生矣若此法塵離於心外別有方所向所在者則法塵自性是爲有知乎是非知乎此按定而後破若知者則應名爲知爲非知此法塵是離心而有知則名爲心不名法塵豈獨不名塵若離心別有方所斷塵反異汝自名有知則非法塵既非汝之意根亦同他人之心量與已無干矣若必執非汝之法塵乃言雖別有方所亦即汝身即汝心者云何汝心不與汝身合而爲一反更二於汝之身也此法塵離意根有知者無生矣若此法塵是離心而非知者世間無知之物盡屬前五塵各對前五根矣此塵既非色聲香味離合冷暖之五塵及虛空相當於何在今於色空之間都無表示不應人間更有空外而爲法塵所止之處是汝心非所緣之處乎既非處復意根所緣之處

從誰立法塵之名耶此非知法塵離心外無處又令處入無生矣○有云心非所緣處從誰立二句謂于色空之中覓此法不可得又于心內覓此法不可得心屬能緣故乃心非所緣則非塵也然于內心外境覓此法則俱不可得畢竟塵處從誰立耶蓋自舉心動念尚不知其落處豈終為無主孤魂耶故知六根無對皆是無諍法門諸境含虛盡真不二之道即今眾生境界真是不可思議曷用遠求諸聖作用而自鄙劣哉涅槃經云譬如葵藿隨日而轉如是葵藿亦無敬心無識無業異法性故而自轉也如芭蕉樹因雷增長是樹無耳亦無意識異法有故異法增長異法無故異法壞滅如阿叔伽樹女人摩觸花為之出是樹無心亦無知覺異法有故異法出生異法無故異法壞滅眾生佛性亦復如是不能吸取阿耨多羅三藐三菩提善男子無明不能吸取諸行行亦不能吸取諸識亦得名為無明緣行行緣于識有佛無佛法界常住非世尊顯演諸法無生諦若此△結歸藏性是即心離心法塵皆無生之故當知法則與心俱無處所既無處所則意與法二俱虛妄稱相

本非因緣非自然性

○十八界章

大意會六識歸如來藏永破賊知見令悟圓融淸淨寶覺佛知見也△先總徵而後別釋復次阿難云何十八界本如來藏妙真如性△眼識界○此舍利弗悟人處

阿難如汝所明言我從前種種開導恐汝不得明了今復就汝已明者更爲汝說如汝尋常所明眼根與色塵二者爲緣中間生於眼識△審辨無生此識爲復因眼所生則名眼所生識即以眼爲界限平識爲此因色所生則名色所生識即以色爲界限平阿難若此識因眼根所生是單根能生矣然識以了別爲性既無色空畢有眼根則無可分別縱有汝識欲將何用計眼生識者妄也上明根不能生下明界限若以見根爲識之界限汝見又非

青黃赤白之色相可見無所表示從何立界計識界從眼立者妄矣
若謂此識因色塵所生即以色塵為界限者是獨境能生識識以了別為性然空無
色時能生之色既滅所生汝識應隨色滅云何識知是虛空性而非
色性耶計色能生識者妄矣上明色不能生識下破界若謂識從色生以色為界者色相變
時汝亦識其色相遷變此是色遷而汝識不遷然既不同豈有不變
之識從可變之色為界乎識既不遷界從何立或反救前失曰識亦從色變大而立界不知
從變則二體俱變成空界相自無從離立界若雙計曰色與識俱不變則識之界
可從而立不變則二體恒在既識從色生當屬無知應不識知虛
空所在令既識空定非以色為界矣若謂此識單根獨境不能生必兼二種眼
色合而共生若共生者為是眼色合着生耶離開生耶合則中離謂眼色合為一處其

間已無容隙縱有所生之識即當離于中位不能立識之界矣離則兩合謂眼色離在兩處縱
有所生之識亦當分在兩邊半與眼合半與色合而識之體性混淆雜亂兩無準的云何
成共立界乎△結生識歸妙性是故當知如是推求則此眼識不自生不他生不共生如
汝所解眼色為緣生于眼識義不成矣畢竟作何究竟眼色為緣生眼識界三
處都無界限則眼與色及了色之識界三處無生界處稱相本非
因緣非自然性△耳識界○此皆賢悟入處阿難又汝所明耳聲
為緣生於耳識△審辨無生此識為復因耳所生以耳為
界因聲所生以聲為界△辨耳識不單從勝義根生阿難若謂此識單
因耳根而生者動靜二相既不現前徒有勝義根自不能成
照境之知若必無前塵為根所知而能生識之知根尚且無成所生

之識是何形貌耶無聞則無識也耳識不從浮塵根生Δ辨若單取浮塵之耳根而生識不取勝義聞根無動靜故聞無所成者而勝義根何不能生識云何浮塵無知之耳形雜無知色法之觸塵名為識界而欲生識也勝義浮塵皆不能生知耳識非因耳生決則耳識界復從誰立耳識於耳邊無界矣若謂識生於聲識因聲有則不關于聞根豈有聞知無聞則亦亡其聲相所在能生之聲且不從何生識縱許有識從聲生亦許聲因對聞根而有聲相是聞聲之則聞時亦應聞識以識從聲生故也若不聞識聲則非識界矣果若聞識則識亦同聲全無識既無知覺知已被耳聞又立誰來知聞識耶若謂更無有知知聞識■者則汝終如草木矣如是單根不出獨境不生不應聲塵聞根交雜以成中界

而識生于根塵之間耶界無中位則無內外之相而此耳識復從何
成歟△結歸藏性是故當知耳聲為緣生耳識界三處都無
則耳與聲及聲界三本非因緣非自然性○頌曰五識同依淨
色根九緣七八好相隣淨色依根五義門依發屬助
如謂依根之識根所發識此依依士釋屬根之識助如
根之識此依士釋頌言依者五義之一謂識無以自
立故依根以映五門而了境淨色根者以清淨四大
所成身質麤色為浮塵根此則五根隔越今言淨色
舊解為勝義根謂四大初成之淨色如瑠璃是不
可見有對色此義一向難明若四大初成則亦麤也
當謂此淨色即無明殼經云元以一精明分成六和
合是則真如一心圓照法界孰能拘之但以最初一
念不覺名為無明凝結既久漸厚則裹圓明真心而
為識精所謂識精元明故經云結暗為色此無明殼
雖堅然尚未成四大之色故但言識精此正淨色名
勝義也此識精映五門而隨根照用是以浮根五而
淨色一故曰元以一精明蓋是有知根故云識色上

功能名根塵應現功能與色境無始互為用○眼識九緣生耳識唯從八鼻舌身三七後三五三四空明根境作意力根境相對動念之始即徧行之一分別六識染淨七識根本八識種子八個識各有自類親生種子此即識論中四種緣謂親所增等此四種緣八識王所前後滅生自類無間能引所引力用齊等今九中種子即親境即所餘七即增上等無間六識五緣除分別為自體染淨為意根七識具三緣依八識為根本又以為根又以八識自內我見為境故三合而為一緣不能外緣故無分別等染淨為自體但有種子作意合根境為三緣八識四緣一根緣即末那境緣即種子根身器界作意即五所之一種子乃親生種子若加等無間從頭各增一乃各識前念已滅即開闢處引後念生中間無隔者即相續心也增一者眼識十緣生等也△鼻非根塵為緣識生其識○此孫陀羅難陀悟入處阿難中是汝阿難已驗者今又就汝所明過事究竟堅固鼻香為緣生於鼻識△審辨無生

此識為復因鼻根所生為是以鼻根為識之界為復因香所

生爲是以香塵爲識之界阿難若謂此識因鼻根所生鼻有浮塵勝義則汝心中以何爲鼻根爲取肉形浮根如雙垂瓜之相爲鼻耶爲取齅知勝義根動搖之性爲鼻耶對浮塵說勝義浮塵麤不能照境故劣勝義清淨四大所成親能照境故勝齅知稱動搖者謂塵不現時潛伏于內若香塵一至則齅性動搖動搖即生滅之象若取肉形之相爲鼻者肉質乃屬身根非鼻根也能生之根尚無所生之識何有計浮根生識者非也若取浮根爲生識之界限而今能知即非身根所知即觸塵皆無鼻之實也名身即非名鼻根名觸即非名香塵皆無鼻根之名鼻尚無名云何因之立界計浮根爲生識之界者非矣若取齅知之性爲鼻根者勝義根無體又汝心中以何爲知若以肉形爲齅知之性則肉之所知元係觸塵所知屬觸非香則能知屬身非鼻也欲以

鼻中之空為齅知之性空則自知則汝之肉鼻應非知覺云何
汝肉鼻亦有所知乎若空之知為汝齅性者如是則應虛空是汝之身而汝
之肉身自非有知若空是汝身今日阿難應無所在如空徧處可也
齅知之性尚無從何生識耶若以香塵為齅知之性者知自屬香其香反齅
汝鼻何預於汝阿難稱能聞香者知性無體不能生識矣若香臭氣必生汝
鼻則彼香臭二種流氣自不生于伊蘭及旃檀木此
二物不來汝自齅鼻為香為臭若鼻是臭臭則非香自不能聞
臭若鼻是香香應非臭自不能聞香豈有鼻根不知香臭者乎勝義根自不能生識明矣
若之所齅香臭二氣俱能聞者境既是二根應有二則汝一人應
有兩鼻對我問道有二阿難誰為汝體若能生之鼻是

一則所生香臭應無有二臭既爲香臭性自無香復成臭香性亦無二性不有驗知之性畢竟無體汝識之界從誰立耶此計勝義根爲識之界不成矣此識若因香生識因香有例如見因眼有眼雖有見但觀外物不能觀眼則識因香有香應有知故當知臭應不知香若言知香即非香生若不知香則非識性然香非自香因知有香若香非知有則香界不成矣若識不知香亦不得名從香生識縱有因香所生之識界則非從香塵建立宛轉窮詰必非因香生識也又則根境合而生識亦不能何也既無根境之中間不成生識之內外既無根境之內外彼諸香臭與聞性畢竟虛妄故也厶會妄歸眞是故當知鼻香爲緣生鼻識界三處都無則鼻與香及香界三本非因緣非自

然性△舌識界○此富樓那悟入處　阿難又汝所明舌味爲緣生於舌識此識爲復因舌所生以舌爲界因味所生以味爲界阿難若謂此知味之識單因舌生則諸世間甜之甘蔗酸之烏梅苦之黃連鹹之石鹽辣之細辛薑桂此五味都未合舌根時其舌元無有五味汝自嘗舌爲甜爲苦若謂舌性是苦則汝舌性已成苦味之境既無有根誰來嘗舌舌既不能自嘗其舌孰爲知覺舌之成苦味也若謂舌性非苦則知舌之味性元自不生其舌云何立界以生識乎若謂識因味生識自爲味則不能嘗味同於舌根應不自嘗其舌云何識知是味非味又一切味非一物生味既多生識應多體味多而識亦應多也識體若一體必味生鹹

淡甘辛眾味共成之和合味本性不易之俱生味以火燒煑諸物變異
其味相同為一味應無分別多味識一而味亦一故也分別既無多種
則不得名之為識云何復名舌味為生識之界舌味既不為生識之
界不應虛空為界生汝心識乎若舌味和合為一而生識即於
是和合為一中元無情與無情之自性云何立界生識乎其中既無自生
他生其生無因生即是無生豈因緣所生者哉是故當知舌味為緣生舌識
界三處都無則舌與味及舌界三本非因緣非自然
性△身識界此優婆離悟入處阿難又汝所明身觸為緣生於身
識△審辨無生此識為復因身所生以身為界因觸所生
以觸為界阿難若謂此識單因身根而生不兼觸塵者必無合離

二覺觀緣覺觀即身識也俱舍云五識有覺觀麤尋曰覺細伺曰觀若單身根何所
生識必有合離二緣方有身識以合覺之觸顯于離知故也若識單因觸塵而生必
無汝身則無所知誰有非身知合離者必以有身而後知離知合故凡言觸
者是物觸身而身知其冷煖澁滑之名若未及身祗名爲色不名爲觸豈獨境能生識乎阿難若
此識以根塵其爲界限而生識殊不知根塵自無界限表絺爲物必不能自觸而生知須與
身合方知有觸是爲其生物即冷煖之觸摩然知有身者知即單從觸所生非因
身也有知有觸者知即單從身所生非從觸出也若此知即觸所決生非身
出若此知即身所出決非觸生且此知在身在觸之二相元無有一
定之處所何能生識耶若離觸而合于身此知即爲身自體性而更不見
有塵則外境不成矣若離于身而合于觸此知即是虛空等相而不更見有知

則內根不成矣既爾內外不成宄在中云何立而生此識耶中不復立內外性容則汝識云共生者從誰立界豈無因而生耶此則當處出生明矣是故當知身觸為緣生身識界三處都無則身與觸及身界三本非因緣非自然性△忍識界○目連悟入處此阿難又汝所明意法為緣生於意識△畜無生此識為復因意所生以意為界因法所生以法為界阿難若第六意識因第七意根生者於汝意中必有所思法塵慈恩曰法處所攝色者謂過去無體之法可緣之義有五種一極迥色二極畧色三定果色四受所引色五徧計所執色以此法塵發明汝意根若無前五根識攬五塵性境卸下影子為法塵則意根尚無何所生識能生意根離法塵緣影別無形相可辨即使意能發識亦將何

用又汝分別識心與諸恒審思量之意兼有了別之性既識與意
各有了別爲自性今分能生之根所生之識畢竟爲同爲異若識同于意則識卽
意生云何意爲能生識爲所生若識異于能生之意不應同其了別爲自性
則所生之識應無所識若無所識云何名從意所生若有所
識則識與意同具了別性云何名所生識名能生意依識二體唯同與異
二性成與無成尙具能辨則界云何立而生識耶此根入無生矣然意根離塵無
形而根生之識必有顯揚正教論云意識者從阿賴耶識種子所生依于意根與彼俱轉緣一切共不共
法爲境了別爲性意者謂從阿賴耶識種子所生還緣彼識我癡我愛我我所執我慢相應等兼了別性
者皆以了別爲自性也意識了別通三境意根了眞帶質境若單因法生法塵無體非有
實相然現見世間諸法不離五塵汝觀色法色以質礙爲義有二十五

種及諸聲法聲者地水火風四大種所造耳根所取可聞義故總有五種依因十二種聲香法鼻之所取可齅義故總有六種味法舌之所取可嘗義故有十二種及與觸法身之所取可觸義故有二十六種其相狀歷歷分明以對五根皆非意根所攝若謂汝識決定依於法塵生今汝諦觀法塵之法作何形狀若離眼之色空耳之動靜鼻之通塞身舌之合離意之生滅越此諸相終無形狀所得生則色空諸法等生滅則色空諸法等滅且所因之法塵其體相求既無況因法塵所生所有之識心作何形相可見乎既法塵相狀尚且不有界云何生是生意識之法處入無生矣故知十八界中皆是意識建立根本根本尚無所生枝葉何有工夫究至于此妄識之巢穴自傾吾人常住真心自當獨朗周圓法界矣宗鏡云若能直了內心莫疑外境心若

了得萬境皆空則觸目寓情無非妙性泥塗瓦礫盡
是家珍已上可當法界觀中明空即色觀△結妄歸
眞
是故當知意法爲緣生意識界三處都無則意與
法及意界三本非因緣非自然性上遣因自竟此經阿難前後三度執
因緣凡下執權緣以請禪那也
○啟請中道章
大意躡前諸計及四科結語引昔難今請示中道也
○文承前義自問發心叫破緣心會見歸心托見精
顯眞見破妙覺不屬因緣已次破陰界入處不屬因
緣故△阿難復執常說因緣以與四大和合之問也
意謂妙覺是寂滅法是第一義不屬因緣已聞命矣
陰界人處是生滅法是第二義定屬因緣云何世尊
例皆擯棄△躡陳疑難
阿難白佛言世尊如來尋常談說和合
因緣一切世間一者根身即眾生情世間二者器界即無情器世間皆各具種種

變化皆因四大和合發明 是因緣生○地水火風於諸世間能作大事故名爲大體相形量徧諸方域成大事業是爲大義能滅能增能損能益體有起盡是爲種義大智度論云地是堅相何以成性以相積習成性譬如人瞋目夕不已則成惡性或相性異如見烟知火烟是火相而非火也或相性不異如熱是火亦是火性也○但應擯棄自然不應擯棄因緣 云何如來 今日將自宗之 因緣 與外道之 自然二俱排擯 撥毀曰排斥逐曰擯若昔日之不擯是則今日之擯非若今日之擯是則昔日之不擯非且昔日之不擯似墮有見今日之擯似墮無見既落一偏殊非中道似屬戲論亦非了義觀排擯二字是總前四科而起疑也 我今不知斯 雙非之 義 旨 所屬 何教么正請今妙 惟垂哀 憐 愍 濟 開 前眞俗未了之義 示 我 眾生 融卽雙泯之 中道 無了不了無待所待之 了義 令得絕諸對待之 無戲論法 ○中道則不屬二邊了義則顯明究竟萬法因緣而生正屬有門戲論權應初心之言而當機

反執爲了義今時剖相出性妙性不滯有爲故非因緣不墮無爲故非自然正中道了義當機見其一切排擯反認爲偏空戲論此乃溺有滯空之習氣也前于示見虛疑一性今聞陰入處界疑萬相性眞相妄已悟性相不二未悟故也厶喻責引權難實○問此經阿難先後三度執因緣而世尊亦三度逐破亦有異乎答曰三問三答各有深旨由阿難向所熟聞熟習者小乘因緣法不知世尊是對初機而說十二因緣正爲引入大乘之本故因阿難請妙奢摩他三摩禪那時而世尊即乘其便而漸引之阿難始執妙覺性爲因緣世尊乘機即與發明成就四緣之見尚不及眞見此借因緣引入妙奢摩他雖悟本覺妙明性非因緣猶不知幻妄稱相其性元眞故世尊破陰入處界本非因緣此借因緣引入妙三摩阿難亦乘機引常說因緣爲難而世尊答以七大周徧本如來藏是借因緣引人妙禪那是名中道了義也獲本妙心說偈讚佛希審細惑及至下文示三緣斷故三因不生阿難復執因緣以問世尊以空假中三徵細收來喝散日本然非然和合非合合然俱離離合俱非此句方名無戲論法此借因緣以盡妙禪那之餘疑故

曰因緣所生法我說即是空亦名為假名亦名為中義此即一心三觀之深旨皆藉因緣發明如來為一大事因緣出現于世蓋如此爾時世尊告阿難言汝昔日愛樂小乘故為汝說因緣和合諸小乘法不了義教今汝先請定厭離聲聞緣覺諸小乘法發心殷勤請求無上菩提故我今時為汝開示大佛頂一心三觀第一義諦此為圓融無礙中道遠離因緣自然二邊唯一實相諦即實相也如何不爲復將昔日所聞世間幻妄稱相名無實之有戲論妄想因緣而自纏自繞不能頓捨耶且世間人稱汝多聞第一汝雖多聞但會談玄說妙未能親證圓妙實理及聞真諦不能信解如說藥之人熟讀本草記持名色而實未親見其藥及乎真藥現前拈示不能分別反生疑惑如佛將第一義諦示汝汝不能識如來說為真可憐愍△誠聽許說汝今諦聽然此第一義諦離言說相離心緣相

本不可分別不可開示令汝既以戲論妄想因緣而自纏繞吾當以四無礙辨于不可分別開示中方便爲汝分別開示當知此番開示不獨令汝通達實相亦令當來修大乘者通達第一義諦實相實相者即指七大幻妄本如來藏此明說法利益深且遠也△承聽阿難默然承佛聖旨△牒前問辭阿難如汝所言四大和合發明世間種種變化正爲阿難向來執定世間種種諸變化相皆因四大和合發明一間世尊說險處界入本非因緣自然遂生疑問而反指世尊兩擯爲偏則其述執可知故世尊先以法則搉定汝之四大和合發明世間種種變化大性本如來藏不變隨緣不同虛空之自頑隨緣不變不同火輪之速遷不墮二邊絕諸戲論示阿難了義之的旨也七大以循業發現破非和合顯非不和合義以清淨本然等破和合顯非和合義△立非合法喻阿難若謂彼四大之性本然寂滅體非與四大之相和合者是性居相外則不能與諸大

雜和猶如虛空不和諸色而人之身必四大和合方成我體性能隨緣說不得非和合諸物皆然若四大不和合者則諸物不成矣此即偏于自然墮于常見以知不變而不知隨緣故耳△立和合法喻若和合者同於變化本無今有起滅不常故稱變化指世間法說四大之性是本常理四大之相是有爲法若性相和合則同變化變化則成始成終始以成終得名終爲成始號既爾並始終相成由生以續滅由滅以續生謂之生滅相續一變則從生而續死一化則從死而續生從生續死從死續生曰生生從死續生從生續死曰死死如此生死相續輪迴六道如戲童以香旋火輪轉未有終窮休息無可究竟矣旋火非輪愚人妄執喻夫理無生死循業發現愚人不知妄執爲和合生死此則偏于因緣墮于斷見以知隨緣而不知不變故直至下文辨破始終不得相成非眞和合然後顯因緣自然二說皆偏方知非中道也△標喻總示○上以空喻不變未顯隨緣以火輪喻隨緣不顯不變故又以空一喻喻上喻而

標下法成一美也

阿難如水成冰冰還成水合非合義性相圓融循業發現

理如斯也夫水本非冰由寒風鼓擊而轉水成冰則
冰是假相水是眞體冰與水無二體也全水是冰即
假是眞眞外無假故假依眞起豈水之咎耶過在寒
風耳若智日現前化無明堅冰而成慧水豈有二體
哉水成冰者全眞成假也冰成水者返妄歸眞也水
喻如來藏性冰喻七大藏性本非七大由循業發現
而轉藏性爲七大則七大是假相如來藏性是眞體
七大與如來藏性無二體也全七大是如來藏全假
是眞眞外無假故假依眞起亦豈如來藏性之咎耶
過在循業耳性成相者從眞起妄也相還性者返妄
歸眞也冰水之喻可合矣相既還性則眞妄之名俱
爲剩語妙絕雙泯理本如斯此乃七大之通譬亦收
空火喻中未全之旨亦盡始終相成之說而七事俱
稱大者一一周徧法界故〇溫陵解曰直示非和不
和之理而起後文故復召告阿難如水成冰冰還成
水夫水何和而成冰冰何和而成水七大之性不因
和合循業發現如斯而已

○七大中道章

大意別釋藏體循業發現破和合因緣細執令悟相性不二周徧圓體之中道了義也△標地大性引事顯始終不能相成破和合汝觀地之大性不出麤細二種麤為大地細為微塵塵之細者曰微塵細之又細曰極微微之又微至鄰虛塵猶有微相故又析彼極微至于色邊際之塵相猶有相在又以一色邊塵析為七分所成鄰虛塵則微色殆虛故名鄰虛更析鄰虛卽實空性而非色性則知大地之妄相本無所有也△窮空不能合色阿難若此鄰虛既可析成虛空為終當知虛空必能出生色相為始是則可名始終相成眞和合相今殆不然汝今問言由和合故出生世間諸變化相汝且觀此所析一鄰虛塵若更析鄰虛卽成空性之終矣欲合鄰虛必以虛空為始抑亦用幾虛空和合而有一鄰虛塵

不應即將鄰虛合成鄰虛乎若虛空不能合成鄰虛則知虛空不能出生色相明矣
△窮色不能合空。又鄰虛塵既能析入空者。用幾色相合成虛
空若色相不能合成虛空足知析鄰虛不能出生空性明矣若色合時但能合色非
能合空云何鄰虛析成虛空若空合時但能合空非能合色云何虛空出生色相
如是則始終相成火輪之喻瓦解冰消反成虛空不和諸色之異喻矣△縱破和合色者猶可
析。而為空空者云何合。而為色如是則不但破其析色明空是假卽向來從空生色之計亦
隳矣以彼不知空生大覺中如海一漚發故也△示中道了義　然色空必何落處耶以如來藏本具故
從自性來至曰如來以如如智稱如如境一切眾生決無出如如境者並為如來所攝持故名所藏一切
眾生皆在如來智內故名如來藏蓋謂汝尋常但知析色為空元不知如來藏中
性色本自真空不待析色成空也汝但計合空成色元不知如來藏中性空本自真

色不待合空成色也若奢摩空藏全空泯色但曰真空三摩不空藏全色泯空但曰真色禪那空不空藏空有不二性相一如故曰性色真空性空真色以此法性身法性上清淨本然周徧法界由性色全是真空合無所合不墮于有相之幻染故曰清淨性空全是真色非合而合不墮離有之空寂故曰本然清淨則非因緣所轉本然則非和合所成因緣和合生者有形礙方所不假因緣和合起者故爾周徧法界但隨九界眾生心有染淨應所知之量有大小有善惡故各隨其心各應其量各循其業而發現行△結破世間凡夫無知將如來藏惑為因緣及自然性轉如來藏而為識藏轉法性身而為根身轉法性上而為器界惑為因緣墮于斷滅執為自然墮于死常皆是眾生識心分別計度所生但有言說都無實義此二句是真正開示眾生中道了義無戲論法與後文合然俱離等相照應真妄雙泯禪那妙絕之義何等親切因緣自然之執遣矣世尊說法初未嘗離因緣自然但善用因緣

自然耳又何擯棄哉○藥山因施主施襯提起示衆云法身還具四也無道得與他一腰襯道吾曰性地非空空非性地此是地大三大亦然山曰與汝一腰襯此是悟入樣子也○合轍設問上文陰入處界已顯本如來藏與此中所顯如來藏是同是別答法雖同而義則別法同者以五陰即色心二法入處界即根塵識三五大是塵見大是根識大是識故曰法同然三科中所指如來藏是指薪以告其有火也指井以告其有水也指鞲以告其有風也指芥孔以告其有空也即所以判空如來藏七大所以顯如來藏者是充薪火之量與大千世界之量等充井水之量與香水海之量等充鞲風之量與毘嵐風之量等充芥孔之量與無邊虛空之量等乃至充蜎飛蠕動知見之量皆與佛知見等無差別故總目之為大其義有不同也即他解所判不宗如來藏也科雖不同詞義善矣△標火大性

阿難火性本無

有我 我者主宰之義無我者即無一定體性但遇物成形故

寄於諸緣 而似有我非眞

和合△引事驗明

汝觀室羅筏城中末食之家欲炊爨時手執

陽燧日前求火而有火出崔豹古今註云陽燧者以銅爲之如鏡之狀照物則影倒向日

則火出以艾炷之也淮南子云陽燧火方諸也論衡云于五月丙午日午時銷鍊五方石圓如鏡中央窪

天晴向日則火出此明寄緣出火之意故欲礙之人日前求火而有火出△牒問詞引事破和合阿

難若以火性名和合而要各有體生者方堪和合如現前我與汝一千二

百五十比丘今和合爲一處名千二和合百之眾眾雖然總爲一眾

詰其根本各各有身皆有所生氏族名字如舍利弗

云鶖子婆羅門種云淨行劫初種族山野自閑是故人以淨行稱之後世即爲姓也優

樓頻螺云木瓜林名也家于此故因以爲名迦葉波種云飲光乃至阿難

亦是瞿曇種姓是種族即此分開各有身名族姓和合名一眾雖真和合而各歸其根本而最

勝和合之名依然幻妄△審辨無生阿難若謂此火性因和合而有者則

彼手執鏡執艾於日前求火而有火出詰其根本火從何來此火為從鏡中而出為從艾出為於日來阿難若謂火性必從日來者自能燒汝手中之艾凡火所來之處一切林木皆應受焚而今林木如舊是火非從日來明矣若謂火性從鏡中出者自能於鏡出然於艾鏡體何故不鎔且屝柄紆汝手執尚無熱相豈大性有時寒涼乎寒則于冰無異云何融冰而成泮水耶境能融泮而無熱相者火非鏡出矣若生於艾則獨艾可生何藉日鏡光明相接然後火生△令諦觀汝又諦觀鏡因手執日從天來艾本地生此三物各有處所火從何方遊歷於此凡言和合者必眾物雜和一處方名和合今者日鏡相遠非和非合不應火光無從自然有耶必有本也上義不

出中論四性曰鏡支屬他性火是自性支與日鏡光明相接是共性無從自有是無因性前後七大之被皆不出此四性俱為破故亼示中道了義既非和合又非自然在于何所前言汝言不知巳為汝說今

汝猶不知如來藏中性火真空性空真火性相圓融體用互攝火即相也性火者性相不二也性火真空者性本空而全性即火是名真空非頑空也性空真火者性不空而全火即性是名真火非妄火也所謂色即是空空即是色火即是空空即是火世尊首示之曰如水成冰冰還成水清淨本然周徧法界即萬法而不變故曰淸淨本然稱一性而隨緣故曰周徧法界由其性凡體圓融故相周無限但隨界眾生心有染淨而如來藏性應一切眾生所知大小之量循一切眾生所造善惡之業而發其依正二報種種不同之現行令一切眾生隨分受用盡有限量乎如摩尼寶珠隨方應色盡有圖度乎烏芻瑟摩從此悟入也阿難當知世人一處執鏡眾生所知量也一處火生則應一眾生偏所知量也

法界執一切衆生心所知量也滿世間起應一切衆所知量也如來藏性起偏
世間寧有方所乎有現不現者循業發現也△結破世間凡夫無知
如來藏性不變隨緣惑為因緣性及不知如來藏性隨緣不變惑為自然性故有
汝謂云何如來因緣自然二俱排擯之問皆是顛倒識心分別計度須知如來藏性
言語道斷心行處滅世間戲論非可得入但有言說都無中道實相了義△標水大
性阿難水性濕而不定即無我意決則流壅則息體固無恒豈有我哉△引
事驗明如室羅城中迦毗羅仙云黃赤色斫迦羅仙云輪及鉢
頭摩云赤蓮花訶薩多未詳此等諸大幻師四者皆外道中仙人修長生善
幻術者也幻師者佛以長生不真故斥為幻於定或覩日月輪或見紅蓮花及黃赤色因是名之故楞伽
云譬如日月形鉢頭摩深險如虛空灰燼外道道通禪是也為修幻術故求太陰精水也用

和幻藥之是求長生服食此亦未見得長生者縱或有亦非眞實自中無一也然又致福者少而召禍者多如漢唐之君往往服此而暴亡者不啻十數佛以先見之明斥爲幻藥也是諸師等於望夜月滿名白月月正中時名晝此時手執方諸方諸陰燧取水珠也淮南子曰方諸見月則津而爲水高誘注曰方諸陰燧大蛤也熟拭令熱以向月則水生也許愼注曰諸珠也方石也今此方諸取彼爲證以此方諸承接月中之水出無生Δ審辨從此水爲復從珠中出空中自有爲從月來阿難若謂此水從月來其月在天豈倘能遠方令珠出水縱若月臨珠而水出則月所經林木皆應吐流月既有流則何待方珠所出水也若不所經林流明水非從月降明矣若從珠出則此珠中不分晝夜常應流水何待中宵承白月晝諸法現前而水出非珠出明矣若從空生

空性無邊水當無際從人洎天皆同滔溺云何復有水陸空行皆不受溺且幻師求得非空生矣△令諦觀○汝謂世間四大和合發明諸變化相令推三處無生汝更諦觀月從天陟珠因手持承珠水盤本人敷設如衆各有氏族水從何方流注于此月珠相遠非和非合不應水精無從自有△示中道了義○地性火性我已示其落處今水性汝尚不知亦是如來藏中性水真空性空真水清淨本然周徧法界隨衆生心應所知量心以根性言量以心知言隨其根性所致莫不滿其分量一處執珠一處水出徧法界執滿法界生滿世間寧有方所水性無我循其方諸等業發現正是周徧義月光童子從此悟入也△結破世間無知惑爲因緣及自然性皆是識

心分別計度但有言說都無實義△標風大性阿難風性無體動靜即循發義不常者風以動爲性體以靜顯動如搖簸則動不搖則靜△引事驗明汝常整衣入於大衆僧伽梨云雜碎衣剪碎製成條相多故有二十五條衣角動及傍人則有微風拂彼人面此循發也藏心中本具風性無縁不顯△徵辨無生此風爲復出袈裟角袈裟此云壞色衣與俗服有異爲復發於虛空爲是生彼人面阿難此風若復出袈裟角衣乃名風即今披衣汝乃披風風不可繫其衣飛搖應離汝體矣若謂衣不離體動則風出靜則風潛我今說法會中垂衣不動汝看我衣風何所在今見衣而不見風不應衣中有藏風地耶既衣動不離體衣垂無所藏不從衣角生矣若生虛空汝衣不動之前何因無風可拂且爾空性常

住風應常生若無風時名爲風滅虛空亦當隨滅滅風可
見風齊則眾竅皆空也滅空何狀空滅應無狀貌可見何蒼蒼之色常住虛空若有
生滅是可作法不名虛空既名爲之常住虛空云何執有滅之風
從空而出是爲名實不相當也風生于空是凡小之執故詳辨之若謂此風不從自已整
衣而生生于被拂之人面者從彼面生當應順來拂汝自
汝整衣亦應順拂彼面云何復說風生彼面而倒拂彼面耶既無倒拂之理則非彼
面生矣△令諦觀三處無生汝審諦觀整衣在汝而不飄去面屬彼人
而風不倒拂虛空寂然不參風之流動風自誰方鼓動來此
風之流動空之寂然二性相隔非和非合既非和合因緣不應風性
無從自有耶△亦中道了義○我已三番開示汝宛不知如來藏中性

風眞空性空眞風○麻谷使扇次僧問風性常住無處不周和尚爲甚麼卻搖扇谷曰汝祇知風性常住且不知無處不周僧曰作麼生是無處不周谷卻搖扇僧作禮谷曰無用處師僧着得一个個有甚麼益此方是知性風者今此風性眞空性空清淨本然性風眞風周徧法界既爾周徧云何搖扇則有不搖則無常知風性不動動屬諸緣隨眾生心應所知量阿難如汝一人微動服衣緣之有微風出徧法界有拂衣之緣則滿國土風生周徧世間寧有方所凡夫粗知移山吼木偃草與波者風二乘粗知觀世動時觀身動止觀心動念者風不知性風外則徧界拂衣內則一眾動念性空眞風循業發現琉璃光法王子從此悟入也△結破世間無知惑爲因緣及自然性惑卽是執若執定自然此風只合常生何得緊漫不定動靜不恒是知悉從緣生又推諸緣和合成事各各不有和合亦無緣緣之中俱無自性但是心動反推自心亦不有動以心無

形起處不可得即知皆從眞性起若眞性不起自見眞性徧十方界性合眞空故曰性風眞空性空眞風○故龍勝云地若是堅相不應捨其相如凝酥蠟蜜樹膠融則捨其堅相墮濕相中金銀銅鐵亦復如是如水爲凝相寒則轉爲堅氷如是等種種悉皆捨相又云若火實有熱性云何有人入火不燒及人身中火不燒身雲中水火不能滅以火無有定熱性故神通力故火不能燒身業因緣故五藏不可熱神龍力故水不能滅若熱性與火異火則非熱若熱性與火一云何言熱如火性如是餘性亦如是有論云若地性是實則不可異法身菩薩能變大地爲金地種頓失則豈眞實水性若實則不可異天人見水謂是琉璃餓鬼見水謂是火魚見是室廬則豈有實乎火性是實則不可易樹伽提生于火中又西國有布以火浣之鮮明名火浣布則豈是實哉風性是實則不可易列子御之而行舟得其使而駕則豈是實如無智人謂地等諸法以爲實聖人慧眼觀之皆是虛誑譬如小兒見鏡中像以爲實歡而欲取大人觀之但誑惑人眼諸凡夫見和合而成謂爲實地有天眼者能散此地但是微塵慧眼分別雖散此地實不可得故

知無實地水火風亦非眼見實地水火風要知盤山云三界無法何處求心四大本空佛依何住璇璣不動寂爾無言覿面相呈更無餘事皆是識心分別計度但有言說都

無實義△標空大性阿難空性廣博包融元無大小方圓之形非因緣也

或有方圓形貌亦非自然因色顯發也△引事驗明如室羅城去河遙處

諸刹利種王族及婆羅門此云淨行潔白自居安閑守道也毗舍商賈首

陀農夫也此西天之四姓兼頗羅墮也利根旃陀羅屠者也屠殺人畜故西國姓殺

同賤殺者猶目為惡人國法令其搖鈴執幟警人異路不與良民同行等餘族姓去河遙遠地無水

也新立安居地無井也因之鑿井求水出土一尺於中則

有一尺虛空如是乃至出土一丈中間還得一丈虛

空可知虛空無形因色顯發虛空淺深隨出多少△審辨此空為無生

楞嚴直脉 卷三 三十四

當因土所出因鑿所有無因自生阿難若復此空無因自生未鑿土前何不無礙唯見大地迥無通達未鑿無空明因鑿有何成無因如此當悟無生矣天如曰虛空既未鑿之先原不見空則必土出而後成空若因土出而後有則鑿土出井之時應見土先出而後空入于井如開池引水者可也然土出可見空入何相耶若土先出而後無空入之相者云何計虛空因土而出耶或必土有出入空無出入者若空無出入則既土未出時應即有空而空土一體元無異因無異則同一體也既同一體則土出井時虛空何不從井出今見土出不見空出豈無異耶若謂此空因鑿而出者則應隨手鑿出虛空應非出土若謂不因鑿出鑿自出土云何井中得見虛空又非不因鑿而出厶令諦觀汝更

審諦其實又加諦審非浮察也重重諦觀必欲見其端的正見慈尊悲心極切言言為人
鑿無生機從人之手隨方運轉土無自出因鑿地移出如
是虛空因何所出無因非是實法故不取例從來鑿空虛實不相為
用非和非合不應虛空無從自出△結定空大若此虛空
無乎不在曰性圓周遍體非和合曰本不動搖○正脈曰若此二字承上說下
圓周偏三字重一圓字尋常論空亦言周偏有色法凝即不圓滿是言周偏而非究竟圓周偏也今言空
性圓滿色不為凝故曰圓周偏此句結即一性眞不動搖者蓋周偏表非此有而彼無彼有而此無圓滿
意也不動表其非先無而後有今有而後無常住意也此句結離諸幻相△會成五大當知現
前地水火風均名五大此新會之名性眞圓融即性圓周偏皆
如來藏本無生滅即前本不動搖此會其體也現前者觸事而明勿他求也○吳興曰

四大後所以點空均名五大者蓋諸經常談惟四而已此既異彼故特言之見識二大亦此義也通名大者且依事立智論云佛說四大無處不有故名為大若言大性周徧必須指事卽理攝末歸本不可名名而名之是謂如來藏也直以藏性釋大者局也△深心痛責

阿難汝心昏則情識常暗惑于因緣迷則動惑于邪溺于自然故執四大和合不肯捨其舊習不悟四大元如來藏非和非合非不和合當觀虛空大性為出為入為非出非入若悟虛空周徧不動非出非入卽悟四大圓融常住非和非合非不和合矣△示中道了義

汝何愈說而愈昏全然不知如來藏中性覺眞空性空眞覺當先性空眞覺此指空性眞源隨相立名則爲無邊虛空覺所顯發超越世間出世間分別法相故先名覺元體清淨本然周徧法界隨眾生心應所知量阿難如一井空空生一井十方虛空亦復如是圓滿十方寧有方

所循業發現虛空藏菩薩從此悟入也△結破世間無知惑爲因緣
及自然性皆是識心分別計度但有言說都無實義
△標見大性阿難見覺無知上五大及色香味觸法皆八識相分今見大及五根屬八
識之見分亦名見精會歸見相之見性此見性元是妙用之智光本無對待常居現量故曰無知又見性
是勝義根但能映色無別分析故曰無知然而見性無體因前塵色空顯發方得有知△引事
驗明如汝今者在祇陀林朝明夕昏昏明由旦夕耳設或居子
中宵通指夜間說白月之夜則光黑月之夜便暗則此明暗等
相因見分析所謂塵由根有即後由塵發知以根塵各無自性藉緣得與△審辨無生此
見爲復與明暗相并太虛空三者爲同一體爲非一體
或同非同或異非異阿難此見性與明暗空爲同一體耶若復與

明與暗及與虛空元一體者則明與暗二體互替相亡
暗時無明明時無暗若見與暗爲一體者正當明時暗相已滅
則見亦消亡若此見性必一於明暗相現時見當隨明滅都滅則
云何又能見明見暗若明暗殊見無生滅一體云何成
也此見性與明暗空三爲非一體耶若此見精與暗與明并太虛空異體非一
體者牒語中補虛空一語汝之見精離明暗及與虛空分析見元
作何形相良由見性離明離暗及離虛空是見元同龜毛
兔訓爲字角徒有見名本無自體也然又見與色空非一體者則見與明暗虛空三事俱
異從何立見若欲偏立必受相亾是故非一又不成也此見或同耶或異耶明暗色空
性相違背云何而言或同離彼明暗及空三事元無見體云何

而言或異兩或字即是兩亦字雙亦文不成也此見性非同耶然分空分見本無

邊畔云何非同明暗色空相有遷改而見暗見明之性非有遷

改云何而非同非異之雙非又不成矣前列文言非異中雙或雙非各成一句令釋文中開

二或二非為雙亦雙非之義△令諦觀汝更干此同異之中細審加以微細審詳

非理落處先則審觀真諦之理見精何邈次則審觀俗諦之事見精何有明從太陽

暗隨黑月通屬虛空壅歸大地如是見精因何所出

見本覺照空本頑鈍二相相反非和非合不應見精無從

自出△會成六大○必欲作此會者以見相二分元是一體故令悟本真也若見聞知

性圓周徧本不動搖當知無邊不動虛空并其有起滅遷

謝動搖之地水火風均名六大性真圓融皆如來藏

本無生滅求其動與不動對待俱不可得即中道了義實相也△責破阿難汝以妙
性未斷變易尚在沉淪于因緣中不能自出不能悟汝之見聞覺知本
如來藏標文中但標一根破中單破見性令影帶結也汝當觀二字與上不悟二字相應
義如前釋但前不悟動搖之四大不動之虛空使悟動之四大而同空不動又恐不悟見大重令當觀
此見聞覺知之根為生耶為滅耶與前五大之塵明暗雖殊見無生滅為
同耶明暗相背不可為同為異耶離三元無不可為異為非生滅耶離明離暗及
離虛空是見元同龜毛兎角為非同異耶分空分見本無邊畔見暗見明性非遷改○若悟
此見聞覺知藏性圓常非和非合非不和合總是法身全體前汝于萬象前不能剖出是非是見及此諸
物象與此見精元是何物及聞見見非見重增迷悶我已發明到令還不了見精落處耶△示中道了義
汝曾不知如來藏中性中之見即本覺之光明本覺之精即性

明之見前門大性色真空用空字因空顯色空大性覺真空用覺字因覺顯空此見大性見覺明用明字因明顯見下識大性識明知用知字因知顯識皆不變隨緣故通約性說此見性境如第二月不離真月性發爲見覺發爲明覺者見之精體明者見之焰用如燈有光燈乃焰之體光乃焰之用也即覺即明隨緣不變故曰清淨用無造作故曰本然體無方所故曰周遍法界今云見體周徧前云五種見量者但隨衆生心應所知量豈限爲見哉例推之如一見

根見周法界則知此耳之聽根鼻之齅根舌之嘗觸身之覺觸意之覺知之根本皆真如性所具之德相大智慧光明故能晝夜常然靈明不昧總一妙德瑩然周徧法界圓滿十虛寧有方所而汝執爲大小舒縮耶不知此等皆是循業發現豈真聞真見也大勢至菩薩從此法門悟入ム結破世間無知惑爲因緣及自然性皆是識心分別計度但有言說都

無實義○合論曰地水火風而依于空為五法器界也見聞覺知而依于識為五法根身也根身器界其十法今以性言之蓋十大性也而經但曰均名七大者何曰地水火風空器界之形貌者故件件而詳敘之至于見聞覺知識根識之名言者故但以見覺及識略之為七也故云見覺無知清淨本然周徧法界而便敘曰如一見根見周法界聽齅嘗觸覺知妙德瑩然周徧法界及觀下文諸聖證成三科七大之性名二十五種圓通至大勢至法王子與其同倫二十五菩薩則曰佛問圓通我無選擇都攝六根淨念相繼入三摩地用以印成見聞覺知依識為六根無所選擇則十大性無疑凝也△標識大性

阿難識性本無源頭因於六種根塵相引妄出若離根塵則識性如空中華本無所有可見無源也源是喻如水有源則混混不竭今識知水無源有雨則流晴則涸矣厶引事驗明○識藉根塵妄出前五識但有隨念分別六識方有計度分別汝今徧觀此會聖眾卽塵相用目循歷卽根相初一攬境其目周視聖眾汝之見根

但如明鏡諸聖眾如鏡中所現之像是鏡無別分析其影相一根照境如此餘根皆然此五識隨根照境自然有一分了別之性也汝識於中次第標指乃第六同時意識與五根同時俱起者名明了意識起計度分別云又此是文殊此富樓那此目犍連此須菩提此舍利弗無生△審辨此識之了知性要且識難辨根爲生於見根爲生於塵相爲生于虛空爲無所因突然而出突者說文云犬從穴出謂之突故字從穴從犬以明無因忽出之意阿難若汝識性生於見中如無明暗及與色空之時當何如生四種必無元無汝見能生見性尙無有體從何而發所ム識耶爲生于相耶若汝識性生於相中不從見生彼之塵相相不自相因根顯相若無見性則不能顯諸塵相旣不見明亦不見暗明暗不矚

卽無色空塵相自無彼能生相尚且全無所生之識從何發耶爲生于
空耶若謂識生於空則非相非見非見無辨自不能知明
暗色空若非相滅緣見聞覺知六受用根無處安立處此
非相非見之二非唯是一塞空則識既同無若必有識則非同物矣又不與
相偶縱發汝識欲何分別識從空生不可得矣此識無所因突然而出耶若無
所因突然而出者何不日中別識明月△令諦觀◯上來爲汝辨
明矣汝更細詳微細詳審見託汝晴相推現前之境則此
前塵可有相狀而汝識成有分別不有相狀而汝識成無分別知根知塵歷歷
分明如是識緣因何所出識是了別之性故動見但映色無別分析故澄
澄卽靜義動靜二相非和非合其餘聞聽覺知亦復如是要見此六種識

心因何而有不應識緣無從而自出耶△結本大圓體若此所推眼等

識心本然來無所從卽是無生無生卽是圓體當知本識了別與見聞

覺知六根各各本性圓滿湛然既稱圓湛則共性亦非從所出矣正觀目見

聞覺知常目六根今加了別正目六識雖舉識心根亦俱矣△會成七大○此識與見兼彼虛

空地水火風亦復圓湛均名七大前會相歸見此會相見歸識總爲根塵識性

真圓融皆如來藏本無生滅名中道了義無戲論法也△激悟阿難

雖斷見惑思惑猶在縱伏思惑無明尚遠故稱汝之用心麤淺輕浮不肯深入佛故勉之若

不悟前依見聞發明了知六受用根本如來藏者汝應觀此

六處識心爲同不應用中相背爲異不應性中相知爲空不應現有分別爲

有不應了無蹤跡爲非同生佛體非一異凡聖差殊爲非空覩之無所非有

呼之有聲○詳夫此識異不離同同不外異即異即同非同非異不可得而同不可得而異求心不可得故應說空幽靈不竭故應說有有不礙空空不外有即有即空非空非有不可得而空不可得而有有則萬德齊彰空則一塵不立唯一如來藏體則空也有也同也異也非同異也非空有也無適而非藏性識性如是則見大亦如是空地等四大亦如是世尊大慈善權究竟阿難豈不悟此蓋爲衆生故作弄引耳

Δ示中道了義

汝元不知

者從前元猶尙宛然曾不知反此元不知皆阿難自云我今不知斯義所在而發言我前來斥破非心汝則釁然不知如此重重開示至令元舊不知

如來藏中

本性之識即妙明之眞知本覺之明即性眞之識體而汝前來所明

妙覺動性湛然不動徧周十方法界者即是此物見後讚詞汝令直下了然便能

含吐十方虛

空匕六皆日清淨本然周徧法界者明相非因緣自然也令日妙覺湛然徧周法界者明等妙二覺異熟空也上圓滿十虛單顯體太此含吐十虛兼體相用也其體如此吐放也含卷

也從體起用曰放體徧而用亦徧攝用歸體曰含用周而體亦周蓋有方所而反執爲色身之內耶當知根身內外總是循業發現彌勒菩薩從此法門悟入初示奢摩破心七處皆結云處次示大陀羅尼三摩曰當處發生隨處滅盡今云禪那會明七大則曰盡有方所此三皆由心目所在一句根本向後一因明立所見所之由人流世間亡所除所之由所之一字迷悟之關也△結破無知惑爲因緣及自然性皆是識心分別計度但有言說都無實義

○悟心章

大意蒙佛開示銷除倒想頓獲法身說偈以酬法乳誓度未來也△敘悟爾時阿難及諸大衆蒙佛如來微妙開示三科七大卽相卽性本自不生今亦無滅生滅去來皆如來藏圓滿不動清淨本然此是如來宣勝義中眞勝義性身心蕩然得其自在心空

無一纖塵身空無礙尊者始請三名之法未窮一心
之一毫之礙之眞佛答三摩之法具足三名

之妙心法不二即是微妙開示也○前奢摩中開示我等奢摩他路三摩中開示我等覺心明淨禪那中開示我等中道了義多方開示總不外乎根塵識三即于奢摩中咄此非汝心如是見者是心非眼見與見緣併所想相如虛空花皆爲破妄顯眞以世尊破心之後阿難有云何得知是我眞性之請世尊托見精以發明故發軔之初即曰見性周徧非汝而誰由此一語或認相爲見或認見爲相種種諸訛悼惑不定故世尊示之曰此見及緣元是菩提妙淨明體阿難由此一語遂認定此見性即是妙覺性故領悟云誠如法王所說覺緣徧十方界湛然常住性非生滅世尊覓其認定是眞則又曰見見之時見非是見正是你有拄杖子我與你拄杖子你無拄杖子奪卻拄杖子阿難由此重增迷悶世尊復示之曰此見何屬業識當業輪轉若能遠離諸和合緣及不和合則復滅除諸生死因圓滿菩提不生滅性清淨本心本覺常住至此阿難已知見性是妄妙覺性是眞然不知此妙覺性畢竟在甚麽處着落世尊復恐離波求水

離像索鏡故不待請而復示之曰汝將謂我前所破見精爲非眞而如來藏妙覺性爲眞乎然欲識妙覺性又不得離卻見聞覺知陰入處界也故復指陰入界處一一皆如來藏一一皆周徧法界蓋自發明地大以至識大妙覺湛然周徧法界處阿難方驚直省悟故知阿難之悟實由如來見性周徧一語爲發機而後有誠如法上所說覺緣徧十方界之一信由此一信佛用許多宛轉東敲西擊挑其悟門直至妙覺湛然周徧處忽然關上阿難舊時機筈不自知其躍然而起非微妙開示而何哉△悟心廣大

是諸大衆

總領妙覺湛然常住眞心向者一切世間十種異生同將識心居在身內今者

各各自知心徧十方

含吐十虛言自知者向是藉佛語而知今方自肯自信爲自知也向者見量極于初禪今者

見十方空如觀手中所持葉物

△悟法唯心○向也爲物所轉分大分小見舒見縮認見爲物認物爲見惶惑不定今則見

一切世間諸所有物皆即菩提妙明元心

向也認昏昏擾擾相以爲心性決定惑爲色身之內今則

己知心精徧圓含裹十方此心空也反覺遺身△反觀父母所生之身猶彼十方虛空之中吹一微塵若存若亡如湛巨海流一浮漚起滅無從不復棄海認漚認漚爲海此身空也△妙獲元心○向者不知眞際所詣不知寂常心性不知身心顛倒所在不知見性是心不知陰處入界是如來藏不知七大是法界性今則一一了然自知毫無疑惑矣向也世尊與我發明寶明妙性元所圓滿常住心地徒獲此心未敢認爲本元心地今則獲本妙心常住不滅不待認矣此正阿難囫地一聲時懸巖撒手處所謂秤錘移到徹稍頭怱然撈落番筋斗△阿難說偈讚述禮佛合掌得未曾有於如來前即以所悟所見處說偈讚佛妙湛總持不動尊阿難聞七大徧周因悟如來所示大佛頂首楞嚴王即是一心三觀之體三德三身亦茲具足略推之即諸法而不染曰妙湛即諸法而不失曰總持即諸法而隨緣不變不變隨緣曰

不動由清淨名妙湛性也由周徧稱總持心也由本
然稱不動尊即心性不二也所謂妙湛者即前文所
說性淨明體菩提涅槃元清淨體元是菩提妙淨明
體圓覺所謂一身清淨故多身清淨乃至十方衆生
圓覺清淨是也此當奢摩他義總持者即前文所說
圓妙明心大陀羅尼三科本如來藏等圓覺所謂根
塵四大乃至陀羅尼徧滿法界是也此當三摩鉢提
義不動者即前文所說常住真心即是不動真如即
是實相七大性圓周徧圓覺所謂虛空如是平等不
動當知覺性平等不動是也此當禪那義尊者悟知
如來證此七大之性而成三身之佛故目之爲妙
湛總持不動尊非謂三十二相稱尊也△讚法
首
楞嚴王世希有
亦由即幻妄而得究竟堅固之體故
又目之爲首楞嚴王不得以破之有稱
王也即世出世世間最上希有奇特事我初不解一見
如來三十二相形體映徹作奇特想作希有想今日
乃知世尊之希有奇特又
三十二相也△破妄證真
在
消我億劫顛倒想不歷
僧祇獲法身
向以緣塵分別念念生滅者爲清淨心
不知妙湛之體爲清淨心也向以身爲

總持而心居身內而不知心精徧圓含裹十方者爲總持也向以陰入界處爲生滅法地水火風爲變化性而不知即是不動周徧妙眞如性皆昔日顛倒妄想令我不勞未來經歷阿僧祇劫即見如來大佛頂相平等法身何幸如之正是過得橋來崖上行始覺渾身泥水濕○問論云三阿僧祇劫修六度行百劫種相好因然後獲五分法身也唯識云謂地前歷一僧祇初地至八地歷一僧祇九地至佛地歷一僧祇然後獲究竟法身何故此中說不歷僧祇耶答彼約漸修此約頓悟以漸修言之則從微至著自信住行向以至等覺方證極果書云明則誠矣以頓言之則一念不生前後際斷即名爲佛書云誠則明矣故向不涉其地位階差豈歷僧祇哉昔廣額屠兒至佛座下無明頓息乃置刀謂佛曰世尊我是千佛中一數佛即印可夫廣額放下屠刀無明頓息預于佛數今慶喜法眼清明謂不歷僧祇而獲法身者宜矣△

二願大願今得果成寶王佛道無上誓願成還度如是恒沙眾

眾生無邊誓願度謂覺雖佛覺而力行未遠于極果故不言五分究竟耳當齊者未見平等法身時自謂

佛一人獨得覺性一切眾生悉皆無分故上不求佛
果下不度眾生今日乃知佛與眾生本等無二故發
願云願我今日得成無上寶王亦願還度如是恒
沙之眾還字二義一成佛後還入娑婆度生二今以
大權示墮發起楞嚴一會聞法得度有恒沙之多欲
成佛還欲度恒沙之眾方取果證二義皆可說也△
述意將此深心奉塵剎是則名為報佛恩慈尊既以種種方便委曲
詳示令我得見此平等大法如此深恩實難酬報今
我辦此二種深心上則承奉剎塵諸佛下則度脫剎
塵眾生以是清淨身心普遍恒沙剎塵之願力是則
名為報答我佛堪報之深恩所謂真龍得水便會與
彼作浪矣△申明度生之願○阿難在法華會上長
此五濁國土眾生心懷諂曲權乘菩薩難行教化發
願異國持經者不興大願今伏請世尊為其大願之證盟于我必五濁惡
世誓願先入如濁惡世界中有一眾生未先得成佛者終不於
此國土取其泥洹此亦改玉改步之意也△申明求佛之願大雄大力大慈

悲言佛是大雄猛之尊能徹無明之重障佛有大誓之力能拔惑業之深根佛有無量之大慈能與眾生四德之樂佛有無量之大悲能拔眾生二死之苦

希更審除微細惑煩惱無盡誓願斷言我麤惑雖除根中積生無始虛習與諸無明分劑頭數猶不能盡故冀世尊大雄大力大慈悲護持加被審除我微細惑相致我五住究盡二死永亡

令我早登無上覺於十方世界坐大道場方得全我道力成十方如來無上菩提矣△結成大誓

舜若多性可銷亡爍迦羅心無動轉舜若多此云空爍迦羅此云堅固即金剛心也謂空性無體不可消亡或可消亡而我金剛堅固之心終不可動轉此即虛空可盡我願無窮之意已上一真法界觀中空色無礙觀

大佛頂首楞嚴經貫珠集卷第三終

# 大佛頂首楞嚴經貫珠集卷第四

明　金陵華山律學沙門戒潤　述

此卷來意向難信行中人事障為礙一問三藏之體以應三觀之名惑銷心悟即登圓位發願度生成佛以酬法乳且諸但知心偏未了色偏特將空比葉物身比空塵海遍此葉物等事上正有重疑故爾希更審除微細惑為此卷發端當那法行中入理障全在一聞希審細惑惧動中疑却于葉物空塵海遍上推廣山河大地諸有為相故謂佛雖宣明令我除惑今猶未詳斯義究竟無疑惑地特向清淨本然理事中連與四問一不達生本無生因妄有生故問云何忽生二不了眞中無妄覺不生迷故問佛證眞何時復妄三不了相本無相諸相虛妄故問水火相陵滅義四不了妄本無因突然而出故問何因有妄皆由不達第一義諦而問佛即許說勝義諦中眞勝義性亦知下文雖示因妄有生意顯無生循業有相意顯無相故環師謂山河不復出水火不相陵身含十方毛現塵剎皆勝義中眞勝義性滿慈妙辯四興誠盡究

心之極則慶喜因緣三問特周見道之幽玄請示入華屋之門取便住藏性之宅佛示二決定義五疊渾濁六根功德一六義生擊鐘驗常爲修道之自故有此卷雄文

○發生章

大意滿慈向無生中起忽生之疑圓融中起相陵之難佛以一妄字破尊者認明墮所之所知令悟不生滅心合如來藏也蓋阿難以多聞居首尙在有學強記爲功滿慈以說法居先是無學人辨才稱德雖皆義虎稱雄而富那能克究萬法生起之幽賾以明緣生無性之綱領爲請也△經家敘儀

爾時阿難偈讚方畢富樓那彌多羅尼子在大衆中卽從座起偏袒右肩右膝着地合掌身業誠也恭敬意業誠也而白佛言語業誠也△當機讚妙天上天下唯佛獨尊曰○大斷人迷根曰威開人悟門曰德以能拔人之倒心開人之正智所以爲世出世間之尊上契至理下應群機善爲衆生

敷演如來藏心于諸說中吏無有上是為諸勝義中第一義諦又頌卽三科七大本如來藏偏周法界此皆如來自證法門極難措口而如來曲狗人情頭頭顯露令小乘得少為足之眾生輩善用其心悟人如來貫相中道了義一諦之中具足三善諦豈非善為眾生敷演如來第一義諦耶然第一義諦理極玄微莫能深入雖則世尊常推說法教化人中我為第一分別功德論云說法第一有三事一說法時先以辯才唱發妙音令使眾生歡喜欣然欽仰二以苦楚之言責切其心令身心悚肅興難遭想三以明慧空無之教使聞聽解△舉疑○以我說法第一之人今聞如來所說第一義諦微妙法音信未能融猶如聾人逾百步外聆於蚊蚋聾人富那自喻百步喻已居化城佛居寶所明地位相遼遠也蚊蚋喻佛微妙法音以蚊當盛夏之際朝則尋幽歇足夕則舒翅鬭風異口同音至微而不能分而今逾百步外本所不見形何況得聞其聲是有負佛恩之所推重我也此不見不聞喻聞不能解與不聞

等如聾人詎能明辨第一微妙寂滅之聲乎只是形容法音所詮微妙之意佛雖為我等宣
明三科性空七大徧周之法令我除其心外實有山河等相之疑五大性互闕不周之惑
然我今猶未詳斯義所以不能究竟人於無疑惑地智之所踐曰地世
尊如阿難有學之輩雖則開悟了然自知獲本妙心見法性身勝解現前而根
中積生無始虛習宛然尚在習漏未除俱生尚深亦應盡與拔之不但有學眾疑即我
等無學會中登無漏者雖然滅盡界內欲漏有漏無明諸漏今聞如
來所說法音尚紆則不舒暢于心疑則不決于事悔未起于成佛度生之心况
有漏者不疑乎舊術謂紆者纏繞也疑悔二心所也疑屬根本悔屬不定即舊修已悔新開尚疑二者交
纏未決定也泛叙有疑竟△牒四科性陳忽生之疑世尊若復世間一切根塵
陰處界等皆如來藏清淨本然應非眾生界矣既曰清淨則不存一法無

始劫前于不變眞常理中云何忽生山河大地穢惡器界并生根身業果諸有爲相。耶既曰本然則無今古生滅云何從古逮今世界有成住壞空眾生有生老病死惑業苦三之次第遷流循還往復終而復始相續無窮耶前明幻妄稱相約八識轉識現識言。今問忽生約八識業相言生字跟前諸法所生及能生諸緣當處發生之生字看盉滿慈棄用執體不了從體起用故問清淨本然者是其證空也云何忽生者是其未得不空也豈非法眼未明哉下文因了發相從妄見生正眼觀來原無一物自非撥無法爾本然如是也○昔長水法師問瑯琊禪師清淨本然云何忽生山河大地之言瑯琊厲聲曰清淨本然云何忽生山河大地長水有省然本然是性。理諸有爲相是事相富那執性難相求佛說與始生終續之詳非直怪問其不當生也佛後始終各答不陳見識二大者以其無刑礙故△牒五大圓融以陳相陵之疑又如來說地水火風本性各自充滿曰圓彼此不礙曰融各無欠缺曰周徧法界無動無染曰湛然不相

陵滅曰常住Δ疑地水難容世尊既謂本性各各圓融周徧法界者可能相容耶若地
性徧土則尅水不容水之周流若地不常還可容水地既湛然常住云何容水Δ疑水火
難容○若水不徧猶可容火水性周徧法界水則尅火火則不生復云何
明水火二性俱徧虛空不相陵滅Δ疑地空難容世尊不特三相
有形而爲陵滅即地性與空亦不相容以地性障礙空性虛通兩不相容云何
地空二俱周徧法界本性圓融俱徧者性也相陵者相也斯是執相難性文雖分三總疑
有礙而已○古德謂世諦水火相異難第一義性相俱融而我不知是忽生始終與五大相
陵二義攸往夫尊者不知荅為我輩建言也如木中具有四大鑽則火現絞則水出搖則有風燒
則成土當其未形之先四大之體不可得故性中相融既形之後四大之用各持世故相似相尅若定不
融則木中應有水火一界畔若定相融則世應空色不分若其五大之性是一隨緣之相各分吾人淺究也

相旣分五認性亦五人之常情爭怪乎不知是義依性幻妄稍相如虛空華本無所有當體無生是相之依他也何疑忽生一性清淨如摩尼珠隨方。現色則有靑黃而珠體不變是性之依他也何疑陵滅尊者意我工夫中人但見其湛不知妙湛故疑忽生徒知其住未知無住故疑陵滅是以總爲代請曰而我不知是義依他舊謂上二問一是聖教相違難一是世間相違難△正請除疑

惟願如來宣流大力慈風說出忽生相續之由五大圓融之故開我等二障之迷雲而得見一天之慧日方到究竟無疑惑地富那及諸大衆作是語已五體投地欽渴如來無上慈誨△許說○將酬其問先敘法利誡令善聽當爾渴仰慈誨時

世尊告富樓那及諸會中漏盡無學諸阿羅漢前請詞學無學。雙敘今則兼之如來今日普爲此會宣勝義中眞勝義性法相宗說有四勝義一蘊處爲世間勝義二四諦法爲道理勝義三二空眞如爲證德勝義四一眞法界

爲勝義勝義義據佛後文答萬法生續則趣于性本二覺答五大圓融則歸于一心三藏究然皆一眞法界是乃勝義中眞勝義性也文上勝義指前妙奢摩他三摩禪那超勝三乘乃會眞俗而歸中道故曰勝義今密迴中道徧涉眞俗以顯空不空如來藏所謂淸淨本然離即離非是即非即迴眞涉俗妙無不可故曰**令汝會中定性聲聞**下根也鈍根羅漢躭湼槃樂枯守痴定如夾氷魚不回心向大故名定性聲聞文謂以定爲性不以慧爲性者**及諸**不定性人**一切未得**人法**二空**者得人空則知衆生無性得法空則知諸法無性此者人空已得未盡得法空正欲**回向**菩薩了義**上乘阿羅漢**者上根也**等**了有學人天如此等機令**皆**聞眞勝義除疑惑地**獲**唯**一**佛**乘寂滅場地**即本覺果體萬妄本空一眞淸淨謂之大寂滅海也**眞阿練若**此云閑靜處由人法俱空故名離喧雜此指楞嚴大定是行人安心之地**正修行處**者除此一乘其餘皆是旁岐曲徑今者行人宜盡心焉○方便教說昔之定性二乘無性闡提不得成佛

如焦芽敗種今則咸歸一乘究竟涅槃悉當作佛方見大乘至極之談故曰正修行處若謂小乘人說小乘法爲闡提人說闡提法是斷佛種性是滅法身是說法人當歷百千萬刼墮諸地獄何以故衆生之性即是佛性從本以來無有增減故一知一切法皆是佛法一切性皆是佛性當令衆生知一切法名爲佛性法身則爲正修行處一乘是教寂滅是理修行是行影帶于證四義全收故特舉定性聲聞回向上乘向羅漢者以彼所證全是業識執爲究竟故定性不回者與回而未獲者皆未知業識爲生死之根本今聞性覺妙明本覺明妙妄爲明覺因明立所是令未回者回已回者盡所取舍皆獲一乘寂滅場地等△誡聽○世尊將四義攝在一乘性中益彼無學汝今諦聽當爲汝說富樓那等欽佛法音默然承聽△牒問○世尊知尊者抱守因緣未亡法執而於性覺眞空性眞覺之理不能透脫故將昔所說法探而告之佛言富樓那如汝所言清淨本然云何忽生山河大地汝常不聞如來每在法會

宣說性覺本之體妙常而明不因明以有妙也本覺本之用明常而妙

不因妙以有明也○貫珠曰自性覺體妙湛靈明而絕待非名相妄想可覺也下句釋上本性自覺非有所覺體自明妙非因所明不假修以成之也我常依二諦說法汝迷解何如性覺本覺亦可分眞如生滅兩門講○正觀云性覺本覺心體也妙明明妙德相也謂此心體離念而靈然不昧雖靈然不昧而寂然離念故曰妙明明妙此乃一念未生前一靈然湛寂之眞心也葢若一向妙而不明則墮頑空一向明而不妙則墮妄覺如下滿慈執明墮妄是矣將欲明妄故先標眞俗立其體○正脉曰性本異稱者各有詮表性表一眞理體未涉事用故本表天然本具不屬修爲故但舉此者一顯無明萬法離此無依二顯寂然具足不假妄明也然就前勝義性講性卽如來藏性性覺卽中道第一義諦亦卽勝義中眞勝義性也本覺卽性體本然不昧之覺不假修成如妙明明妙者性覺是本體妙明明妙是卽體之用妙是眞諦之義建一切法萬有齊彰故稱俗諦俗是有義照了無遺故稱爲明卽空而有故稱妙有卽有而空故稱眞空

卽眞而俗曰妙明體用相兼故如是也孤山曰寂則三諦俱寂照則三諦俱炤吳興又補其闕文尤妙謂三諦俱非寂非照然則又何妨三諦卽寂卽照同時不二妙用隨緣微義方足也若此會悟則山河大地卽性覺之妙有當機豈以塵眸觀之哉△答

富樓那言唯然世尊我常聞佛宣說斯義○上因尊者不知性相是一故以無修無證之理標定下文復開有修無修兩關審之△雙審

佛言汝聞性覺妙明本覺明妙亦與人稱覺稱明如何意會爲復性覺妙明寂炤雙均猶如明鏡本來自明不假明而明之稱名爲性覺之妙明耶爲復覺體處染不明單寂無照如鏡之有塵垢必假明而明之方稱爲所明之覺耶佛性有三謂正因緣因了因天然妙性本自圓成不借功勳名正因要假知識開發爲緣因從緣修而悟證名了因性覺妙明正因也本覺明妙了因也佛性藉覺功而顯本有假修斷而成緣因也以上二問一是本然義就眞如門問一是因緣義就生滅門問△單就因緣義答。

富樓那意必假能

明之智方顯所覺之性故言若此爲覺不明之體寂名爲覺者則覺體闇然

而無所明但可名覺不知性覺本覺之體妙明明妙之用本無定向甯有方所既認覺是明則

有所矣意謂妙明爲能明性覺爲所明豈知纔立所明便落因緣生滅知見卽非清淨本然之覺性乎△

牒示眞體佛言汝意必有所明方有妙明性覺若無所明則無妙明性覺

夫覺體不可以有所無所目之不可以有明無明目之以有所明爲是則墮于昭昭靈靈非本

覺矣以無所明爲是則墮於昏昏默默非妙明矣豈以無明爲覺湛明性哉且我如來常

說覺湛明性豈得無明若實無明又非覺湛明性矣此謂以性斥修也△示能明

所明生三細○明本有性覺性本湛而覺本明非必假明而明之以不了故妄爲能

明之明所覺之覺故性覺之體本非所明之境因必明而立成業識之

矣○起信云不覺心起而有其念及依覺故迷也所因加妄明於本覺明卽能明之妄明謂無明所卽

所明之妄覺謂業相故論云以依不覺故心動說名
爲業但因妄明對能立所有二一者智立所觀之理
二者惑立所見之相此當第二義也方**所既**將則眞如隱而**妄立**爲所妄既立**生汝**
**妄能**之見分既有見分復從**無同**無**異**之眞諦理境**中熾然**而**成異**
境之相分遂有世界種種山河大地之差別三細斯立矣**異彼所異**首上異字指熾然成異之
相分彼所異三字指因明立所之業識轉識不同以立所之異約一念說熾然之異所該甚廣**因**世界
之**異立**虛空之**同**此卽空生大覺中依空立世界空色相形**同異發明**則世界虛
空成矣**因此**同異**復立無同無異**良以彷彿有形貌差別而殊於同境之虛空故
曰無同彷彿有運動靈覺而殊於異境之器界故曰
無異非衆生而何哉舊解謂卽無同無異亦異以世
界衆生業果六者等法皆在此中包褁是爲無明不
覺生三細也故與前所異不同矣△復點明三細生
六三細極異復以一異一同之界相顯發無同
麤**如是**無異之衆生于藏識海中境界風動豈不

楞嚴貫攝 卷四 七

**擾亂**哉皆由淸淨覺心因明一念生起化爲業識轉爲見分裂爲相分一見一相**相待**爲緣

意地**生勞**卽六粗第一智相論云依于境界愛與不愛轉故轉智二相俱緣境界有何差別轉相緣

境但如鏡中無別分析智相緣境不了心現執爲外境分別染淨此當法體執一**勞久**卽六粗第

二相續相論云依于智故生其苦樂覺心起念相續不斷故**發塵**卽六粗第三執取相塵謂染着

之意論云心起着故彼云起着此言發塵同一旨也**自相渾濁**卽六粗第四計名字相論云依

于妄執分別假名言相故**由是引起**八萬四千**塵勞煩惱**以十結使爲體卽六粗第

五起業相論云依于名相循名取着造種種業故此爲世界衆生業果三續之本**起爲世界**

**靜成虛空虛空**無二**爲同世界**差別**爲異**卽六粗第六業繫苦相論云以

依業受報不自在故謂業因已成招果必然循環六道生死長縛于世界之依報衆生之正報淨穢苦樂

不自在故此上四句確答云何忽生山河大地之問起靜二字勿指時言當指處說如起成有相處則山

河大地確然而成定相靜成無相處則空潤瀵蕩顯
然而見頑空虛空即前同相世界即前異相至此始
確定也△確答諸有為相**彼無同**無**異**之相至此顯然確定以成眾生業果**眞有為**
**法**汝問忽生諸有為相實由最初一念無明而生也上以因明立所答忽生下以發潤二種無明答相
續正答次第遷流終而復始之間先明世界相續之
因華嚴經云三千大千世界以無量因緣所成且如
大地依水輪水輪依風輪風輪依空輪空輪無所依
然眾生業感世界安住此亦如是△風輪生發○眞
法性土本來不動由突起
知見遂轉妙明智體為**覺明**之業識復轉性覺眞**空**為晦**昧**之頑
空所謂知見立知即無明本也
由此知見不了明昧一明一昧**相待成搖**當知世間之風全是
妄心動蕩所感以妄想鼓動
心體積虛成氣充塞空中，**故**空輪之上**有風輪**種由無明不化
是故器界凝結
則有無明風力**執持世界**得不散失言世界之下全依風住風大親依妄想起
也△金輪生發○既**因**頑**空**昧中**生搖**動妄想之風返吹藏識體中無知之覺明而此覺明

知見執攬堅固無明妄立質礙復從晦昧空中結成金輪彼世之金寶者因執心于明覺體上立一分堅執所致故有金輪保持國土言地大最下有金剛際謂土與金皆是堅性而堅硬莫過于金故金是地大精實之體此亦顯然地大親依妄想而起矣所謂四寶結成須彌山純金結成七金山彼金山寶山皆是明覺立堅所致此即見分攬結相分成地大種也△火土生發堅覺即堅執之妄覺立礙所感故金寶成搖明即動念之妄明動成風相故風出也覺之與明即知見此知見內為無明風所鼓外為金相所眩風金相摩一堅一動轉生火大如云剛柔相蕩故有火光為變生作熟化有作無之性言火無含持之作用而有化成之功能此由知見熾然引發嗔火為火大種以上三大遞相待轉生而俱帶妄覺妄明之心相也△水火生發寶明生潤者蓋由火光上蒸而于所見之金寶及能見之覺明愈生光潤則愛着不肯放捨遂生愛水故有水輪含十方界見世界總

是水含裂也此由相見引發潤生無明爲水大種不言妄心者習耳故須四大種子潤本乎癡愛相續不斷鈔云由妄見動故外感四風輪由執心堅故感金輪由研求燥故感火輪由愛心深故感水輪是知依無明一發展轉結成四大種此諸大種依空而成世界虛空依無明無明依本覺以見萬法始于真妄和合離心悉無自體故吾教唯以顯心爲宗此明能成四大竟△明所成四居○因水火二大種子展轉結成法界爲眾生所居而能成四大既依心起則所成四居皆四大轉變總是唯心應達萬法亦唯心也

火性炎上曰騰水性潤下曰降水火上下交搆發生建立堅固器世界如陶家功惟賴水火矣△明所成二居

濕爲耳水鹹水之巨海海由立堅而成以注水之巨坎名爲海故全體是堅也是水族眾生之器界水降之所成立乾爲四部洲潭是陸居眾生之器界火升之所成立也

以是義故彼大海中本濕流之地不應有火以受火之氣分故大海中隨之則有火光常起而渡海者往往見火毬如燈彼洲潭中本乾燥之處不

應有水以受水之氣分故有江河常注如山居人往往見洚水浚發狀也由水火土三種生陸地之高山林藪一切艸木水勢劣火者火勢勝則燒水水勢勝必滅火不能相生今降勝爲劣故水從火結爲高山爲眾生所住之處故山如火燄形由受火之氣脉未亡是故山石擊則成燄由受水之氣分未亡是故五六月間石中融則成水如鍊五金之鑛悉皆成汁土勢能尅水若土勢勝必涸水不能生物今降勝爲劣則土從水土水相合抽爲艸木以成林藪復推之以是受土之穉性猶存故爾草木叢生林藪遇燒成土以是受水之種性猶存故因絞成水△結成相續○由無明眞頑空交爲風輪種執心爲金輪種瞋心爲火大種愛心爲水大種如此四輪交妄發生遞相爲種復生四大而器界立于是世界成住壞空始終相續若無明破而風輪息堅固消而金輪壞瞋心滅而火輪空愛心盡而水輪涸是則器界應念化成無上知覺矣柰何迷執不破覺明空昧相待相搖以是因緣

世界相續△答眾生相續之因復次富樓那法性身本來周徧實無根身推共本源是亦明妄所成此明妄者實非他物由于妙覺明心突起一念轉為妄咎之覺明而成所妄所妄既立于是妙明理性分成六處在眼名見在耳能聞遂生局礙不復周徧圓融于器世間不能踰越以是因緣聽不出聲見不超色此無他皆由于色香味觸六妄成就染六根而成塵由是分開見覺聞知攪六塵而成根于是六根六塵各有定處情想合離各有定業胎卵濕化各有定報然此尚未趣生當中陰位耳中陰者六根猛利勝於生身足為明證其同業者多因情重中陰身與父母同一想業相纏則中陰轉成後陰而生屬胎卵類其合離者即濕化類多因想重當來不假父母但由已業合濕成形為蠢蝡也或離形而托化質如天獄等也△委示胎生見明色發明見異成異見成憎同想成愛即中有身投胎之因謂胎

卵二中有身投胎時無緣處大地如墨等今見明色
發者乃發明上同業相纏二句廣示四生受命各有
感應差別之相見卽妄見也明。卽妄境也見父母婚
火之明色心頓發故曰見明色發明卽父母鍾愛之
境見卽中陰能見之根根境對待想愛爲種納想成
胎故曰明見想成此卽現前根境和合發識想卽識
心之所也異見成憎同想成愛違情者名爲異見順
情者名爲同想若男子投胎見父爲異想而成憎見
母爲同想而成愛女子投胎反此雖愛憎雙舉以憎
顯愛爲因經云二種無明一潤業無明謂過去煩惱
是也二潤生無明卽托胎時于父母起憎愛是也**流**注已**愛**于父母赤白二滴中以**爲種**
性父母赤白二滴中卽**納想**心以**爲胎**若投胎後愛着不捨以爲增長成胎之由父母**交**
**遘發生**赤白二滴爲受生之緣雖因助緣實由己業以爲**吸引**過去**同業**遂入胎中
謂自纏父母爲同業而入胎成此五陰身而不捨**故有因緣生**胎中五位**羯羅藍**
云凝滑一七之狀**遏蒲曇**云皰二七之狀**等**餘蔽尸云軟肉三七之狀有健南云堅肉四七

之狀至五七成鉢羅奢佉云形位六根方具上示投胎所以△列隨業招報胎卵濕化四生

各有定業隨其所感而應故有四生之定報也卵爲亂思不定而爲想生胎因

鍾愛不捨而因情有濕以親附不變而因合感化以捨此趣彼而爲離應由以

四心感召而四生亦類應之△明不定業感情想合離者皆因心有或情變爲想或想變爲

情或合化爲離離化爲合更相變易故所有受過去之業隨逐其現前

飛沉之報或飛變爲沉若雀之化蛤或沉變爲飛若魚之化龍一切以是隨應之因緣

爲衆生之相續△明業果相續之因富樓那世界屬依報元無情繫故不結業衆

生屬正報本繫有情乃有業繫業莫過乎殺盜婬三者而根以婬想與婬愛同結于心愛

不能離流愛爲種納想爲胎則諸世間父母子孫相生不斷衆生

所以不能出生死而受輪迴之苦果者是等則以婬欲而正性命故曰欲貪爲本

也凡有身命皆從愛欲中來必求滋養故彼生者貪此之芻豢養者愛彼之血肉貪愛彼此同
滋貪味津津而不能止則諸世間胎卵濕化眾生隨力強弱
遞相吞食以我強能殺彼弱為業因我弱亦被彼強殺我為業果故曰遞相吞食也是等
則以殺貪為本也如以人食羊一類推之羊死為人人死為
羊如是乃至十生之類死死生生互來相噉既有如此惡
業為續生之緣故世世俱生一處相值以償其債窮未來際不出三界是等則
以盜貪為本也溫陵謂不與而取及陰取皆盜也以人食羊不與而取也羊死為人互來食
噉是陰取也皆盜貪也吳興謂前殺貪未論酬償先債此盜貪約過去于身命財非理而取故互來相噉
以責其盜也由殺盜二貪故有汝負我命汝還我命此屬殺貪我負汝債我還汝債
此屬盜貪以是命債因緣命債不了故生死亦不了經百千劫常在生死

酧還不已由欲貪故今有汝愛我心我憐汝色我愛汝心汝憐我色以是愛憐因緣經百千劫常在纏縛由愛憐不斷纏縛亦不斷也夫此三者實由貪愛貪愛不遂則强吞爲殺陰取爲盜皆所以成其貪愛也因一業則三業齊具凡貪愛必至于愛心憐色貪愛不遂必至于負命還債△結成相續唯殺盜婬三爲根本以是三種因緣不息故有業果相續此歸乎三貪爲業果及與相續之正因緣也△躡相續結荅忽生始終之

問富樓那如是世界衆生業果三種顛倒狂迷相續不斷雖各不相同推其所從皆是性覺妙明體上妄加一念能明即轉如來藏心成業識之覺明因有覺明之無明即轉爲明了知性之能見分因此能了即發爲所相分汝上言云何忽生山河大地諸有爲相次第遷流終而復始此之三細皆從妄見生了屬妄心見屬妄根妄見緣妄境而起我法二執混然與心見而六亂妄想俱備此是覺明乃至妄見所生也△躡忽生結荅次第遷流

之問○由一念妄能所角立則有山河大地諸有爲相次第遷流因此虛妄終而復始是知初言因明立所只一所字三種之相具矣妄見不泯則輪廻不息故終而復始知妄見無實體可得則知當體無生此雖向無生中示三種相續荅忽生之問還未清淨後章觀相元妄說方究竟也

○何當復生章

大意執在纏因性以難出纏果性反詰如來何時循業發現佛以眞中無妄令悟覺不生迷也△總躡前辯爲起疑之端富樓那言若據世尊所說此諸衆生未生山河大地之前同是妙覺本妙覺明元自清淨本然與如來心平等無二佛心不增衆生心不減心眞如者卽是一法界大總持法門體衆生無狀于清淨本然體中瞥爾一念忽生山河大地諸有爲相△正陳疑如來今得妙空明覺復其無物

之本體還其圓照之本明與眾生本妙覺明于未生山河等法之前無有二相一切眾生既從真起妄然此無情**山河大地**之世界與夫**有為**之眾生乍**習漏**之業果等如來極果位中**何**時又**當復生**耶圓覺亦有此問若諸眾生本來成佛何故復有一切無明若諸無明眾生本有何因緣故如來復說眾生本來成佛十方異生本成佛道後起無明一切如來何時復生一切煩惱此經同彼後問是執眾生在纏因性有始而疑如來出纏果德有終也下顯覺性不動本無迷悟佛設四喻以明覺體一喻迷惑無因二喻妄法無體三喻真成不復妄四喻妄斷不復生總是真無始終妄有終盡義△喻審迷因出處**佛告富樓那譬如有人於一聚落**忽生迷**惑**以**南為北**起信論譬如迷人依方故迷若離於方則無有迷眾生亦爾依覺故迷若離覺性則無不覺此之謂也○迷人喻眾生聚落喻如來藏惑喻無明南喻性明北喻所明南相未動惑故見北如性明無變迷故立所若知此迷妄無出卽見無明本空此上標定△審迷根○汝謂**此**人之**迷**根

為復因本來之迷而有耶為復因本來之悟而出耶△自荅迷本無因

富樓那言如是迷人亦不因迷又不因悟此無明之迷本從淸淨覺心突然而起了無根本△徵釋○然則迷必有因令言不因迷悟者何以故以未迷之先本無生迷之根云何因迷而有耶悟迷相反本非生迷之根云何因悟而有耶前法中似從眞起妄今喩中何不許悟生迷且迷迷方誰不先從于悟乎然法中正不許眞能起妄惟說妄依眞起如影似鏡現終非鏡自生也且迷方者悟在他方迷在此方豈以他方之悟爲此方之迷根乎△審定迷不復生

佛言若知悟不生迷則知妄依眞起而眞未嘗妄故復舉前喩反詰曰汝既如迷本無根假使彼居村之迷人正在迷南爲北之時倏有悟人喩善友也指示喩教行也令悟喩十方如來也當機于法有疑于喩明解故佛舉喩以問令解法如喩也

富樓那於意云何此人縱久於迷今既得悟於此聚

落更生迷不△荅○既悟則決不迷也世尊△明示妄法無體富樓那十方如來亦復如是此無明之迷無本則迷無所從悟後不復更迷但于未證極果時雖有無明性畢竟空昔在迷時本無迷性可得如迷方者縱在迷時而方實不移豈獨迷不可得但覺亦不可得而以迷時望覺似有昔時之迷而似有悟時之覺如迷方之時似有顛倒之迷覺心及遺轉之方位也由此徹底虛無故不覺則已但覺得是迷迷卽滅矣滅則純覺性覺體上本無無明故不復生迷矣正如惑南爲北之時已卽實無北相可得而況既悟是南之後安有北之相復起于南乎論云覺心初起心無初相以遠離微細念故得見心性心卽常住名究竟覺一得永得故不再迷也○問曰昔既無迷眾生何以流轉生死荅曰眾生不如實知本無迷故妄流生死是故覺體明妙本來清淨清凉曰由來未曾悟故說妄無始△喻如來妄滅亦如翳人見空中華翳病若除華於空滅△喻滿慈

疑佛何時起妄忽有愚人於彼空華所滅空地待華更生汝觀是人為愚為慧喻清淨覺心本無迷悟也富樓那因詰而如實荅言空元無華豈有生滅因自目眚妄見生滅見華滅于空中已是顛倒狂見喻妄執佛滅萬法已是顛倒妄見且復愚人勅令待華更出斯實狂癡喻冀佛起妄者決定是愚人也云何更名如是狂人為愚為慧乎△斥破佛言此待華更出之人即如汝所解狂癡極矣然汝既如空本無華云何問言諸佛如來妙覺明空何時又當更出山河大地。耶上二喻達妄本空皆顯迷時未曾實迷既悟之後又何迷乎即知諸法本自寂滅覺體元無迷悟汝執佛滅妄證眞已是顛倒況待佛從眞起妄又非理也△復舉二喻明眞本有又如金鑛即蘊金之砂石也雜於精金砂金混和也喻未成佛前覺性無明共而為一雖是未悟在無明中而覺性不變如金性在鑛不被鑛所汚一遇大冶紅爐其金一純出鑛之後更不成雜雜如覺性雜在無明中一遇楞嚴大定其覺性一純更無識相此喻眞成不復妄也如木成灰不重爲木木喻煩惱灰喻涅槃如佛已證涅槃果海再不更生煩惱此喻妄斷不復生也△總合二法作結諸佛如來菩提涅槃二轉依果亦復如是已成無上智體證眞如理性既已眞修實行出於煩惱生死則一證永證不復退墮亦如出鑛之金一純永純不復更雜于鑛此煩惱生死既經雙空觀智轉菩提涅槃一斷永斷無復更生如木既成灰灰不復再成木矣況覺之後又加四十二番位次煆煉乎

〇相性圓融章

大意明七大皆依如來藏心循業發現全相是性苔五大偏周不合相容之問也△牒定前疑富樓那又汝問言佛說地水火風本性圓融周徧法界湛然常住

汝則疑水火性合相陵滅曰若地性偏云何容水水性周偏火則不生復云何明水火二性俱偏虛空不知云何不相陵滅義又徵虛空及諸大地俱偏法界不合相容義者富樓那譬如虛空體非群相喻如來藏心清淨本然周偏法界原非諸大則不隨諸有也而不拒彼諸相發揮喻七大循業發現七大性相不隨于無○吳興謂若照下配之虛空喻如來藏體非羣相喻先非水火不拒發揮喻俱現各現也△重徵釋所以者何富樓那彼太虛空體非明相日照則明相發揮喻火大大明當空之時羣暗皆消故空體非暗雲屯則暗相發揮喻識大迷雲一起眞空晦昧故空體非動風搖則動相發揮喻風大飄風忽起太虛震驚故空體非清霽澄則清相發揮喻空大萬里無雲碧空如洗故又則空體非濁氣凝則濁相發揮喻見大空見不分兩相渾濁故空體非霾土積成霾相發揮喻地大陰霾晝飛晴空蔽塞

故空體非映水澄成映相發揮喻水大水天一色晴空映徵故△雙徵七大所自於意
云何如是殊方同時而有明暗等諸有為相不徧不常異虛空無為之體此
等幻相為因彼日雲等所生為復因虛空而有此雙詰分彼指陳故也△單舉
別難若謂此相因彼日輪所生富樓那且日照空時既空是日
明則十方世界凡有明處同為日色空既為日則無有空云何廣大空
中更見一輪圓日之體如盤盂者在乎若謂此明相非日所生是空所有之明
空既常在明應自照云何中宵雲霧之時唯見暗相不生光耀
△結示七相虛幻當知是明非日非空非因緣也以互奪無定也不異空
日非不因緣也以雙離則畢竟無體也上舉喻竟既不即空日不異空日則知清淨本然循業發現似
有而實無我以了俗智觀七大相元本虛妄雖是循業發現猶如空花無可指陳

汝無了俗智觀七大相謂實有如執空花可愛已是迷妄若復詰其七相陵滅是猶邀空花
復掌結爲空果真是迷中之迷妄中之妄也若提前案究之既曰觀相元妄無可指陳豈能指
出是見非見是知妄爲色空及與聞見都是空花本無所有華有生滅空本不動不唯滿慈之疑惑消亡
卽慶喜所持葉物空塵海漚之身心一齊點化既曰觀性元真唯妙覺明豈不是此見及緣元是菩提妙
淨明體則三種相續七大相陵依舊歸乎清淨本然矣云何詰其相陵滅而不相容
義哉汝謂相有七而性亦有七疑不相容者無體真智故我以真智觀七大性元是真
常無有七大之異唯一妙覺明體更非別物如是則妙覺明心先非水
火水火尚無云何復問不相容而相陵滅者哉滿慈之疑釋矣△法合真妙
覺明心體亦復如是彼太虛空而不拒彼諸相△釋成性與相同○上以空喻藏性此以
七大顯藏性汝以鑿井之空發明而如來藏循鑿井之業則有空現若

地水火風各各發明則各各現如一處求火一處火出一處求水一處水出此四大各各陸續循別業發現也若諸境俱時發明則有循業俱現如徧法界執滿世間起此約一時同業頓然俱現也說法第一之尊者將陵滅之疑請出世尊俱現之示誠謂滿盤托出吾人豈無入頭哉以是藏性隨感而應亦任南山起雲北山下雨總于虛空無干涉也△徵○上言妙覺明心先非水火云何又言俱現△引喻合喻釋○上各現猶不足顯共業之妄故復用水日雙現之喻釋俱現之喻以富樓那如一水中現於日影蓋日體喻正智水喻眞理影喻七相智理一如本無來去之相兩人喻富那與眾生同觀水中之日東西各行則各有日喻同業之妄見循俱明之妄業日影元一初末隨人東西隨二人去喻俱現之七大相此中但用水影一體明性相不二也△就喻明妄一東一西先無準的者謂一日而現東西二影誰爲定實如一處而現水火二大亦誰爲定實先無準的

者言不待分別以自先無定實不應難言此日是一云何東西各行各
隨二人之日既雙云何水中日影祕現于一宛一日影則七東西各轉大相
總是虛妄循業發現無可憑據與前空日生明無可指陳同一旨也孤山曰同觀是一知
二是虛各行既二一驗一是妄然則一之與二孰可憑
據者哉總謂妙覺性空不拒諸相循業發揮則諸相
循業不出乎妙覺性空性相不二義矣△約相隱性
銷陵滅相容之伏疑○釋文有二一觀七大之相元
妄不可詰其相陵滅義二觀七大之性元眞不可問其不相容者富樓那汝不達七大性相
依如來藏循業發現而反問相陵滅者蓋以業識不空相見未破故循色空之業更互而相
傾相奪於大性如來藏始由心動妄發終由見取成就凡外背空趣有是以色傾奪于
空權小背有趣空是以空傾奪于色又疑水火性不
相陵滅卽相傾又云虛空大地不合相容卽相奪莫
知全性卽相而如來藏隨緣現爲色空故見色空周徧法界此是眞如

隨緣與妄心相應循業發現普成色空之境界△結成諸礙**是故於**性色眞空**中**開眼時但見物象森羅而塵勞滿眼**風動空澄日明雲暗**全成礙土不知相本虛妄而無可憑七大之相皆如此也**衆生**內為無明所蔽業力所使心自**迷悶**所起亂也**背覺合塵**所造業也**故發塵勞**唯見**有世間相**所招苦也衆生該界內六道界外二乘迷悶者界內六道有念為迷界外二乘無念為悶所謂有念無念同歸迷悶也違背眞性謂之背覺親順妄法謂之合塵衆生空有各趣種種顛倒故發色空等勞唯見有世間相不見眞如妙覺明性不知全性成相由自迷自背之故豈性相之過哉△明全性融相○旣滿慈不得無礙佛示無礙之由令入謂汝等業識未空無明全在惟用生滅識心緣塵分別背如來藏**我**如來則不然無明已盡業識已空更無餘塵惟**以妙明不滅不生**智體融徹四科七大性**合如來藏**卽前隨為色空徧成生滅有礙之相者也**而如來藏**在迷時縱成色空生滅而妄相非實一以妙明常住之性融之

生滅妄相之性了不可得唯見妙覺明心圓照法界更無一物爲障爲礙所謂以如如智照如如理理智無二也△結成無礙○蓋衆生迷事故全障理今佛悟理故能融事是故於如來藏心中即理法界中從體起用自然之理法法如如所以全相是性故知心有也娑婆境現心無也華藏含空一爲無量無量爲一一多相容即相是性小中現大大中現小廣狹無礙即性是相此標四無礙也不動道場徧十方界所謂不起而昇不動而徧即一爲無量不動徧十方理不礙乎事十方歸不動事不礙乎理是一多相容即本之用也清涼日理隨事變一多緣起之無邊身含十方無盡虛空明無量爲一身即諸法之性體含十方無盡虛空該事法以一身而含虛空理不礙乎事十方空歸一身事不礙乎理是廣狹無礙即用之本也清涼日事得理融千差攝入而無礙於一毛端現寶王刹正中現依即身是界手屬身毛乃正報別相最小者刹屬佛土乃依報總相最大者刹處毛端毛不大即

小中現大如服見空界也法華經云白毫相光照東方萬八千世界毛現剎土剎不小即大中現小如芥子納須彌山也**坐微塵裡**依報之最小者**轉大法輪**取現身說法無量之身正報之最大者也由塵望身則身處微塵即小中現大由身望塵則塵包身相則大中現小此明依中現正彼此無礙也塵屬依報別相最小者法由口演屬正報總相最大者坐塵轉輪塵不小即小中現大法轉塵中法不大即大中現小此皆如理智中現如量之境實文殊之正智普賢之大用是以現大現小總是眞如合塵合界無非法身所以業識不空頭頭是障業識一空事事無礙△結番上文背覺合塵原始要終義

**滅**二執生滅之**塵**即融相也**合**漸次究竟之**覺**全相皆性也**故發眞如妙覺明性**番上故發塵勞有世間相又顯離相無別境界全體作用即發眞妙性也依迷悟心辨理事緣起竟此總將寂滅一心非即非離以顯其妙為三觀之一體楞伽所謂寂滅者名為一心一心名如來藏也△先離萬法以顯空如來藏結奢摩○空如來藏體非羣相清淨本然故文承上云性覺妙明本

覺明妙雖隨迷悟以現染淨二相而如來藏本妙圓心非心非空非
地非水非風非火非七大非眼非耳鼻舌身意非六根非
色非聲香味觸法非六塵非眼識界如是乃至非意識
界非六識非世間法也非明無明明無明盡如是乃至非老非
死非老死盡非緣覺流轉還滅二法非苦非集非滅非道非聲聞法
非智非得非檀那云施非尸羅云戒非毗黎耶云精進非羼
提云忍辱非禪那云定非般剌若云智慧非波羅密多云到彼岸
此非菩薩及所證理非出世間法也如是乃至非怛闥阿竭云如來非阿
羅訶云應供三耶三菩云正徧知此非如來三號以該十號非大涅槃云無
生滅非常者非惟二死永亡無諸生滅亦且世相常住究竟堅固也非樂者非惟離諸生死亦

且得不思議解脫受用無量法樂也非我者非惟證眞法身猶如虛空亦自山河大地草木微塵全
露法王身也非淨者非惟妙淨理體無諸染著亦自清淨而徧周無染非淨也此非涅槃四德出
世間上上乘法也△結以是藏理即空無有十界俱非世出世故△次即萬法以
顯不空如來藏結三摩○謂不空如來藏循業發現
闡明性覺妙明本覺明妙如虛空而不拒彼諸相發
揮故即如來藏元明心妙即心即空即地即水即風即
火七大即眼即耳鼻舌身意六根即色即聲香味觸法六塵
即眼識界如是乃至即意識界六識即世間法即明無明明
無明盡如是乃至即老即死即老死盡緣覺即苦即集
即滅即道聲聞即智即得即檀那即尸羅即毘梨耶即
羼提即禪那即般剌若即波羅密多菩薩出世法如是乃

至即怛闥阿竭即阿羅訶三耶三菩三號即大涅槃即
常即樂即我即淨四德出世間上上法△結以是十藏理即無而有界宛然所以
俱即世出世故△三雙遮雙照以顯空不空如來藏結禪那○以禪那不落心思言議間
謂性覺妙明本覺明妙即如來藏妙明心元本不定于即不定于非即故云離
即離非此雙遮二邊亦不定于離即故曰是即亦不定于離非故曰是非即此雙
照二邊也若獨以非一切法明如來藏則滯于空若獨以即一切法明如來藏則滯于有若獨以離即離
非明如來藏則棄二邊滯中道若獨以是即非即明如來藏則捨中道滯二邊是故全非而即全即而非
離而非離非離而離則三諦融通離名絕相不思議體圓融極矣△結責○言如來藏妙明心元三諦一
心此第一義諦惟佛與佛乃能究盡登地菩薩尚不能明了如何世間三有衆生
及出世間聲聞緣覺以所知之有限量心測度如來無上

菩提之果覺復用世間五行生就語言而入佛知見乎○圓覺云但諸聲聞所圓境界身心語言皆悉斷滅終不至彼之親證所現涅槃何況能以有思惟心測度如來圓覺境界如取螢火燒須彌山終不能着以輪迴心生輪迴見入于如來大寂滅海終不能至則知法華所言佛之知見但有其名未竟其實此經方明言佛知見是三觀圓融寂滅一心如來藏性也△釋伏疑○疑曰寶覺眞心無二圓滿何凡小不能思議耶釋曰寶覺眞心雖各各圓滿譬如琴瑟箜篌琵琶雖有妙音若無妙指終不能發△法合汝與眾生亦復如是寶覺眞心各各圓滿世稱爲寶者畧有三義一離垢穢二具光明三富財用今以本覺不變之體即離垢義圓照之相即光明義隨緣之用即富財義故稱寶覺也眞心揀非緣慮等心然覺以照體言○心以總相稱也寶覺眞心各各圓滿合上琴瑟等皆有妙音也如我得之于心則應之于手故一按指而海印三昧發大光明如妙指發妙音也汝等一

切眾生無三諦圓融之妙智故暫舉心塵勞先起如無妙指不發妙音按指舉心法喻交明塵勞即所知心海印即寶覺眞心大集云一闍浮所有色像大海皆有印文此喻法身性海普現一切相也宗鏡云樂蘊奇音按指則宮商應節人懷覺性智巧則功用冥符得失在人精粗由己所以善逝按指發海印之光含識舉心現塵勞之相喻無妙指終不發妙音也△責過○所以汝今不發妙用者無他良由汝但得涅槃一日之價以為大得故不勤求無上覺道愛念小乘得少為足故不發光不能思議也若肯進脩即與如來把手共行決不相賺此中問荅正要發明圓悟圓證不落階級初發心時便成正覺之旨以為修道分之張本者也

○何因有妄章

尊者領寶覺眞心而究刼前之妄因以便修斷佛示妄本無因令悟狂歇即菩提也尊者不分三科七大皆如來藏速興二難一難清淨本然云何忽生山河大地等佛以因明立所荅之循業發現顯萬法性雖

眞而相本妄全性成相也二難七大徧周不合相容佛以虛空體非羣相而不拒彼諸相發揮喻之七大皆妙覺明性顯萬法相雖妄而性本眞全相是性也由汝背覺合塵故見相而不見性佛背塵合覺故見性而不見相則知七大皆循業發現如來藏亦足顯然猶可思議未顯其妙復示非七大即七大非涅槃四德即涅槃四德又如來藏妙明元心離即離非是即非即三如是奢摩三摩禪那之體皆妙而如來藏心不可思議明矣尊者聞此妙心佛與衆生各各圓滿我與衆生現今習漏諸相因妄而有故發如來衆生何因有妄之問也△敘領前旨

**富樓那言我與如來**言生佛本覺同也**寶覺圓明眞妙淨心無二圓滿**領前寶覺眞心各各圓滿前後二我字一領前忽生相續承汝暫舉心塵勞先起之汝字品自己劫前生有爲相即今認明一領金鑛木灰喩承如我拔指海印發光之我字品佛滅妄證眞而自己雖得超凡不及佛解也**而我昔遭無始**一念認明瞭所之**妄想**隨業受報**久在輪迴**而**今**見思已盡**得**證**聖乘**佛責

愛念小乘得少爲足果然我等無明尙在猶未究竟不知妄因生起世尊力住盡二死亡

則因明立所等諸妄一切圓滅已得究竟獨妙眞常稱爲大覺固宜了知妙覺

性中何因有妄矣△正請妄因○富樓那四卷凡四
番問初問忽生乃疑妄生之事相次問如來何當復
生乃疑眞中有有根三問相陵乃疑相有七而性亦七
此問妄因者徹底問也承上我與如來寶覺眞心無二圓滿

敢問如來一切衆生從無二中何因有妄而忽遭無始妄想

自蔽妙明淨圓眞心受此淪溺淪者水之漩澓溺者水之深處皆嘆息嗟呼聖乘未
能究竟無爲坑不能脫離也△借事發明妄本無因突然而起

佛告富樓那汝雖除疑許其大疑已除據前推生佛之本無二是信己本眞稱佛圓常又信佛永諳乃至七大由乎循業發
現除了云何忽生生萬法生續之疑已知覺後不再生
述除了何當復生之疑更知空不拒相除了性相難
容之惑汝今尙有妄因餘惑未盡不知無明無因今窮其妄源是亦强索汝既不知

我

以世間現前諸事中偶有一事借來發明汝即因此而知拗前之妄無因而起也○前
引迷方之喻已問過汝\令復問汝汝豈不聞室羅城中演若達
多此云祠授從神乞得忽於晨朝以鏡照面愛鏡中頭眉目可
見認影也瞋責己頭不見面目迷頭也以為魑魅乃山中無頭之
怪鬼忽然無狀狂走之事乎明無因之事以已聞佛說諸妄圓滅獨妙眞常如阿難見佛相而
生愛者逐鏡相也以己執偏空猶未究竟如阿難以無心爲難迷己頭也以己如阿難執偏空用緣心者
狂也尋聲流轉者走也△徵狂因於意云何此人頭本不失己非魑魅而忽然自己爲
魑魅者是何因而無故狂走耶△狂因答富樓那言是人心狂
而走更無他故此見說法第一人必知源頭端的不犯思索分明答出毫無纖礙我輩豈不因
現前之事了妄本無因哉△法合○佛知我等于事都解于理都迷故就其尊者明處而導之佛言

妙覺明圓之心具乎三義本無妄虧曰圓本無妄蔽曰明本無妄著曰妙本來
具足不假修成之覺心中間自不容妄何有妄之因乎如爾授本頭非因鏡有非離鏡無中間自不容狂
何有狂之因乎厶示妄理既稱爲妄無狀而起也云何有因若有所因
即名爲眞云何名妄可見于妄索因者不達妄理也若究現在即是自諸妄想妄想
即迷中動相無明即最初癡相凡一迷眞處便是無明凡執似處便是妄想雖常互爲因緣而實一虛妄
展轉相因而生俱無定在推其本始即是刼前一念悔而萬有彰一風起而羣浪疊從一
迷積一迷以歷塵刼無明妄想自相積集終不得其因之始相也亦何因乎○如劝
達多焰鏡妄說由一二相承從妄說妄乃至滿城及推其因皆是妄說既初起一人乃至後之一人二俱
是妄何者是因雖復一往盡力發明苦果是集因認明爲所因汝猶不能自已返妄歸乎寶覺而又從我
求妄本耶如是展轉迷因乃因刼前一念晦昧迷却自已寶覺而有非實覺中有此妄根也當初既無迷

根今何積迷不了○雖佛發明猶不能返者此雙承妄想自因而無明無始雖佛入音四辯亦不能逆推而說其本始之因良以妄體本空而因亦本空是妄想自相成因如是迷因指法之詞正因迷識所以常自成有蓋謂迷妄因爲有并妄體亦皆成有也此是一反一正若因迷因悟已經雙破矣△反迷成悟○若識迷無生因則諸妄想了無所依并妄體亦空是則汝今從迷積迷之最初一妄尙無有生何得謂汝昔遭妄想有因而生耶妄無生既欲何爲滅乃稱世尊諸妄一切圓滅獨妙眞常卻索妄本于佛耶當知得菩提者雖是大智但能說此妄本無因豈能拈出無根之妄相以示人乎正如寤時人醒夢之後說夢中事心縱精明欲何因緣取夢中之物以示人乎且夢中物影影响响亦似有因似有可取必不能指示于人況復此妄無因本無所有欲我指出其因烏可得哉巳上夢喻顯妄有相△貼喻妄因本空○夫汝無因妄想如彼

城中演若達多狂性相似豈有因由緣故而後狂亦不是頭上本來有之狂
元是自已認影怖頭而狂走△貼喻妄體亦空忽然此狂一歇自知本
頭非從外得縱然未曾歇狂眉毛元在眼上鼻孔依舊下垂曾未動着絲毫
本頭亦何遺失既頭無得失狂何有因耶設使其頭真有得失不名為狂帖喻法中設使妙覺
真有得失不名為妄今乃歇非外得未歇無失帖喻法中悟非外得迷非有失可見妄體本無有也上法
喻合明竟△結成無因富樓那汝及一切眾生妄性如是達多之狂走無異因
何為在耶△示頓歇狂方○若知真本有何勞起修達妄本空不須強斷汝究妄因欲苦修以斷
之今即悟其妄因本空何必乃爾汝但不隨分別不隨二字是頓歇狂心之初步即入
流亡所義亦是頓修頓斷之全功分別即分別法執言汝但不隨世間業果眾生三
種分別之心則三種現行一時頓歇三種種子現行相續便不生起今惟不隨彼自無依不空何

待此誠頓悟家最爲省力之修斷工夫也此則殺盜婬不隨三種分別即**三緣斷故**即勤靜二相了然不生貪嗔癡**三因不生**即聞所聞盡亦即三細中流注細念爲前麤惑境之深因今對境成三不生者麤念除而功熟細念亦隨盡也親生爲因疎助爲緣殺盜婬三緣是身根所造之業三種貪心是意根能造之惑惑親造疎因緣之義明矣△借狂例狂○達多之狂迷頭認影滿慈之狂認明墮所狂事不同狂心無異若果三緣斷而三因不生**則**是**汝心中演若達多狂性自歇**狂性借喻直指根本無明如覺所覺空空覺極圓也歇者息也滅也由前達空之後粗細二念俱亡則根本無明當息滅矣若約伏位十信滿心圓伏無明若約斷位等覺後心永斷無明故云自歇若狂性一**歇**當下即證**菩提**智果此是本覺出纏三智圓滿之相當下即證不勞餘力空。所空滅寂滅現前圓覺所謂知幻即離離幻即覺祖師所謂但離妄緣即如如佛至此則知**勝淨明心**極果之本然體淸淨**周徧法界**元是己物**不從人得**一念頓悟妙起如是何藉僧祇劬勞勤苦肯綮修證哉但由歌狂而顯非謂歌狂而得骨間肉日肯筋肉結處曰綮不須勞筋苦骨辛勤修證之義○永嘉所謂覺卽了不施功也此不獨與滿慈發明云何有妄之問卽阿難見相發心惠我三昧等疑皆釋然矣如前自諸妄想展轉相應又云因迷自有又云自怖頭走皆自迷也與頭無干又云狂心自歇歇卽菩提是自悟也亦與頭無干則知迷悟由人而實覺明心各各圓滿本無迷悟也△以喻明法作結

譬如有人於自衣中此喻五蘊身中繫如意珠喻本勝淨明心不自覺知喻根本無明窮露他方喻妄見生滅乞食馳走喻求人天小果雖實貧窮喻無佛之妙用珠不曾失喻本心不失珠喻勝淨明心却被五陰衣裳覆蔽光明不自知之窮露生死涅槃于他方懷寶迷邦持珠作丐忽遇知知者剖析五蘊之衣心珠頓耀周徧法界遂從本願致大富饒現塵現界無如一心方悟妙覺明心之珠從自己胸中流出非從外得也已上乃富樓那以忽生復生相陵迷因換勝淨明心已竟

忽有

智者（喻佛菩薩）指示其（五蘊下心）衣珠（周徧法界喻發明心）所願從心（適其所願）致大饒富（同佛妙用）方悟神珠非從外得（已上說法第一之尊者與四問以爲吾人作究心之極則已竟）

○三因緣章

大意躡佛論而起難爲後學决疑直令心悟實相眞見道也阿難三番躡佛語以執因緣正如矢在弦上不得不發最初執見精屬因緣次執萬法屬因緣此執證果屬因緣意謂前者如來旣擯棄因緣今何亦假因緣方云歇卽菩提耶不知世尊所說三緣斷故三因不生者乃示歇狂之方正是非因緣與前不異說何藉劬勞肯綮修證者乃顯菩提本有不從人得非外道斷滅爲自然也阿難錯會緣斷因不生疑爲證果之因緣錯會不藉修證疑爲自然則圓悟自心圓證法身猶有未明事在△躡佛語起難卽時

阿難在大衆中頂禮佛足起立白佛世尊現說殺盜

婬業此唯業果一法界世間眾生三種舉一即三非獨指殺盜婬也三外緣斷故三種因心不生心中達多狂性自歇歇即菩提不從人得斯則因緣皎然明白似不可廢云何如來既說因緣而復前令頓棄因緣耶且我輩從此因緣之法心得開悟如見佛相好發心為因度令出家為緣誤墮為因垂救為緣啟請為因感開示為緣開示為因悟法身為緣厶引他證己世尊此因緣入道義何獨我等年少有學聲聞藉此悟道阿難四十之餘對者宿者故稱年少尚滯初果故曰有學令此會中大目犍連及舍利弗須菩提等是我阿難之前輩也自未遇佛前皆脩異道途中從老梵志聞佛因緣發心開悟正脉云梵志者西竺出家者之通稱謂其有淸淨志行梵者淨也老梵志即指三迦葉波先為外道年高志淨故稱梵志證自然理知八萬刧事後投佛學道佛為說十二因緣而得度目連

等途中遇波離迦葉波等說生滅四諦因緣偈曰法從因緣生法從因緣滅生滅是因緣自性非生滅彼
等即從因緣發心開悟然後見佛**得成無漏**此引諸前輩證已受因緣之益者深如天帝釋
不修天業宮殿何以隨身轉輪聖王不作王因七寶何由集聚是故唯憑自善方外感勝緣耳**今**日世
尊現**說**無因本空歇即**菩提不從**劬勞修證**因緣則**佛在者闍崛山說法華時**王**
**舍城**中**拘舍梨**外道**等所說**八萬劫後**自然**涅槃猶如褸丸極處停止不假
修者翻**成第一義**諦耶縱不墮因緣必墮自然因緣二字是小乘入門故不肯捨不知不捨
是真迷也△請決**惟垂大悲開發**我等因緣自然之**迷悶**約佛之言則帶因緣
究佛之意則頓棄因緣今請決定是因緣非因緣希佛明明說透開我迷雲發宣迷悶也此皆謬執之難
前之排擯因緣爲顯藏性今說緣斷因不生正是非因緣以菩提不屬因緣故阿難復引身子聞因緣者
不知身子聞性非生滅非因緣明矣今佛又說何藉劬勞肯綮修證者言菩提本不從人得非外道斷常

為自然也阿難復引拘舍離等不知佛說因緣以破其自然自然既非因緣何有△引事立理佛告
阿難汝立因緣自然者即如室羅筏城中演若達多一時照鏡怖頭狂走
謂之狂性因緣若得滅除則不狂性自然而出是其狂則謂之
因緣不狂謂之自然矣吾今即以非因緣自然之理窮究一番則汝心中迷悶開於
是矣△以因緣破自然阿難若謂演若達多之頭必本自然不假因緣
若本自然則應本自其常然一時一處或狂不狂無所然而非自然矣何
又假照鏡因緣無故怖頭狂走耶此則自然之計墮而頭非自然明矣△以自然破
因緣若謂是本自然之頭不狂照鏡為因緣之故忽驚無狂走頭而狂者
何不本自天然之頭照鏡為因緣之故而眞失其頭耶若正狂時本
頭不失常知狂怖是心妄出而頭曾無變易此頭何藉因緣而有

則因緣之計墮而頭非因緣明矣△破狂自然○若謂本狂出乎自然即當本來常有狂怖不知未狂之際此狂在何處所潛藏△破不狂自然若不狂出乎自然則頭本無失應當常常無妄何為照鏡怖頭狂走耶故知不但頭不屬因緣自然即狂亦不屬因緣自然當知妙覺明性及與無明皆不屬因緣自然明矣△發明正義若悟本頭不失當下則識知狂走由心因緣自然皆是夢語俱為戲論非實義也○文中一悟字一知字是歇狂悟本處由其悟得本頭然後知得狂走以悟得本頭方見本來面目是以眞知狂走纔覺向外馳求是妄悟本頭則知淸淨本然識狂迷則知循業發現言汝一向自迷家寶向外馳求執緣執自固所不免若使親見本來狂心頓歇則知因緣自然皆戲論法也△結示眞心出纏是故我言三種分別戲論之緣斷故即菩提心此是歇狂悟本之法豈因緣自然之可擬哉雖然三緣斷故即菩提心而不可更作生菩提想若謂狂心歇而即有

菩提心生亦是因緣亦是狂心亦是戲論法雖是生滅心滅此但是菩提心
生之生狂性歇滅之滅生滅非眞菩提心不獨爾也卽使生滅滅相與生相俱盡至于
無功用道之處須得自契亦不可更生自然想若有所契自然作自然想如是
則明明又是自然心生縱使生滅心滅此卽自然亦是戲論亦是狂心
亦是生滅非是寂滅何以故以生滅爲因緣矣而又復以彼無生滅者名爲
自然以去一重因緣而又墮一重自然是則去作病而墮任病故卽自然亦屬生滅不出對待猶
如世間諸相雜和而成一體者名和合性對此和合性而遂指
非和合者稱本然性卽此本然是對待法非眞本然性亦是戲論謂毫釐
繫念三途業因本然卽自然和合卽因緣取類稱之直至本然非本然和合非和合和
合本然俱離離離離合二之離俱雙非絕諸對待唯一眞實巖頭云大

統綱宗要須識句甚麼是句百不思時喚作正句卽此句也圓覺云遠離爲幻亦復遠離離遠離幻亦復遠離離無所離卽除諸幻至此離合俱非句方是眞因緣名無戲論法如是遣之又遣以至無遣方契無功用道眞菩提心也由識知狂走則不隨于二計若覺悟本頭則果不墮于二計尊者三執因緣方見道也經云不生亦不滅不常亦不斷不一亦不異不來亦不去能說是因緣善滅諸戲論△斥以解爲證

菩提涅槃尙在遙遠非汝歷劫辛勤修證

心懷戲論歷劫無功能捨戲論何須歷劫所謂狂性自歇歇卽菩提若說世尊教當機歷劫勤修不可徒恃多聞則與前何藉劬勞肯綮修證意相矛盾故先判果難成意謂若如汝上所問之因緣所執之自然則菩提涅槃智斷二極果尙在遙遠非汝歷劫辛苦所能修證意謂縱經塵劫多聞爲修不能實證倘不信此講意請熟讀本文至尙留觀聽自無疑矣△出獎○良以斷汝歷劫多聞修因難成極果者非唯記持我所說法如甁受水不遺一滴祇爲戲論

雖復憶持十方如來十二部

經十二部者修多羅祇夜授記伽陀優陀羅阿波陀羅并及尼陀羅伊帝目多伽闍陀毗佛畧未曾
有優波提舍經其義本皆離戲論而清淨詮了義之妙理如恒河沙終不能取菩提
祇益因自戲論與本分事了不相干所謂從門入者不識家珍用文字之學總是名言習氣障
自悟門不能洞達人之心性所以難成取菩提果也意謂若能遠離戲論則歇即菩提何藉劬勞修證哉
公驗多闘無功汝雖談說因緣自然決定明了毫無差誤人間十大
弟子中稱汝多聞第一以此積劫多聞熏習不能免離
摩登伽難若果多聞可以脫苦離縛何須待我佛頂神咒冥加之力立使
摩登伽心婬火頓歇不假七返天上人間斷見惑八十八使并欲界九品思惑得
證阿那含之三果居不還天不生欲界於我尼教法中成精進林勝多
日林以其進逮而證多也愛河言欲愛溺人無異瀑河令於愛河水中成乾枯之慧令汝

亦若不仗咒力汝又安能得脫淫難乎一咒力得解脫而頓超三界一咒力而即得解脫則知咒力與多聞力日劫相倍阿難固是權人登伽亦未定實此中意無盡焉△激修無漏**是**以咒力有功多聞無益之**故阿難汝雖歷劫憶持如來**常不開演曰**秘密**三學克備**之妙嚴**而見聞習漏終莫能除**不如一日修無**分別頓斷三緣即不**漏**于染淨分別之**業**縱見婬女髏濁之相不起憎心見如來淨妙之相不起愛心自能**遠離世間憎愛二苦**矣無漏業者捨權入實遠離識論行起解絕人無分別即不落于戲論分別而已若取下文即反聞聞自性所謂將聞持佛佛何不自聞聞憎憎愛者對登伽耶輸言△引劣策進**如摩登伽宿為婬女**此四字具三障宿為業障也婬習煩惱障也女身報障也如是染業何等深厚**由神咒力銷其愛欲**煩惱障破矣**法中今名性**業障除矣作**比丘尼**報障轉矣咒力功驗可思議哉**與羅睺**云覆障羅睺之**母**名**耶輸陀**

羅云華色者同悟宿因知歷世因報居于女身者貪愛爲苦今由宿命開通洞見罪而悔悟乘此一念熏修無漏善故登伽或得出纏耶輸或蒙授記名千萬光相如來成斯佛果耶輸女身已爲弱質登伽淫女更是劣機一念熏修皆獲大益而汝堂堂丈夫爲人天中之眾所知識現見熏修有益而明知戲論無功如何執固自欺自疑無漏真乘尚留觀聽徒無漏于聲色者哉自請觀至此明大佛頂如來密因後至所作如願止明脩之了義最初方便已上見道分竟

○修道分

第一義章

大意令審因心皆合涅槃妙德也當機欲知藏性喻請入華屋之門佛總示真因業本二義决定爲初心方便直令决定發菩提心於佛妙三摩提不生疲怠次開第一義審因果同異照明無作詳示妄分諦五濁相以湛旋妄示因果心合涅槃德且經文來意佛示緣斷因不生爲。歇狂之旨阿難反作因緣會則前來圓悟圓解猶是戲論之媒特示無戲論句要尊者自已歇狂而復引劣策進方有進益以故請入華屋之門若論眞如門阿難悟知本頭不曾變易狂怖元是妄出有何修證若論生滅門阿難雖未失頭尚在狂走必須修無漏業事須漸除也△叙悟儀

**阿難及諸大衆聞佛示誨疑惑銷除**

通指當那萬法生續性相圓融轉難中何當復生何因有妄及阿難頓棄因緣五重深惑皆除當那前末結其領悟故此兼之前希除細惑又云究竟無疑惑地今少開悟故曰

**心悟實相**

即領眞勝義性寂滅場地狂性自歇歇即菩提緣此離即離非是即非即勝淨明心不從人得無戲論法亦無虛假故曰實相也

**身意輕安**

者因悟實相無復前塵麤重影事故得身意輕安定慧互融頓消麤重戲論得無分別實相以自娛百法論以輕安爲善心所法彼曰離重名輕調暢身心名安即無因緣自然之迷悶也已悟楞嚴大定故自生慶事

**得未曾有**

富那得究竟無疑惑地阿難無復因緣自然之疑豈易事哉前悲淚雖多感悟猶淺此則所悟既徹悲感益深自當

**重復悲**

淚且領積劫持法不如一念熏修方省自欺馳于觀聽故悲歷劫之沉淪空喪天日情動于中而兩淚
恨無入手之工夫于是頂禮佛足長跪合掌而白佛言△讚謝慈誨
無上大悲者道超諸聖曰無上拔一切苦曰大悲清淨寶王者清淨即無垢智也
以佛證實智運悲智利樂一切如摩尼寶利用資生得法自在故稱爲王我輩或深障重權宗固執佛于
因緣法中三番善開我心直令豁然心悟實相也以何法爲善開耶能以如是種
種因緣約頭以推其無因約狂以推其無緣假狂性因緣之方便提撕獎勸無漏之
當修此善開我心也引諸沉弱愛河之衆生冥居長夜之法侶俱得出於憎愛苦海
此無上大悲也非清淨寶王孰能如之△陣悟立喻世尊我今雖承如是惟妙覺明
圓照法界乃至坐微塵裏轉大法輪等之法音得以了然自知四科七大乃目已本如來
藏妙覺明心法爾體大也相大則徧十方界法爾用大則能包含生育

如來十方國土其實報莊嚴清淨寶嚴妙覺王剎現在目前信解
無疑誠大開悟于
心于法一了百當
如來復責多聞無功不逮一日修習
無漏業然此藏性十方無
壁曰面無門何由而得入
我今猶如旅泊之人𠯿宿曰旅
水宿曰泊
忽蒙天王
周稱天子曰王以周室東遷之時諸
候僭稱王位故夫子作春秋尊王賤
霸內外華夷河洛為華夏荊楚為夷狄尊
周之子為天王藺諸候也今忽蒙天王
賜與華屋
不然猶在四衢道中華屋得方
露地而坐也其人之可
雖獲大宅要因門入
中自住受用如得門證入三摩地中方始自住受用
不然猶處門外止宿草菴也睦州云汝等諸人還得
個入頭也未若未得個入頭須覓個入頭處若得個
入頭處已後不得辜負老僧故曰得其門者等諸佛
于一朝不得門入不見室家之好古德謂雖歆藏性
之已知更喻華屋之未入故悟心後重請其門的示
吾人修行門路也△請示心路　正請始覺智
與本覺心應前如我按指海印發光之作用也
惟願

如來不捨大悲示我在會沈空滯寂諸蒙暗者障蔽昏迷即宮牆外望義意謂已斷四住見思獲證化城有餘涅槃令欲捐捨小乘果必斷五住無明進獲如來寶所無餘涅槃果誓不中止不知本發何等心爲入寶所之門路△求初心方便○正請斷三緣之法○此請令具足無明者皆入之意亦希審細惑之餘令研眞斷惑之有學者不用根塵識三處從何作奢摩他觀攝伏疇昔攀緣即無始我法二障不用幻妄稱相之五陰三科從何處作三摩觀得陀羅尼三藏圓具之法不用空有知見從何處作中道觀入佛知見耶根塵識三前已空其跡究其體矣但未審其根本起惑造業受報功能亦在此根塵識審也○溫陵曰失性如旅泊見性如華屋見性不修如華屋不入故請如來本發心路冀入佛知見也正觀曰無餘涅槃圓果也本發心路圓因也旣已見性又求入佛知見者見乃開悟修乃證入圓通章反聞聞自性不勞餘觀寂滅現前即入一門佛知見華屋矣入字應上要因門

入

作是語已五體投地在會一心佇佛慈旨○向下佛所示有三初曲示二義爲發心之本二詳示觀門爲修行之要三攝心道場爲入道之緣△敘佛愍機

爾時世尊哀愍會中緣覺聲聞於菩提心未自在者彼等心已自在法未自在此是現在已發心回小向大不得其門進退難決故曰心未自在者不特現在未安者令安及爲當來佛滅度後末法凡外小乘衆生發菩提心或退或進義未決者開無上乘直到不涉之妙脩行路即十方如來同一道故出離生死也宣示阿難及諸大衆△示二決定汝等決定發菩提心有進無退於佛及十方如來一體三觀之妙三摩提見道標示有三摩提等令修道復示妙三摩提見佛時時提撕令當機得此不落痕跡即後耳根圓通爲趨華屋之門路惟精惟進不生疲倦不滯化城生安隱想者應當先明發起菩提始覺初心

二決定義皎然明白而無猶豫所謂直心也應上必獲究竟之語謂欲成佛若無三如來藏第一義心爲密因無由證大佛頂如來之極果若不知現業流識第二不了義心爲業本則無處捨空有凡小之染緣故須先審因心覺義次審業本不覺義也△雙徵云何發覺初心二義決定△曲示第一義令審因果同異阿難第一義諦之體大者即前所說第一義諦三如來藏心楞伽所謂性自性第一義心所謂法筵龍象衆當觀第一義汝等若欲捐捨聲聞知見修菩薩乘圓頓大行乘此大行而欲證入佛知見之大果者應當用微密觀照審詳此觀察因地發心與果地覺爲同爲異未後牢關不離最初一念故令審觀照前見何勝相之問若以不生不滅心合如來藏爲同則以因緣戲論心遠契常樂等爲異因也△釋因果異阿難若於因地仍以分別因緣自然之生滅心爲本覺修因而求佛乘不生不滅如來藏涅槃果者無

**有是處**因果異也決定要以第一義心為大事因緣入佛知見此心一向被二障所纏未得開發前云希更審除微細惑者正要此心開發長菩提芽成菩提果苟不審滅無以復常不知濁無以旋湛得此湛然常住之心修無漏業者則始終地位無委曲相直至菩提如水投水似空合空之不異也若不審此直心仍舊用諸妄想起惑造業以求菩提如掘地尋天以砂作飯之錯亂生滅心如求銀不生滅心如精金求佛道者當先審也古德云看脚下及照管脚下且觀治世聖人尚不思而得不勉而中觀赤子不慮而知不學而能不學不慮因也不思不勉果也故大人者不失其赤子之心始終一貫豈有出世應世聖人而不審同異哉是故此段總明生滅之因不能契常樂之果以初見相思惟之心是生滅輪迴之業種後悟不生滅心是涅槃中之常德令恐仍用相想以求常德故點破之無有是處△示觀無作以

**是**因果須同之**義故**恐汝不能詳辨令在器界審觀有壞不壞例此心有生滅不生滅之義古德依仁王經問大千俱壞未審這個壞不壞此經佛命**汝當照明**有作無作**諸器世**

間常無常品于中審察凡是可作之法盡屬無常皆從變滅所謂如夢幻泡影也
阿難汝觀有作無作世間無作之法自當不壞可作之法誰為不壞
然終不聞爛壞虛空此例空以明常品△徵釋無作為因何以故空不壞耶
空雖因色而顯非可造作而成此斷定虛空始終不壞由是諸法中虛空始
終無壞滅故了知生滅身中有不生滅心此如虛空之不生滅乃無作性以為因心方得究
竟金剛不壞之體則有是處也若以生滅為因多劫終成敗壞故求佛乘者必審因心又知頑空雖晦味
而有發真亦變仍有勝義但不可定作性空說也△詳示妄分○良以眾生心海現為五濁昏擾無時清
明令欲證之以取涅槃妙德非圓湛不生滅性以為因心必不能也故此科先明所除之濁然外五大與
內四大雖均之為濁體而遍一切生死障絕涅槃者惟內四大則汝且觀身中骨肉之堅
相為地大潤濕之津液為水大煖觸之氣息為火大動搖

之筋脉為風大此是可作有壞者湛圓妙覺明心是無為不壞者然心海中本無可作之物原自結暗為色乃至想相為心被此渾濁由是執此四大為身相而自纏縛分汝本來澄湛圓妙性本覺明心為視為聽為覺為察門頭各藉之謂分性瑩無濁之謂湛隨緣徧現之謂圓用之則靈之謂妙無不究竟之謂覺照徹性相之謂明此心一散六根則如太虛周徧而翻成判隔如太虛清淨而翻成渾濁太虛無生滅而翻成始終從劫濁以為始入命濁而為終以故湛圓性中則有五疊渾濁湛妙圓心有何同異妄粘湛體真隱妄中不見一真如心之同但有視聽覺察之異以此視聽覺察為因求涅槃果者無有是處△徵喻濁相云何為濁阿難譬如清水喻淨覺清潔本然即彼塵土灰沙之倫類本質有形塊之留礙喻四大六根二體法爾自然各性不相循順也猶土不順水而水自清水不順土而土自凝者也有世間人喻會一取

彼土塵投於淨水土遇水而土失留礙之性水遇土而水亡清潔之容如此容貌汩然名之為濁△標五濁汝濁五重亦復如是

正顯湛圓妙覺明心與四大六根本不相循由一念妄執四大為身則覺體滑然而成視聽覺察遂有五疊渾濁也疊疊重一義生從識有滅從色除下別釋五相皆就目前發揮△別釋劫濁○梵語劫波此云時分修行本起經云極天地之始終謂之一劫法華論云日月歲年總名為劫乃至成住壞空不離時分時無自性但依空見相織而成

阿難汝湛圓本覺之真見與太虛空元是一體徧十方界由一念妄動分為六根則能所分隔空即迷真空之頑空空體周徧見即迷真見之妄見見亦周徧今舉目觀空空見二皆周徧交織不分有空處無能見之體如水亡清潔有見處無所覺之空如土失留礙一見一空兩相交織妄成濁相見空既爾見色亦然眼根既爾餘根亦然綿綿溷溷混作一團便是渾濁便是時分不淨是第一重

名為劫濁劫濁之相依色蘊立色以空為邊際色盡而空不立故迥判濁也○此相織即後名結也五濁即五蘊六結前取彼沙土之取字即無明結或以色蘊分二結講皆可耳△別釋見濁見境領納五識增計曰見五識執受之義見無自性但依四大六根相織而成汝身為受陰現今摶取四大為體言投胎時吸取父精母血而成四大之身見聞覺知六根之相元一湛圓妙覺本無留礙因汝四大之所壅塞令其留礙見聞等各成一用隨身了境如水亡清潔水火風土元非一種會無覺知因汝六根精明耶識旋攝四性令水火風土而同覺知執以為我如土一失留礙一無知者成有覺知有覺知者不一精明一摶取時兩相交織妄成渾濁受陰以汨湣眞心餘根亦然是第二重名為見濁見濁之相依受蘊立受以觸為邊際觸滅則超見濁也△別釋煩惱濁○五鈍使擾亂曰煩惱即三世憎愛之義惱無自性但依根塵識三相織而成汝心即意識又汝心中憶持過去境識了現在境誦

習未來境此三者六識之心所王所于三世境上誦習不來則生煩惱然此王所本無性體發
于六知見根故成有性意識本無容貌現于六塵亦成容貌覺離三種法
塵則無意識之相今覺不離塵則如水亡清潔塵離意知之覺無三種法塵之、
性今塵不離覺如土失留礙兩相交織妄成濁相以是擾亂眞性一煩惱既爾百入煩
惱皆然是第三重名煩惱濁貪等煩惱依想陰立以竊寐爲邊際根識空則超煩
惱濁也Δ別釋眾生濁○前第六識既成染緣則第七思量執我于湛圓中起生住異滅念念遷謝而爲
行陰故知知見是主人公運轉是善惡業眾生日用從頭至足雖是知見執受現陰從幼至壯從壯至老
時時愛惜又汝朝夕生滅不停而執我之知見念念每欲留此身於
世間無柰所作善惡業運不容作主而寄寄每常推遷於四生國土欲留
者不能常住如水亡清潔也欲遷者未必頓去如土失留礙也一遷一留兩相交織妄成

濁相此業運乃衆生同分生基衆生濁依行陰立以
生滅爲界行陰界盡則超衆生濁也一類如此十二
類皆然是第四重名衆生濁△別釋命濁○命猶使令
也謂如來藏本無生滅去來彼前七識熏成含藏識其中既有染淨
業本則隨業種使令輪迴諸趣故曰命濁汝等見聞
六根元是一耶識體由此四纏分爲六處事同一家本無異性由衆塵相分判然隔
越向成六用之見分誠爲無狀異生雖然各開門戶其實性中相知似異非異
如水亡清潔矣雖然覺性是一其實用中相背似同非同如土失留礙矣如是說同而用
異說異而體同二不可定皆失準的一同一異兩相交織妄成濁相一念晦昧而成
五相皆非實有故曰妄成現在如此過未皆然是第五重名爲命濁此命濁依識陰
立識以湛入合湛爲界合湛識轉則超命濁也△牒標本願阿難汝今欲令見聞
覺知遠契如來常樂我淨見聞覺知衆生現具六根中性即本覺也常樂我淨

如來無餘涅槃中四德即究竟覺也凡夫本覺湛圓雖與佛同以有衆生濁則遷流生死故失眞常有煩惱濁則法塵勞擾故失眞樂有劫濁則空界無情故失眞我有見濁命濁則根身不淨故失眞淨此約別義若約通相則每於一濁俱失四德是以與佛果德迥爾懸殊今欲具五濁之見聞覺知四性爲因而遠契如來常等四德頓證極果誠爲最勝之法門也△誠擇所依

應當先擇死生根本擇者揀去不用也死生根本卽六處識心而經初七番破處顯發全非者凡外權小用此錯亂修習皆爲因不同果今先決擇而不用前文佛判二種根本時卽以此心爲生死根本

依不生滅圓湛性成不生滅圓湛性者卽根中所具經初十番顯示二見剖瑩近具六根遠周萬法者凡外權小昧而不知今先決取依修方成因心前文佛判此性爲菩提涅槃元清淨體經文前後照應脉絡如此△示因果心

以不生滅圓湛性旋其虛妄滅生伏客塵惑還元明覺

得元明覺無生滅性爲因地心上科成字但是帶言正謂成此因地并下

果地也以用也湛即性湛約前如來所示見性約後
觀音所川聞性成一湛體也虛妄滅生即前五濁總
一生滅之妄法後文若棄生滅守於眞常即伏還元
覺也後文常光現前根塵識心應時銷落即得元明
覺也五濁不出根塵識以此無生滅性爲因地心然
者正明十信滿心信得因性本自眞常爲本修因然

後圓成果地修證自初住至等覺爲果地之修妙覺爲果地之證△舉喻○然五濁雖
徧擾圓湛如空中花常自虛無圓湛雖被濁徧擾如
太虛空不動自在吾人若迷棄圓湛而反用五濁中
生滅心爲因終不能澄諸濁今以湛旋妄

如澄濁水貯於靜器靜深不動沙土自沉也△喻名伏惑清水現前名爲初伏客塵煩惱即此
根初解初于聞中與入流亡所之象五濁濁于見等
圓湛性中徧成虛妄滅生之相如沙土投于清水中
徧現渾濁之狀故以湛旋妄如以澄濁水貯于靜器
靜器貯水喻根中性靜深不動即後文反聞自性沙
土自沉即漸獲二空檇李曰客塵煩惱諸經論皆說
爲煩惱障天台曰爲界內見思按小乘法初伏見思

位在七賢方當圓之觀行似太甲劣今詳經意唯以進斷根本無明方說爲斷見思塵沙雖斷亦只云伏故知初伏客塵應是信滿已斷二惑并伏無明者也上乃提前曰清而濁之喻爲今自濁而清之喻合前以湛旋妄歸眞之法以明分斷分證位由斯立也△喻結斷證

去泥純水名爲永斷

根本無明即空性圓明成盡聞不住等前之沙土方流流猶未去以喻無明伏而未斷斯則去泥喻斷無明也前之清水現前以喻元覺澄而未純斯則純水喻究竟淨覺也○㩁李曰根本無明諸經論皆說爲所知障智障天台目爲界外見思正脉謂此亦不分塵沙無明二等相今詳經文既云永斷又云根本無明是初住以去所斷別惑乃至等覺生相悉盡無餘遠契如來無餘涅槃矣取喻伏斷竟

明相精純此證富有萬德蕩無纖塵

一切變現隨機應感十界現形

不爲煩惱皆由迷心起執人法紛然故爲煩惱受生悉成濁礙今由迷盡

皆合涅槃清淨妙德情執空見一切唯心變現不爲煩惱受生而自在無礙故爾皆合如來涅槃清淨妙德亦如泥盡水純任攬

不復渾也此科全顯正因取果究竟非如權教因果差異中止化城也涅槃妙德即常樂我淨攝盡萬德皆合者順行逆行左右逢源即解脫法已寂滅現前獲二殊勝慈悲喜捨愍物好生皆決擇以因同果意

○第二義章

大意詳示初心方便令曉下手工夫取如來位也其中審煩惱根本相涉六根優劣一六義銷六根互用覺明圓妙皆詳示初心方便△牒標出意

**第二義者汝等**聲聞辟支**必**從初信**欲發菩提心**迴小向大希入初住當知佛慈利生雖急而施教必待發心所謂不憤不啟**於**初住至等覺**菩薩乘**一佛乘**生大勇猛**修行六度**決定棄捐**舊時所修因緣**諸有為相**即所證無為非真境界後文真性有為空緣生故如幻無為無起滅不實如空花由彼向執攀緣心自性發不知現業流識為發業潤生煩惱根本又豈知業不發妄處為真發心生不潤時是真無生耶△識審妄本**應當審詳煩惱根本**煩惱是苦因根本即六識生死是苦果又根本是六根煩惱是六識即六

識為生死根本而六根復為六識根本元一貫耳根本義者即第五卷俱生無明積生結根所謂即汝六
根更非他物此是無始來發即煩惱來由業牽即現陰所造而成集諸中陰潤
生求父母時憎愛等無明而成苦諦汝觀此發業是誰作主張潤生是誰受苦報且夫
業由六識識由六根六根為八識體六根引起六識及諸煩惱作苦因六識造業招引生死是苦果麤論
似唯六識造業細推實是六根自作現觀似唯六識受報而六識有散亦唯六根自受故令其審觀意明
八識自作自受非六識也既知業識造業受報則知轉業識方得發心證果也△反顯決當知處阿
難汝修菩提決定當知煩惱根本若不審觀煩惱現行根本種子隨眠
不同則不能知虛妄四大之根身無情之塵界從何處而生顛倒顛倒
即俱生無明從六根顯故下文決擇六根為顛倒處顛倒起處尚且不知云何降
伏嚋昔攀緣取如來位乎蓋一眞如心為法界大總相法門體本無根塵由此一念不覺妄

生能所根塵遂成顛倒結根引生諸識生生滅滅輪
轉無窮故欲取妙覺決當先知顛倒結處而後知解
也△異喻正明阿難汝觀世間解結之人不見所結云何知
解交師曰如以繩作結須諸股共成結體而的實所結之處惟在一股若不眞見而知之終不能解反
顯妙覺性本無形相可結亦無可解者不開虛空被汝隳裂何以故虛
空無爲本無形相無結解故喻顯六精墮于勝義浮塵二根是結結體此二根俱有
形相能令無留礙之妙性妄成留礙所以指六根與六塵相對以成結體卽顛倒處也空無形而根有形
故空是異喻反顯根有形相可結可解若于前塵不起分別則結解皆爲剩語泛言結處竟△確指結處
則汝現前眼耳鼻舌及與身心六根爲賊之媒係是自
引外賊劫取家寶心卽意根言六根是眞結體以散失于外漫無歸宿故知起惑是六根造
業受報亦是六根劫家寶亦是六根此六根者實爲生死結元故前云誰作誰受此云自劫是呼應處家

實所云自刼者六賊在外由媒引入如世間作賊必有牽引指授者此牽引指授之人即是賊媒令六根是心王驅役之臣反引外賊劫自家寶也然六塵無知說賊非義六識乃心說外非義盜六識以塵影爲體故說外賊非以塵名賊也前云發兵討除是兵要當知賊所在者護惜家寶意也家寶者謂心王本有一切功德法財恒沙性德多爲根引識趣顛倒分別將如來藏中家寶劫爲外之六塵乃至內身皆不自在經云由汝認賊爲子枉受輪轉祖師云損法財滅功德莫不由斯心意識也△正明根結

**由此無始**妄想攬四大爲身自具四方分段及三世相涉故稱**衆生世界**由其四大六根方世相涉**生纏縛故**則分汝湛圓妙覺爲視爲聽爲覺爲察由是見不超色聽不出聲等遂爾交織成結**於器世間不能超越**迷者求出三界悟者但解六根以結處不在器界唯在六根故也如觀音三十二應等即超越之相標處指根竟△躡徵備顯六根數量**阿難云何名爲衆生世界**△釋名**世爲遷流界爲方位**心本無時亦無方所故曰

十世古今不離當念無邊刹海不隔毫端但逃思惟便有方所一有方所便有定量一有定量便有遷流所以眾生身中自有三世遷流上下前後左右之界如器界之方位也△先就器界立方世汝今當知界爲方位者東西南北四方東南西南東北西北四隅上下二方爲界世爲遷流者過去未來現在爲世方位有十流數有三○借界立數竟△正明相涉蓋眞理本無涉相皆由一切眾生當念取着一世一界織妄相成此身而身中妄見貿易遷流及其方位如世行商貿遷諸貨故世之與界即在身中相涉未嘗停住人自不知耳然織妄貿遷相涉皆行陰之象所謂有力者負之而趨昧者不覺有謂織妄乃根塵者斯亦可宗色與根有結位故也而此界性開設雖列十方若以定位可明世間秖目東西南北四正方不取四隅以非正位故上下無位者皆是四方之上下故曰無位中無定方者隅以兩方交

接得名皆屬兩方故兩隅之中無定方也惟四方之數必定可明取與三世相
涉△立本成滿數疊三世上各涉四方是二也十四方上各涉三世是宛轉十
二也數流變三疊者世與方相涉遷流全于三變一疊少易多故三疊者增其數也自一十
十疊百百疊千若以世涉方三世各具四方則流成十二是第一疊又從過去四方中以東方
三世過去具現未現在具過未未來具過現成九加根本東之一方成十此即變一成十南西北方亦復
如是則成四十現未各四十成百二十是二疊又以過去四十中從一方亦成九加根本一成十則根本
四十共成四百此以十變百以百變千現未亦復如是成千二百是三疊也若以方涉世明三疊者第一
約四方各論三世共成十二第二于東方變三世變一為十成三十南西北方亦復如是四方各三十成
一百二十第三于東方三十變十為百成三百三方亦爾四方總括其數始是二十終是千
二百無情世界如此有情眾生亦然六根之中各各功德有千二百德者

用也能也唯識色心假分位法名不相應行全依根中色心而立故六根功用功能皆依自體所具三世四方無不圓滿自少增多顯其圓滿而已取法相宗爲據且此統論凡夫所具非眞性勝用徧周法界之量亦非正脩行處但取克定優劣便選耳根爲正修意也若眞聖人功德豈有數量哉上以世界相涉論故無優劣下就娑婆衆生選根故以根用全缺克定優劣也△勅令克定

阿難汝復於六根中克定優劣如眼觀見後暗前明前方全明後方全暗左右旁觀三分之二一則師云四方各二百四隅各一百今眼所見前及左右三方已成六百併前二隅之二百共成八百唯後方并二隅不見故曰三分之二統論所作功德不全三分言功一分無德當知眼唯八百功德如耳周聽十方擊鼓十處無遺聞動則若有邇遙謂似有邊際義聞靜則了無邊際故稱耳爲圓根當知耳根圓滿一千二百功德

如鼻齅聞通出入息有出有入而闕中交驗於鼻根三分缺一溫陵曰出能取香入能聞香出入之中無能故缺中交長水云出入中交共成三分每分四百缺于中交當知鼻唯八百功德如舌宣揚盡諸世間出世間智如孔子聽孺歌而警心世間智也如祖師聞淫詞而悟道出世智也言有方分詞或局也理無窮盡義偏通也一句偏含無量義世諦語言皆順正法若取當嘗味其功則劣宣揚佛法其利無窮當知舌根圓滿一千二百功德如身覺觸識於違順合時能覺離中不知離中不知故缺一分合覺違順故具雙分驗於身根三分闕一當知身唯八百功德如意默容者非舌宣揚也意根能受熏持種又能默容十方三世一切世間出世間法唯聖與凡無不包容盡其涯際當

知意根圓滿一千二百功德凡人不能通達者所意根之咎但不能引發也

上令決擇死生根本是六根次顯六根功德有全缺竟△令自揀選誰爲圓根根從一門修證阿難

汝今欲逆生死欲流工夫重在能逆是轉凡入聖之妙用欲流之欲即五塵離意所

獨緣者仁五塵之影亦在六根順之則生死始逆之之則輪廻不息如流逸奔色順也反流全一逆也前之不

隨後之不順皆此逆意即人流亡所也如易之地天爲泰天地爲否地山爲謙山地爲剝皆逆義也故曰

五行順行大地火坑五行顛倒大地法寶亦逆數也要知修行無巧妙只此逆字括盡無餘返窮

流根從淺至深務令生死源竭閒所聞盡至不生滅性安窮眞現證極眞寂滅理所謂寂

滅現前時此步工夫別無下手處當驗此等六受用根誰爲合中知誰

爲離中知誰深性而難測誰淺性而易曉誰爲用具而實圓通誰之用缺而

不圓滿若能於此六受用根自推自勘悟得何者是圓通根用此圓根逆

彼無始塵欲交結織妄所招之生死業流得循圓通根入不生滅則與
不離不深不圓之根較功量德日劫相倍偈云初心入正定遲速不同倫是也此意
密顯耳根是離是深是圓以眼雖離而不圓舌雖圓而不離意雖圓深而不純離以前五根雖離合不同
皆緣現量境緣現在境不立名言無籌度心而意根能緣三類境緣三世境緣五根離合境故非純離唯
耳根既能離中取境又能周聽無遺故亦圓亦深也Δ勅令擇修入一解六○前重悟字令信解此重入
字兼修證隱示因果相應事異同也我今備顯六湛圓明即第一義中圓湛不生滅
性為人人根中本所具足之功德有離有合有深有淺有全有缺一一分明數量如
是但隨汝意詳擇其可入者吾當為汝發明令汝增進
不生退墮然必欲令汝自擇者何良以十方如來於十八界一一修行
皆得圓滿無上菩提故于法眼圓明聖性皆通於其一切法之中間若順

若逆皆成方便亦無優劣無可揀擇但汝根器下劣未能於中圓自
在慧于六根門頭不免窒礙故我宣揚六根功德淺深令汝但於六根獨選
一門深入至無生滅若深入一門則餘五根應時無妄彼六知根一
時清淨皆得解脫不勞餘力矣△此上密示耳根竟向下因問更加詳明△躡跡請益阿難
白佛言世尊佛謂汝令欲逆生死欲流返窮流根至不生滅不知云何是我當逆
之欲流又言六湛圓明本所功德亦無優劣六根功德既無優劣云何惟令深入一門云何
能令六根一時清淨△先荅所逆流相○阿難執惑向深不能頓了決當逆流方可
至無生滅豈知湛圓妙覺明心非一非六秪因迷惑而妄分一六故佛告阿難汝今已
得須陀洹果此云預流謂小乘從凡入聖證初果而預入聖流已滅三界眾
生世間見所斷惑乃界內分別我執名八十八使亦名見流謂意根對法塵起分別見

因此惑流轉三界不能出離言已滅者亦爾不入六塵即名逆流所以雖受邪轉戒體猶全不名凡流而名聖流由汝已滅此惑

然猶未知根本藏識中所積種子而能生現行者乃無始至今虛妄不實之習氣即四住八十一品思惑亦名俱生我執其根本向在藏識中必發現行亦名曰流其名有三謂之欲流有流無明流也欲流者謂五根貪愛五塵名為思惑即貪嗔見慢由此思惑流轉欲界不能出離故名欲流即欲界九品思惑聲聞人入定不成者此也汝之行慈負墮者亦此也又汝獲法身所銷者亦此也言有流者因果不亡名之為有謂色無色界思惑即貪與慢因此思惑流轉色無色界不能出離故名為有流言無明流者無所明了故名無明即三界思惑中癡由此無明流轉生死不能出離故名無明流由二果三果至阿羅漢向皆名修道故曰

彼習要因修所斷得斷此方無上二界貪慢癡惑得逆生死有流并及無明流始證四果名阿羅漢也△示法執

何況此含藏識中生住異滅分齊頭數為菩薩所斷惑耶此惑皆依賴

耶識而有孤山曰生住異滅皆即同體無明也交師曰同體無明總攝法執中分別俱生微細之惑所指塵沙無明天台目爲界外見思接起信論三細中之業相是生相三細之後二六麤之前二爲住相六麤之三四爲異相第五爲滅相而第六業繫苦相不與焉分齊頭數者謂初住以上至於妙覺總有四十二品也言汝今雖已斷見流得證初果得有界內思惑猶未能盡況界外見思乎此皆汝所當逆而返窮者向後五卷三空六結皆由此立淪道分所斷者亦此諸惑非至等妙不能斷得汝何能知由不知此故不能一門深入六根清淨八雙徵一六○汝若不信一入六淨今汝且觀現前六根畢竟爲一畢竟爲六△欲答一解六淨之義先辯本無一六阿難汝既不知一解六淨之故汝且審觀現前六根若言六根體是一者耳何不見目何不聞頭奚不履足奚無語今既不爾則非一也若此六根決定成六則身口與耳用不相隨如我今會與汝宣揚微妙法門汝之六根

誰來領受阿難言我用耳聞佛言既定是六汝耳自聞何
關身口而又以口來問義身起欽承其耳始得聞即今既相隨非定六也
△承聽雙遣是故應知若非是一則終為六以用中相背故若非
是六則終為一以性中相知故終不汝根元有一定之一又元有一
定之六乎此二句決定亦無一六也△推一六義生原妄舉喻先通○此根卽非六而又非一眾生或
之為六為一者果何故哉阿難推究而言當知是根非有一定之一非有一
定之六而今現有一有六者由無始來一念顛倒與外六塵固結一處循生死流而沉
淪互替眞心淪溺而不現妄形更替以分張故於圓湛性中一六義生謂以
一精明替乎妙性於根取境熏卽識以成種異熟等流發生現行故有一識生以六根受用六塵替乎精
明故有六義生今汝須陀洹果不入六塵決不執六根中虛習向未曾除雖得六

銷但銷現行虛習尚在含藏識中猶未亡其精一六根種子一一俱明之一在宜乎不知一解
六靜義忘然此湛圓妙性墮于六根如太虛空參合羣器空本無異由器形
有方圓之異因名方圓之異空及乎除器異而觀空說空爲一斯乃
對異之同說爲一彼太虛空云何爲汝除器成同歟合器不同歟同
與不同尚不得而名何況更名虛空是一歟合器則非一歟一異在乎形器豈太虛
有一異乎喻義如是△法合則汝應當了知六受用根亦復如是此湛
圓覺體本無一異由循六根遂謂性亦有六異不合相參則謂覺體是一一六在乎根塵合與不合亦在
循與不循非與湛圓妙性定有一六故知根塵結則同結解則同解也前云世間解結之人不見所結云
何知解下示結由令合明上喻向後六解一亡復示解結之方△釋眼結由明暗等二種
相形於妙圓中黏着而湛性被粘引發見性猶未成根見精映色

而遂結色成勝義根此根即是最初清淨四大所成爲浮根之元故目勝義爲清淨四大此根微細天眼始見內有見精外形其相因名浮根眼體如蒲萄朶而浮根外依色香味觸四塵勝義內依地水火風而見精托根流逸奔色謂聚見于眼顛倒妙圓從塵發見循色流轉而此見精托彼二根流逸奔于外色也○宗鏡云根有二種有清淨五色根有浮塵五色根右清淨五色根即不可見有對淨色以爲體能發生五識有照境用謂於眼中一分淨色如淨醍醐此色有故眼識得生無即不生俱舍云眼根微塵在眼星上傍布而住清徹凟覆如頻胝迦不相障覆耳根微塵在耳穴內旋環而住如卷樺皮鼻根微塵在鼻頞內背上面下如雙垂瓜舌根微塵布在舌上形如滿月身根微塵徧住身分如身形量若浮根五塵即扶清淨根照境自體不能照以浮根是麤顯色與清淨根爲所依故△釋耳結由動淨等二種塵相相擊擊者鼓動義於妙圓覺性中黏着湛圓引發聽性則聽精映聲清淨

不遺卷聲塵而成勝義根此根卽是最初清淨四大所成爲浮根之元故目勝義

爲清淨四大內有聽精火形其相因名浮根耳體如新卷葉既成浮

根四塵是外依色香味觸內依地水火風能所八法結成二根而開精托根流逸奔聲

故循聲流轉無有窮時也△釋鼻結由通塞等二種相發於妙圓中黏

湛發齅齅精映香熏藉皆受納香成根納者吸取義吸爲浮根之元

故目勝義爲清淨四大齅精形外因名鼻體如雙垂爪以外之

浮根色香味觸四塵內依勝義地水火風四塵能所入法結成二根而鼻精托根以致流

逸奔香循香流轉無有窮已△釋舌結由恬變等二種塵相五味相入日相

叅恬乃無味味之味變乃五味之味有味之味也以有味無味相對成二叅雜和絞旋味於妙圓

中黏湛發嘗嘗精映味細嚼其味曰絞味成根根元目爲

清淨四大嘗精外相因名浮根舌體如初偃月偃是缺義浮根四塵流逸奔味△釋身結由離合等合時有觸冷煖之相名觸離中不知二種相摩冷煖相交日摩於妙圓中黏湛發覺覺精映觸摶觸成根摶攬取也根元目爲清淨四大覺精外形因名浮根身體如腰鼓顙即細腰鼓俗名杖鼓顙腔也兩頭大中腰細頭顱名顙身形如之摩頂至踵六尺之軀中腰亦細故喻之取浮根四塵流逸奔觸△釋意結由生滅等生住異滅二種相續取念念相續之義意根無相攬法塵於妙圓中黏湛發知生滅以成根故知精映法指勝義根攬法成根爲浮根之元故目勝義身爲清淨四大知精出處因名意思意以思量爲性意之浮根即肉團心正法念經云狀如蓮花開合中有一竅此由最初吸取父母精血時而意即附着于中以奔法所謂無明發也然在身中

人不可見故用思字以明有思量處即其所在也如幽室見者謂處明者不能見暗中諸物處暗者能見明中諸事前五根對五塵實境所見明了如處明者見明中境而意根處於杳冥昏默之地為前五根運籌布策故以喻狀其知體如處幽室見明中境浮根四塵流逸奔法即前文由此世界生纏縛故於器世間不能超越所謂結即同結故根中虛習生住異滅及此根結皆答第一問云何逆流之流相竟△結上因塵故有結以起之離塵故無結阿難如是六根由彼性覺妙明之體元一大智慧光明義故由一念隨緣故有能明之明覺遂失彼性覺妙明精了之體由是黏明暗二種妄塵而發見光結動靜等色而成聽光等是彼一六義生及所結之由皆不出入識流逸之光即見精等初成之相△明離塵無結以答云何為逆之根第二問○阿難既知攬塵而成根結則知忘塵而結自開是以汝今眼根離暗離明無有見體耳根離動離靜元無聽質鼻根無通無

塞齅性不生舌根非變非恬嘗無所出身根不離不合覺觸本無意根無滅無生了知安寄此見體聽質齅性嘗觸生滅指結體言非指性體此但言離十二塵元無六根結體下文方談脫塵之工夫阿難悮認結體爲性體故後章有斷滅之疑△教離塵法交師謂脫一盡五又謂耳身舌鼻意眼爲序者佛言取便自在無宅意也或者隱重耳眼耶然圓頓上乘下手禁制流逸奔色等之工夫簡而易能者重在不循二字故牒前問意示之汝問云何深入一門汝但六根不循動靜合離恬變通塞生滅明暗如是十二塵諸有爲相流轉應當選一圓根爲下手處念茲在茲併力于一旋倒逆流隨拔一根若使一根外脫于黏即入流亡所內伏于根即聞所聞盡根塵不偶則熟處漸生生處漸熟自然伏歸元一精明眞覺之體而發本有之心光明生也汝問云何能令曜六根一時清淨耀性發明常光獨露一根既拔諸餘五黏

應時齊拔即六根入圓六根解脫不由前塵所起知見自有一段光明徧照之益而塞不能凝暗不能昏眼則不循勝浮二根亦可寄根明發鑑照之相用△結由是根塵互脫所成眼能聽耳能見等六根互相爲用之妙也如佛菩薩視則不俯仰不迴轉盖由不全用根但隨世相寄根也若吾人得之雖不易耳目之用而視聽實不用耳目豈不深信佛語入一無妄彼六知根一時清淨哉宗鏡云常照常耀鐵圍不能匿其輝徧界徧空穹蒼不能覆其體豈假前塵發照對境生知自然寂照靈知湛然無際也△引雜聖六人証不循根○上文內不循根爲根身自在之本外不由塵爲器界自在之本又恐凡夫久執六用必循于根驟聞明不循根難信六根互用故爾引證阿難汝豈不知今此會中阿那律陀此云無貧無目而能見者實心見也跋難陀龍此云賢喜無耳而使角聽者聞性不在耳也殑伽此云天堂來河神之名河自雪山頂無熱惱池流出故神女

非鼻聞香驕梵鉢提此云牛呵本人而牛呵者也異舌知味舜若多即主空神其質如風無身而能覺觸者空神以多劫無身爲苦如來放拔苦之光光中映身令觸暫現樂不可言令纏空外道當知驚也既爲風質其體元無無色界天不出斯義諸滅盡定得寂聲聞六七二識分別俱生我執悉斷。故如此會中摩訶迦葉此云飲光久滅意根雖滅意根轉得圓明了知不因心念合論云難陀以眼聽如蛟無目而能行又水母以蝦爲目如蟻以身爲鼻蜂以腹爲舌如風無形其物拒之則怒物類尙然如斯而跋難陀等亦不必疑矣嗚呼眾生爭于口耳鼻舌數寸之間自以色香味觸爲異豈不哀哉○孤山曰那律六人或是几夫業報或是龍身或爲小聖修行斯皆妄立尙不依根何況圓脫豈無互用△引世人不藉明而得見以證明不循根寄根明發阿難當知根塵二法結則同結解則同解而六根齊拔我前謂汝由于眾生世界生纏縛故于器世間不能超越令汝六用諸根若圓拔已內瑩發光心光融鎔洞徹表裏實得法性身矣如是則畢竟虛幻之浮塵及器世間似有體法與大山河萬物明暗動靜等諸變化相前于奢摩它中但方了妄即眞此則親證實到故無情滯相爲心光所鎔還本覺體所以如湯消冰應念化成無上知覺是知六根未解非因器界不得自在是因根身不得自在若六根既解則根身自在而器界亦自在矣故學者但當解根無勞出界○如觀世音得三十二應入國土身之類是以含識界中從無始來內爲六根所縻外爲六塵所結觸途現境寓目生情如獼猴而六處俱黏類蛺蝶而諸塵盡泊所以見不超乎色界聽不出乎聲塵若投網之魚似處籠之鳥進退俱阻如羝羊之觸藩驚懼齊臨若乳燕之巢幙若能知塵是識了物即心不爲延促所拘豈令大小所轉即能隨物應跡赴感隨機不動道場分爲法界○如是則性本周徧迷者不知但謂因明則有見離明則無見阿難如彼世人正當因明聚所見物之於眼

前時忽然若令急合其眼則暗相現前與餘根無異設復有人當前而立則六根黯然不復知其頭之與足宛然頭足相類然彼合眼人以手循他體而外繞彼眼雖不見而于他人頭足一辨知覺是同了然無惑是則暗中所知與明中所見者了無有異上卽事以驗竟△明不藉緣○尋常緣塵之見因明而有離明則暗成無見如合眼成暗相者若不借明而見自發如暗中知覺者是不明之明無見之見△斷定則諸暗相永不能昏自然寂照靈知何曾間斷此則明所不能明暗所不能暗誰謂見必藉明而有邪學人問先德云如何是大悲千手眼答曰如人夜間模得枕子△決成圓通○承上文凡夫之根尚不藉明而見況根塵既銷諸緣滅盡眞光獨露之人云何覺明不成圓妙身心世界總一圓通大自在者哉第一義畧示因果全功令懸知究竟極果第二義許示初心方便令曉下手功夫二義章竟

○擊鐘驗常章

當機誤執離塵無結體而爲無性體以起斷滅之疑例令擊鐘驗常以開法眼而隱發耳根圓通也躡第一義門若了因地以生滅心爲本脩因而求佛乘不生不滅無有是處爲疑端△牒前按定教旨○阿難白佛言世尊如佛說言（初審）因地（所發）覺心欲求常住要與果位名目相應（者要因果二地覺心同一常住然後可爾△引果明常○七常果皆取如來證極不取在纏理具者也）世尊如果位中一菩提（是斷盡煩惱而得取萬德莊嚴號無上者二）涅槃（是斷二死而證取五住盡淨號無餘者三）眞如（是滅妄而成世法住法位不妄不易當體名如究竟得者四）佛性（是因磨礱而顯者佛是覺義約有情邊說即人人本具靈覺之性故曰佛性五）菴摩羅識（此云白淨離垢識菴摩羅是果名云難分別其果似桃非桃似柰非柰故稱難分別取喩八識似漏非漏似眞非眞眞妄難分故名菴摩羅識以識性不可思

識故卽密嚴深密等經所稱自淨識是也以清淨空
無染而能了知曰自淨識卽本覺心之異名六
是空諸所有而成者卽此經所宗含藏眾德
如來藏名如來藏應三觀以立三義謂空如來藏不
空如來藏空不空如來藏今舉
一卽三顯圓融三諦之旨七
大圓鏡智
者四智之
一佛地經
云如依圓鏡眾像影現如是依止如來之大圓鏡智
諸處境識眾像心品悉顯現故約喻顯智故名大圓
鏡智皆轉業所成次圓照萬法而無分別者曰大圓
鏡智但分別一切而無染者曰白淨識○交師引楞
伽云分別是識無分別是智此以二名對舉品之分
屬如此非謂是智皆無分別是識皆有分別良以識
有無記為性者智有分別為體者也問此二何異前
之智果苔彼乃一切種智三諦圓照此二多照俗諦
是其差別也
△總結眞常
是七種名稱謂雖
有
差別
究其七體總一
無染無缺曰
清淨圓滿
一得永得更
無遷變曰
體性堅
因不可
破壞
凝
然不
動
如
帝
釋
有金剛
寶體性堅利得自
在義是稱首楞嚴
王
一定永
定曰
常住
嘗體如
如曰
不

壞皆如來自證之法門也△推因心斷滅不合果學○謂七常住果皆舊聞佛說者今聞佛說初審因
地發心要與果地名目相應則我身中由四纏分湛圓則生滅與不生滅俱在應當擇去生滅依不生滅
者須審煩惱根本拔一圓根深入若此見聽離於明暗動靜通塞畢
竟無體此即離明離暗無有見體等△證見聞無體○然此見聽離塵無體者猶如念
心一般而念心離於前塵心體本無所有此領首卷塵非常住若變滅時此心
則同龜毛兔角等云何將此因緣所有自體本無之畢竟斷滅見聞念心以
為脩果位之因心欲獲如來七常住果何異邀空花而望結空果也歟
△轉辯根識不異○前二生滅心契果不得豈斷滅心能契果耶世尊若我退循見性推其微
此見性離明離暗見畢竟空進環識求其細如無前塵念自
性滅如是進退循環微細推求若離前塵本無我心及我心

所則成斷滅矣既成斷滅欲將誰者立因以求如來無上知覺平領最初破識文中佛言塵非常住若變滅時則汝法身同于斷滅其誰脩證無生法恐既惑根性全同識心則全將前破識之意而轉以破根矣據今現說斷滅竟△考前佛許常住○今此見性既成斷滅云何如來先說見性湛則澄清不動精則靈明不昧圓則充滿法界常則自體不滅此是世尊十番顯見時說又云我今備顯六湛圓明本所功德又云十方如來于十八界一一修行皆得圓滿是則世尊先說常後說斷前後審之佛自違越誠實之言終成見戲之論

云何成得如來自稱無上法王稱理之談曰眞語者不虛趨造曰實語者△正請○佛語眞實曰斷曰常必無有不是但戎輩愚悋不明惟願如來垂大慈心開我識見不明之蒙疑惑不捨之悋此是于六根中求不滅心不得處故興此問若不加此問則前三節中所請者無交涉矣此請正二義骨子△先責顚倒佛告阿難汝學多聞指陳

七常住果未盡諸漏責其疑常疑斷心中徒知顛倒論替所因之名而已卽疑妄分別爲所因而今眞倒現前實未能識執斷執常名眞顛倒于六根湛精元常迷不能識及謂離塵斷滅可爲戲論也設我更有盡心閒示恐汝所[illegible]誠心猶未信伏吾今試將世間塵俗易明諸事爲後發明當除汝疑△假聲塵生滅驗聞性眞常爲耳根圓通之發案卽時如來勅羅睺羅羅睺羅此云覆障往昔因塞鼠穴感處母胎中六年方生故云覆障擊鐘一聲問阿難言汝今聞不阿難大衆俱言我聞此宿定由聲動而有聞○耽章禪師一日聞鐘聲乃曰阿㖿阿㖿僧問云和尚作麽如此禪師云打着我心△審定離聲不聞鐘歇無聲佛又問言汝今聞不阿難大衆俱言不聞乃顯依聲而有根離聲而無聞時羅睺羅又擊一聲佛又問言汝今聞不阿難大衆又言

俱聞佛三問討出聞字為主阿難三答皆循聲生滅迷聞眞常△定答處迷蒙佛問阿難于前後擊鐘時汝云何聞中間聲歇處汝云何不聞佛意重在第三義以開蒙若以中間不聞為斷云何不聞而後又聞則知聞性圓常明矣何得疑以為斷問答微密妙義大眾默然聞鐘聲事易得了然故恐駭不禁阿難大眾咸露顛倒俱白佛言鐘聲若擊則我得聞擊久聲銷韻由之、音震動之響雙絕則名無聞

○世尊一往答阿難語皆是金城湯池無可攻勢而阿難能攻人之所不能攻此眞善雲梯仰攻者也世尊不操一弓不費一矢但借鐘聲為彼發明亦是城門失火殃及池魚也若是利根只消羅睺一擊疑團粉破何須三審世尊見阿難是箇細作故令羅睺再擊而再審者欲令在聞聲邊究其落處爭奈阿難佯打不知錯轉一語豈知堂堂佛弟却與斷滅外道同流哉故知不識自已恒常之聞性却循聲塵生滅之聞相豈非迷本聞而循聲流轉乎是眞顛倒也先德云顏色規模恰似眞入前拈弄越光新及乎入火重

燒煉到底終歸是假銀尊者之謂歟△再驗令知聲有聲無非關聞性　如來又勑羅睺擊鐘問阿難言爾今聲不阿難大眾俱言有聲也動少選猶言少時聲銷佛又問言爾今聲不阿難大眾答言無聲也靜有頃猶言頃刻羅睺更來撞鐘佛又問言爾今聲不阿難大眾俱言有聲△對靜以明動也△責所答蒙惱佛問阿難汝于前後擊鐘時云何答聲中問聲銷云何答無聲阿難大眾俱白佛言鐘聲若擊則名有聲擊久聲銷音響雙絕則名無聲佛重在明聲是有無顯聞非生滅以開惱阿難前第二答曰無聞顯也今答無聲正也若感無聲同無聞倒也△徵斥自語嬌亂佛語阿難及諸大眾汝今云何自語嬌亂阿難大眾蒙惱一總未開意謂順佛處而答佛問聞未嬌答于聲佛問聲未亂答于聞有聲謂

之有非以無聲亂有無聞請之無非以有聞矯無如是大眾阿難俱時問佛我

今云何名為矯亂△出矯亂處佛言我先三問汝聞汝則三答

言有聞無聞而俱聞又三問汝聲汝又則三答言有聲無聲而有聲問聲

答聲問聞答聞矯三亂二矯聲亂聞如毛道凡夫隨風倒柁唯聞與聲報答無有

定準如是云何不名矯亂既不思聲有生滅聞非生滅又迷前塵自暗見無處

損之旨豈非矯亂耶當知無聲則可無聞則不可也厶提無聞無聲二種答詞破其以常為斷之怪○釋

迦父子借鐘聲與阿難說法竟復與鐘聲添箇註腳收告阿難鐘聲初銷之時只是無

響汝何說無聞若實以無聲爲無聞則汝聞性隨聲已滅汝則同

於無知之枯木鐘聲更擊汝應不聞云何又知今更仍聞則汝聞性

是常不隨聲滅既而鐘聲更擊明然知聲有中間音響雙絕明然知聲無自是當知

聲塵或無或有豈彼聞性為汝聲有而成有聲無而成無哉若使
聞性實云隨聲而無而乂誰知無者耶是則聲有知有聲無知無聞性真常非
斷滅矣△結顯生滅在塵不在聞性開執斷之蒙惺○如是知有知無之故阿難汝當了知
聲於聞中或聲不聲自有生滅而聞真常性非為汝聞聲生聲
滅而令汝聞性亦隨鐘聲為有為無也今以世間塵俗鐘聲之事問汝
尚顛倒惑有生滅之聲為無生滅之聞何怪以出世之法誨汝而不生昏迷
以六根精真湛常之性執為離塵體之無斷滅見耶今既明此終不應執
言離諸動靜閉塞開通虛相說聞無性矣阿難會搜人短處世尊亦曾
見八破綻真作家敵手△以夢事驗妄識至昏而聞性不寐○阿難聞性非斷者如重睡人
熟睡之濃日重睡眠熟牀枕其家有人於彼睡時擣練杵聲與砧

聲春米聲雖其人重睡之時識歸種位思覺不行此聞性于夢中任運無遇聞春
搗聲由獨頭意識昏昧隨掉舉心所別作他物何者他物或以搗練聲為擊鼓
或以春米聲為撞鐘卽於夢時占夢自怪其鐘聲為木石響
可見聞性不昏也吳興曰阿難通疑六根離塵無體
如來所以別顯聞性是常者誠欲發耳根圓通之機
也夫以夢事告之者恐阿難謂世尊惑盡眞窮如寤
時人我等研眞斷惑如夢中人故說寤事畢又說夢
中事令知夢中聞性不斷下文縱令在夢想不為不思無覺觀出思惟身心不能及於作夢時忽
然醒寤遄知杵音非是他物此覺後知其夢中之不實也△醒迷夢事自告家人
曰我正夢時惑此春音將為鼓響△就打鼓作寤處點明圓性離塵不
昏阿難是人夢中根不對境落于無記豈憶靜搖二塵與夫眼鼻開閉
通塞而有分別者哉其形雖寐塵離于根矣聞性不昏根離于識矣此是世

問活八夢中根存而聞性不隨根塵生滅如此△復就眼光落地時聞性不滅○謂豈唯睡時聞性
不昏縱汝形銷以死為歸而識息煖三之命光遷地陰謝此陰時汝當信此聞
性亦自常住云何為汝形銷為斷滅明可見死而不亡者常也此恐阿難意謂世尊
二死永亡方了聞性真常我等變易生死故不能了佛即通之既明醒時根境相對在夢時根境不對聞
性不昏則知命光遷謝根境兩亡性不消了知聞性真常何嘗離根塵識為斷也△普責迷常逐斷○意令
棄斷守常即成正覺耳以諸眾生顛倒從無始來認物為己循諸色聲
一切塵境逐念流轉曾不開悟根中之性淨而不染妙而無縛常
住而無生滅是以不能逆彼所流循此所常故顯逐諸生滅妄塵故剎由
是生生流逐奔聲造一切業雜染流轉不能超越于五濁惡世所以惑○業○苦○三具足第
二義中令審也○經文自以諸眾生至此近結五疊渾濁一六義生與夫由明暗等乃至粘妄發光之妄

邊遠結用諸妄想以顯迷常逐斷故有輪廻若棄生滅至末近結以湛旋其虛妄滅生并汝但不循至不

成妙圓眞邊遠結若能遠離至本覺常住明棄斷守常卽成正覺也若能棄拾生滅。妄塵

脫黏內伏伏歸元眞。守於眞常常光現前發本明曜根塵識心應時

銷落卽一根解而五根齊拔燿性發明諸餘五粘應拔圓脫也根塵識既消倘心中有純想湛一

之相是爲一種最細難除之塵卽法塵也對此湛一能想之心亦是微細法愛之識

情爲貼體難刮之垢守其湛一境也若能二俱遠離則汝法眼應時

清明便是正法眼藏以麤細塵垢淨盡無餘卽寂滅現前至此則湛一亦亡何六根之有如是因地

眞正則果無委曲從初發心卽成正覺矣云何不成無上知覺乎學人問高城和尚

云夜後無燈時如何師曰悟道之人常光現前有甚麼晝夜學人云何不見和尚光師云擬將什麼眼見

學人云世人現在同將眼見師彈指曰善哉一切衆生根塵相涉從無始來認賊爲子至於今日常被枷

[illegible]汝將眼見意識分別擬求佛道即是背却其本心逐念流轉如此之人對面隔越也

大佛頂首楞嚴經貫珠卷第四 終

# 大佛頂首楞嚴經貫珠集卷第五

明　金陵華山律學沙門戒潤　述

此卷來意當機初請十方如來得成菩提等妙方便蓋釋尊與諸佛同證無上菩提不外六根阿難與衆生同居有漏生死亦在六根故佛不答其三問即反究其初心不妨當機將根塵識三一齊獻於佛前破世尊一齊喝散曰見與見緣并所想相如虛空花發明奢摩他空如來藏又被世尊一齊收歸曰十方如來與諸菩薩自住三摩地中了得此見及緣元是菩提妙淨明體發明三摩不空如來藏又將地水火風空見識收歸則曰清淨本然放之則曰循業發現發明禪那空不空如來藏阿難於此圓悟一眞法界第未證入故請華屋之門世尊又將前十方如來一門超出之人門演在十八界中則曰十方如來於十八界一一修行皆得圓滿此是我佛代十方如來爲阿難宣揚已竟而阿難已領六爲賊媒自劫家寶六根是結特請結元意顯前顛倒之處唯是六根六根作業六根受報而發六之始即俱生無明無明無相即六

根而顯惟其不知即是六根故今十方如來亦爲當機代我釋尊一轉語曰輪生死證妙常唯汝六根所謂十方如來傳一妙心以至知見無見斯即涅槃於法不取名三摩提若欲除結當於結心佛勅二十四聖各陳圓通故有此卷雄文

○結元章

大意諸佛證結元在根佛立解結圓通二案以開陀羅識微細惑相令悟眞妄本源也△欲破界外細惑無明躡迹索結解之元

阿難白佛言世尊如來雖說第二義門

但示根起之由末的指何處結解第二義者汝等決欲發菩提心於菩薩乘生大勇猛決定棄捐諸有爲相應當先明因果同異今疑根塵結解故攝前應當審詳煩惱根本此無始來發業潤生誰作誰受若不審觀煩惱根本則不能知虛妄根塵何處顚倒汝觀世間解結之人不見所結云何知解佛已廣示又擊鐘驗過切爲導物之迷不得不問故曰

今觀世間解結之人

須知六根顚倒

若不知其所結之元我信是人終不能解

此別索結解之元意謂離

此六根別有結元不知離此別無此問較前諸問不同△引人合喻以況己迷

世尊我及會中有學聲聞亦復如是但知破分別煩惱障出分段生死自為究竟今聞世尊所諭我輩還有從始無所始之際根中續生虛習名俱生煩惱障謂之界內思惑眠伏藏識遊戲諸根與諸生住異滅界外無明隨此身俱時而滅俱時而生出胎入胎無片時可離者今欲破除若不知無明當處終不能出變易生死即如世間解結之人不知結元終不能解者同也陀羅細識正為此談○古德謂結之元必是生相解之元必是滅相所以言生相無明意在結之元前文雖得六銷約滅相言由明暗等二種相形約異相言云何將此畢竟斷滅以為修因約住相言今云俱滅俱生約生相言雖曰無明其實未見又有果因之別此問俱滅俱生約無明果相言下文荅知見立知約因相言○然有如許無明障自本心今我雖得如是多聞俱滅俱生之善相善根莫作昔因講即今多聞傳持佛法是為善根但屬有漏不能為因心以斷俱生取菩提果回思

我等雖斷見惑果證聲聞莫過名爲出家暫時解脫及入生死欲流依然被縛猶隔日瘧安危相伴通惑除如安日別惑在如發日雖得六銷冷熱除如安日矯二亂三冷熱生如發日卽今談道說時似悟對境還迷楞伽謂之鼠毒發古德云惘我心明力不迨時時種子發現行如人飲酒而發狂戒飲輒復逢嘉醞欲潔而徧染好正而固邪此皆俱生無明力之所使正脈曰雖無學不涉生死則已涉則成縛正由不達結處不關識心雖伏斷之終不得脫△請示惟願大慈哀愍淪溺然我今日已知身心六根是結不知云何是結之根元豈知不覺心動名之爲結耶卽欲脫黏旋其生滅逆生死流當從何處下手名之爲解豈知狂性若歇名之爲解耶若了根元不落三有二何字正是阿難半知半不知處願佛現前爲我決了亦令未來苦難衆生得免輪迴不落欲色無色之三有此之生死大事又不止于恨多聞痛失心悲悞認傷棄海省見非覺不修之感而今更加懇至是故作是語已普及大

眾五體投地雨淚翹誠翹者如鳥張翼而望哺誠恪之至也佇佛如來
無上開示別求結元覺△吾佛慈慰爾時世尊憐愍阿難及現在諸
佛會中諸有疑之學者亦為未來世間去聖時遙信解愈難之一切
三有邪見眾生為出世菩提之正因使修證有賴作將來入道之正眼使信
解不迷先以閻浮檀紫金光手摩阿難頂用權智之手開示實相頂法也
頂是諸根之總手為解結之要手以擎動將示解期摩而安慰令知深旨也△諸佛現瑞同告○佛示十
方如來根性法門阿難不生深信解相故假諸佛光音圓證除疑也即時十方本是一眞之
普佛世界六種震動諸佛眾生同是無明住地發為六根諸佛已破歸湛寂今為阿
難將破六根無明故普佛界動現出根塵一體不相隔越所以不同前文但示眞妄所在之動也微
塵報化等身如來即阿難所問十方如來各住本居依報世界者即光中普佛世界各

住之本國各有寶光從其頂出顯根中妙性尊而無上密而無見法也其光同時於彼世界來祇陀林灌如來頂顯同依此法得成正覺一多無礙自他平等也。前世尊爲尊者發明常住眞心三藏妙理初從頂門面門胷前指端放光顯生佛共有根本智卽六根而超六根之上上乘法阿難不能承當而屢經開示以至於此機性將熟遂感十方如來同時光灌佛頂以示十方如來一門超出妙莊嚴路也前釋尊光灌諸如來頂謂從體起用今微塵如來光灌釋迦佛頂謂攝用歸體體用一如根塵自在頌云十方薄伽梵一路涅槃門今欲阿難破無明而證此光故先現以示無二路無二相也又則頂光說呪破邪面光揀妄顯理胷光定見生智指光驗見寂常皆成解立信今光入觀成行正破無明入法界理而諸佛共證解結法門體無二源隱報耳根爲修證的要處故現斯端也△眾喜是諸雨淚翹示之大眾得觀諸佛智光明藏慧目頓開各各欣其感應道交歎曰得未曾有△同說結根於是阿難及諸大眾上蒙世尊指示根中積生虛習及生住異滅分齊頭數然畢竟不知生死是何物為元菩提涅槃是何物為本今者俱聞十方微塵放光如來異口同音以所證是同故所說不異尤當信受告阿難言善哉歎其俱生無明是同體別惑最為生死深源稱為結根今欲解之妄元仍是真元罪魁亦當功首也阿難汝欲識知結元以破俱生無明業本耶使汝輪轉生死結則牢固而不開根則相續而不斷者即世尊所示之流根唯汝六根中映物妙性初一念妄動為俱生無明之結元離此根性更無他物為結元也汝復欲知解元以取無上菩提智果耶令汝速證涅槃理境二死永亡之安樂五住究盡之解脫絕言絕思之寂靜無生無滅之妙常者即世尊所示之拔根亦唯汝六根中映物不動之真性為無上菩提之解元離此根性無更非他物為真元也○根性即是菩提涅槃元清淨體若論十八界二一修行則在十八界上結還在十八界

上解今單舉六根者以根門爲眞妄之媒前文曰獨曰纏縛曰相織曰淪替曰流逸曰奔色曰黏妄曰循聲皆明根結曰澄濁曰無妄曰逆流曰修斷曰脫粘曰棄生滅皆明根解之旨故諸佛所告輪證唯根是與釋尊一鼻孔出氣也△先述疑問阿難將謂離六根外別有生死結元雖聞如是十方如來共說輪證唯六根之法音則根心已明而猶未明根塵識三而不舉塵識者何意故復稽首白佛問曰云何令我生死輪迴及證安樂妙常同是六根眞性更非塵識他物△初標處一體雖唯根即攝塵義○釋佛告阿難汝不知獨舉根處而不舉塵處之下落耶良以根塵相見皆依自證同一證自證之眞源唯識云相見皆依自證起故故根塵縛爲凡流而受淪溺則六根爲結縛之本脫爲聖侶而得自在則六根爲解脫之本故縛脫同源了無二物則舉根而塵在矣△二揀識○阿難汝謂不舉識者何意以六識分別之性乃由根塵虛妄而出猶如空華本無實體是故結解

不係于妄識而六塵又無無別體所以諸佛同言生死
湼槃唯是六根更無他物也○當知二卷中佛示自
住三摩地眞空則云見與見緣并所想相如虛空華
非識性虛妄猶如空華乎交示妙有則除六識想相
但云此見及緣元是菩提妙淨明體非根塵同源乎
故知根塵同源有眞有妄可縛可脫識性純妄猶如
空華不言同源與縛脫也△釋根塵同源之義阿難由六塵而後發六根之知因
六根而後有六塵之相是則相見二法交倚而生實無自性根離塵見無獨
立之自性塵離根相無獨立之自性同於二束交蘆相倚而立此見根塵各無自性本同一源
交蘆鸁大過常根盤結而連生必二坙交抱而立單則仆地不能自立外實內空據長行取交倚不能自
立如根塵各無自性同源一體引下文縛脫推根據領仍取內空外實正以喻空有俱非△釋縛脫無二
兼明識妄以盡唯根之義○承上以是根塵無性之故則知汝今六根知見性自眞常
無明湼槃一法不立設凡小別立空有知見爲實有則是虛妄識心卽是五住無明則有

是謂縛矣○凡夫迷根性而立有流逸奔色卽
四住無明有分段生死本二乘晦根性而立空
卽根本無明有變易生死本俱不達空有二俱非之
旨是故汝今返妄歸眞不必別修但於現前六根
處不隨前塵脫粘內伏知見內縈發光此卽知見無見矣斯無見之見卽不生滅本
卽涅槃無漏眞淨本是謂脫矣如是六根知見實生死涅槃之元者明甚云何
于是生死涅槃眞際之中除六根外更容他物爲結解之元耶○然當機不了十方
佛論故重伸疑問釋尊今以知見立知等斷之何也
前不云乎根塵同源縛脫無二夫生死縛也涅槃脫
也縛之因由乎煩惱分別脫之因出乎菩提智照眞
得其源則本可復妄得其源則流可遏故學道莫先
貴乎知源源者識精元明也蓋元明爲眞之源識精
爲妄之源此二法混局於六根之中謂之同源若依
識精起緣塵分別則爲煩惱依識精見見非見絕思
惟照本眞則爲菩提旣得乎眞源矣視彼識性如空
華同交蘆者何有哉故曰是故汝今知見立知卽無
明本知見無見斯卽涅槃惟一無漏眞淨云何是中

更容他物如一翳在眼空華亂起一妄在心河沙生
滅若能離念切當處道場故有道者見無所緣知無
所知處處迷皆見矣更了日用下手只要吾人見色
聞聲即一念不動則涅槃性亦不可得設于聲色土
一念動則是無明則名
結元也△須結解之義
爾時世尊欲重宣此義而說
偈言
重頌有二義一長行有未盡之義二未聞者令
聞故當重頌皆佛說法時一長者後至前法未
聞重頌爲說世尊適機略示前法後以爲例故有垂
頌之軌即十二部之一也○自番因心業本後皆托
第二月以示眞月至此是大結局處故特標眞性
以顯六根驗是第二義門切近第一義諦故能爲生死
涅槃之本如起信論生滅門中有覺不覺義眞如門
中有空不空義生死涅槃二俱不立故△先明眞妄
無性○阿難汝欲明
根塵同源之旨應觀
眞性中有爲
生滅之法
悉皆是
空爲緣
生故如幻
此頌根塵同源縛脫無二○吳興曰眞性
即根塵之源有爲空即解脫也若眞性在
迷能生九界根塵之相名之爲縛若眞性出纏能起
十界根塵之用號之爲脫此縛與脫皆即眞而俗故

曰有爲亦即俗而眞故曰空也然而有爲之法皆從緣生凡夫以惑業爲緣聖人以機感爲緣二緣所生俱是假名故云如幻○然眞性中不獨有爲緣生之法如幻即**無爲**涅槃之法性不屬緣生**無起滅**者猶屬有爲對待皆是**不實**亦喻**如空華**此頌識性虛妄猶如空華此中應亡二量有爲是有法定空無性爲宗因云緣生故同喻如幻無爲是有法當立不實故爲宗因云無起滅故同喻如空華此第二量先因後宗譯人語使此總破人法△釋上二義**言**根塵虛**妄顯諸**涅槃**眞**實諸字語助詞眞性中即**妄**與**眞**是對待法**同**名**二妄**了無眞其所斷惑分別俱生各二智理淺深不同而空有爲即六解空無爲即一亡矣古德云若妄拘眞外則妄實有體反不成妄義若眞居妄外則理不攝事反不成眞義二義不成故同二妄△雙遣眞妄初句承上起下一眞界內**猶非**卻無爲之**眞**與非卻有爲之**非眞云何**而有能**見**之根與**所見**之塵乎且析見二分皆屬緣生**中間**元**無實性是故若交蘆**無二相無

二體也此頌相見無性同于交蘆故不可以有無論若縛于有為則以交蘆為有性而性非實有若縛于無為則以交蘆為無性而性非實無故也△頌生死妙常唯汝根性此正是重頌縛脫無二承上若交蘆然則知結解同所皆因六根此何約法言次句約人言根結則凡根解則聖是故聖凡唯是根性為元無二路為結解之元也所以必欲解根結者何汝但諦觀喻之交蘆中性欲言其有而中元空欲言其空外相現有汝觀法中根塵妙性適言是空元是菩提妙淨明體適言妙性是有其中本無一法可得可見空之與有二相俱非是故汝於眞性中迷晦不覺即是無明根元汝于此中脫粘內伏發本明耀便是解脫根本則其六根為解結總因聖凡其路明矣然雖如是而縛結聖凡總與眞性無干止如演若達多迷則自迷悟則自悟總與頭無頭也△孤起頌○此有四句正謂微言欲絕復吐一絲解結因次第先將六結解除後而一巾亦亡此二句立緒巾示結之案後文此根初解

先得人空空性圓明成法解脫解脫法已卽次第六
解義也俱空不生卽一亦亡義也前長行未有此中
特出故名孤起根選擇圓通入法性流成等正覺此二句立揀選圓通之案
返其妄本成乎眞本△諷頌○總十六句點出六根爲生死涅槃之因以六根當體卽是陀那微
細識故至此始結歸初卷是心非眼一句陀那云執持執持三類性境故二乘不能知其元故曰微
等覺未能窮其際故曰細習氣者謂熏習善惡種子氣分卽根中無始煩惱虛習與生住異滅無明
虛習乃種了異名也成暴流者由此藏識海中帶彼虛習故有微細流注生滅如性海中隨無明
境風以成瀑流然水能發現行波浪以此六根卽是此識所發見分六隨卽是此識所發相分由此二
分識妄相成遂轉如來藏性而爲識藏若離二分藏識卽是如來藏故前喩之第二月以第二月由捏目
所成藏識由立知見而有起信論云此識生滅與不生滅和合非一非異名阿賴耶識○夫此藏識尋常
不輕易向人說破者何也以此識卽六根塵交中之性亦是聖凡通名不可道妄不可言眞欲言是眞

恐外道迷以為常故認以為神我若言**非眞恐**二乘**迷**以為斷又認此為涅槃定眞則認賊
為子定妄是究子為號所以**我常**含忍久默**不開演**也今因十方如來示輪凡證聖准根
所以稱時而說令識此因地心摠下四科釋此△示轉識成智之方○言此見相二分俱屬自心自證分
起如蝸牛兩角出則成雙合則一體眞藏性本自眞常亦無能取所取本非幻相而由見妄忽生遂成能
取六塵相現遂成所取是為**自心取**于**自心**則**非幻**眞實之法轉**成幻**
妄之**法**矣若使對境**不**生**取**着自**無非幻**眞實之相可生**非幻**既**尚不**
**生**而能見所見之**幻法云何立**哉○宗鏡云取我是垢不取我是淨若無能取所取之心
亦無是幻非幻之法若果到眞妄兩忘自知陀那細識元非他物即是前文清淨本然周徧法界之藏性
也△約法體讚○溫陵曰此之法門於淨不著於染不汚**是名妙蓮華**根境結惑擬之即銷
是名**金剛王寶覺**即為無為忘情絕解是名**如幻三摩提**此翻正受不受諸受

之稱智起惑亡理彰智盡幻人作爲本於無作聖人修行本於無修無修而修故曰如幻三摩提△約功
能讚○依此修進一彈指間可超無學而入圓位矣○孤山曰彈指超無學顯三止之功也
若入地住則超小乘阿羅漢位縱入相似亦超無學以同除四住此處爲齊若伏無明三藏則劣又縱在
觀行亦超無學如太子處胎貴壓羣臣頻伽在殼聲逾衆鳥△引同佛讚此阿毘達磨云無
比法分別功德論云八智十慧無漏正見越三界礙無與等者故云無比法十方舉佛界之廣
薄伽云破梵云能謂具破四魔之能又具六義之謂自在熾盛端嚴名稱吉祥尊貴總如來之德號
也言十方如來莫不由此識性一路而入涅槃門矣汝等可不努力乎至此方與初卷有三
摩提名大佛頂首楞嚴王一門超出妙莊嚴路作結是知前文一門一路皆是密指藏識也
○舒結倫次章
大意縮巾示結令悟當心六解一亡次第豎證三空也蓋由請華屋門佛向不二門中開出一門令於一

門中觀覺與不覺二義依此覺義轉彼不覺入於華
塵故明壞與不壞結解行無鐘聲之下明生滅與不
滅諸佛同音明輪證在根我佛更加註腳明見與無
見取與不取皆在六根門頭要其出取着不覺門入
解脫之覺門故偈中明眞淨一體空有俱非縛脫無
二又收所開之門還歸不二雖歸不二猶恐著一故
先破巾解結四次第六解一亦亡是佛掃一之極談
阿難於一次第二字復起疑情意謂前明入一無妄彼
六知根一時清淨又曰根塵同源縛脫無二則結無
前後解亦不倫似非次第故躡孤起頌以申疑難△
經家敘事於是阿難及諸大衆聞佛與十方如來無上慈誨
祇夜云應頌應上長行也伽陀云諷頌不應長行但孤起而諷美也雜糅者米不純也如
祇夜中迷晦即無明伽陀中自心取自心等交雜發明也精瑩者謂二頌合明交如織錦義若貫華
此能詮也至于所詮玄妙道理至清至徹令我等心目開明方知我今
日認攀緣爲心不知心是妙蓮華王昔認浮根爲目
不知根是陀那細識自今心目開明皆知所在更無

疑惑曰陀那細識向未開矣故歎演者今日聞之得未曾有之法也阿難合掌
頂禮白佛經家敘事竟△騰疑請益我今聞佛開演陀那微細識以之爲是名妙蓮
華金剛王寶覺如幻三摩提彈指超無學等一音演唱沙界齊聞誠佛無遮大悲稱眞如
性中所演淸淨妙理常住眞心實相法句斯已領悟心猶未達
解結因次第六解一亦亡之舒結倫類次序惟垂大慈再
愍斯會及與將來施以法音所詮三味法水洗滌我等沈垢卽希
審細惑法執也△先示結有倫次○欲顯因有六種迷根而一巾遂成六結如一精眞因明暗發見動靜
發聽等也卽時如來於師子座整涅槃僧裏衣斂僧伽黎二十
五條大衣攬七寶几引手於几取劫波羅天此云時分卽夜摩天亦名
髑髏天也所奉寶疊華巾西天之帛價值無量乃四天王太子所獻之巾貴重可知矣於

大眾前綰成一結（綰時左右交加巾有空隙是次序義舊謂生起之義豎）示阿難言此名何等阿難大眾俱白佛言此名爲結於是如來綰疊華巾又成一結重問阿難此名何等阿難大眾又白佛言此亦名結如是倫次綰疊華巾總成六結（一二三四五六結結相重是倫類義舊謂行列之義橫向下責其總答名結不答二三倫次也厶約結研倫次）一一結成皆取手中所成之結持問阿難此名何等阿難大眾亦復如是次第詶佛此名爲結佛告阿難我初綰巾汝名爲結此疊華巾先實一條第二第三云何汝曹復名爲結（一巾喻藏性一結喻無明二結喻識陰三行四想五受六色又以色陰開爲根塵二結全用五陰不取無明作一結乃取識陰作一結也古德以一巾喻

業識六結喻六根意謂一巾應成一結何故成六故返詰其第二第三不名爲結者要令阿難答出巾體是一因結成六以顯六結全是一巾所成然六結乃重疊豎成非單橫六結講詞雖同義相各別△因責咨結敘成倫次

阿難白佛言世尊此寶疊華緝績成巾以有無量性功德方成藏性有四德方號涅槃以雖本一體如我思惟如來一緝如來藏性一念隨緣得一結名眞如受熏隨緣而成成事之無明若百緝成終名百結則有百煩惱何況此巾決定秖有六結向數量之外數之終不至七向數量之內數之亦不停五言此結未緝不可妄增其名六結既緝豈可强減其數是巾六結以數決定成六自無明生五蘊次定成六成云何如來秖許初時第二第三不名爲結△示一因佛告阿難此寶華巾汝知此巾元止一條△示六結我六緝時名有六結△詳審一六汝

審觀察巾體本是是同因結末有有異於意云何初綰結
成名爲第一如是乃至第六結生吾今　必欲將第六
結亂名成第一不如將色陰名成無明得不世尊以性中相知爲難尊者以用中相背
爲答不也世尊六結若存斯第六名終非第一名實縱相隨
我歷生盡其智慧明辨如何令是六結亂名爲一名之與位不可
移也佛言如是即其所說爲是六結不同循顧本因一巾所造
此明一爲六之本六異之位既定令其雜亂終不得成一結法合△則汝
六根之一根六結亦復如是畢竟同中卽一巾喻如來藏性爲陀那識體畢
竟是一精明處此巾本無見聞等之異生畢竟異者謂未結之先元是一體本無同異既結
之後各有名相界限分隔△復審必欲反異爲同將六作一之義佛告阿難汝必嫌

此六結不成一條淨巾願樂一成復云何籌策得成一巾方可要令阿難自悟明陳其說也阿難言此結若存彼此各有定位復有定名若以六作一則諍六諍一是非鋒起於無彼此見中自生此結非彼結彼結非此結之見設如來今日若總解除無明頓破結若不生此心不動則無彼此彼此既無尚不名一六云何成佛即就喻答之言所謂六解一亡亦復如是涅槃性空尚不名一無明永斷六云何成○舊解設問逆流章中已明一解六亡何故此中又說六解一亡答前之一六是舉一根對五根言故使一根脫粘內伏諸餘五粘應拔圓脫此中一六是全舉六根對識精言以六根全體是識精由中串習機故在眼名見在耳名聞故六根解而識精空猶六解而一巾亡也故曰尚不名一六云何成今解以無明五蘊為六結亦在根中顯而根根各有六結解一根六結其餘五根應拔圓脫又況六結結則巾在手六結解則巾除矣故知識精無明

與藏性是對待之名而巾亦是名也△示根結生起次序以合其喻由汝無始清淨覺心
妙性一念無明不覺心起而狂念亂出遂成業識即妄名爲覺也由業而轉成六根知
見妄發于外發妄不息不息則勞故勞見而斷發六塵由是引起塵勞
煩惱即一巾成六結也△復以喻合法如勞目睛喻見分則有狂華喻相分
於湛精明即業識心性狂亂而勞見發塵如從湛精明瞪目而發狂華皆是無明無因
亂起不離根塵由心亂起一切世間山河大地依報凡小生死涅槃
之果報若執相以爲有則墮我見名爲生死若空相分以爲無則墮法見名爲涅槃經云有諍說生死無
諍說涅槃生死與涅槃二俱不可得故曰皆即狂勞顛倒華相生死即華相故六解
者證入法二空涅槃即華相故一亡者俱空不生即法華究竟涅槃常寂滅相終歸於空亦見菩提瞪發
勞相非本來有也若不以一巾喻藏性此經文何以銷釋古得謂涅槃生死等空華六解一亡義也△示

解結巾阿難言此勞見發塵之同一巾綰結今
道令悟阿難六根固成之六結云何
下手工
夫而為解除如來以手將所結巾偏掣其左問阿難
言如是解不不也世尊旋復以手偏牽右邊又問阿
難如是解不不也世尊佛告阿難我今以手左右各
牽竟不能解者喻凡夫執有二乘着空皆屬偏邪俱
不能解要尊者自解事上明白則理上
亦
然汝設方便云何解成阿難于事上
了然而白佛言世尊當
於結心下
手解即分散佛見尊者肯答
處停當告阿難言如是如
是如是者印定
之詞印其若欲除結當於結心左右不可解則
知六根解除亦
如此也當知結心即指陀那識之無始無明是根結
之元還當從此解古德云從命根下一刀千了百當
向後二十五聖無非皆從結心下手以破除識陰方
證圓通故知當於結心最宜喫緊有以六識為結心

何不用見見非見之工夫其中工夫一步一步用個
空字空至無所空處即得相應也須補嚴淨經云自
在世尊師不可說如說於空中作結即空而解之心
有所結心空即解若無于心無結無所若味真空而
有無見起執根塵而一六義生離了自心結滯俱泯
方合前喻蹤見諸根動要以七識拙等△激其除結
必選圓通爲發悟之緣○欲除結心要從緣入從緣
入者永無退失如靈雲見桃花香嚴擊竹二十五聖
于三科七大各證圓通此是與法有
緣故腦之即人所謂佛種從緣起也
阿難前文解結因次第又
云結解同所因是則因迷而結緣
悟而解汝莫認作昔日世間因緣
我說解結成佛種之法
從因緣生非取世間四緣和合而生識三緣和合而生人二緣和合而生物之
麤相因緣今說因緣是揀選圓根一門深人發明大事之因緣者也然我今日如來發明
世出世法一知其本因隨所緣出如發明世間六凡以善惡不動業爲
因以趣生時所見憎愛二境爲緣發明出世四聖以
多聞法界等流法而爲因即是多生積熏諸乘教理

爲因所緣善知識開導爲緣如以念佛爲因必感彌
陀親垂接引爲緣如世人有怕生死怕造孽要受戒
前一念爲因就有三衣一鉢遇善知識說戒爲緣但
權小比現二量多惟得其總相知之未盡如來現量
別別知其詳也如是乃至世間恆沙界之遠外一滴之雨小者亦備盡
知點滴頭數此是世尊自述遍和出假智法爾鑒物大而無外小而無內無不了知以現前
種種無情而論松柏何種因而直荊棘何種因而曲非謂業種使之曲直亦非有情
各各業感皆眾生心分垢淨而有古德云此皆有情其業罪福所感也以現前種種有情而論之鵠
何種因而白烏何種因而玄此可謂各各業招兩儀之間凡一切鶴長鳧短山高水卑等皆
了元由以是世出世間因緣覺法無不盡故汝當確信我說圓根入道必速也阿
難隨汝心中選擇六根何當其機以一圓根而入六根自除根結若除
塵相自滅外塵既滅內識不生恆沙諸妄應念銷亡無明自空不眞何待

謂入流成正覺者此也前云我今備顯六湛圓明本所功德數量如是隨汝詳擇其可入者吾當發明令汝增進處在耳根一門深入示解結之方竟△明解有倫次○先反詰其同解除者欲其答出結有倫次而解亦有次第也故以理托喻曰阿難我今問汝此結波羅巾六結現前同時解縈縈縷結也得同除不此約總相問要阿難自悟若答過於問是眞悟也答曰不也世尊約別相答是結本以次第綰生非一綰生今日當須自一次第而解至於六非解一結而六結齊散何故然也以其六結雖然同一巾體之所綰結不同一時是則結時有次第解時亦須次第云何得同時除耶佛見所答甚當告言汝既知華巾次第成結倫次而解應知六根中一根結六根六解除亦復如是○十卷末文阿難白佛如佛所言五陰相中五種虛妄爲本想心我等平常未蒙如來微細開示又此五陰爲併銷除爲次第盡如是五重詣何爲界佛

言精眞妙明用中是五受陰五妄想成汝今欲知因界淺深唯色與空是色邊際乃至湛入合湛歸識邊際此五陰元重疊生起生因識有滅從色除理則頓悟乘悟併銷事非頓除因次第盡我已示汝劫波巾結何所不明在此詢問其問答結解旨更昭然△示益**此根**次第成者謂最初由無明熏如來藏本覺眞心眞心爲一巾眞心受熏如一巾生一結遂生業識爲二結因業識而生見分以分行想受成三四五結因見分而生色陰相分根塵之六結今此所明見分在相分上引起分別俱生我法二執而成六結次第解者最**初解**除色受二陰相陰不行**先得人空**以超有六根空而六解成如沙土自沈也此六解成是六根中各一結解名六解成觀者勿以辭害義焉雖證人空空未圓明復空想行二陰二結次得**空性圓明成法解脫**以超空識根空而一結亡如去泥純水也雖證法空空相猶在正是一念生相必**解脫法**空**已**而空人法之**俱空**寂滅**不生**則生相無明之一結亡方是明相精純一切變現此則生滅既盡而涅槃性空一亦俱亡始得不生不滅

爲因地心入發心住△結成分
齊○從字得字必莫作一位看
是名菩薩從三摩地
漸次得無生忍
古以六根三空立橫豎二義解之○正
派接人流亡所等取動部聞覺空滅爲
六結大合謂動靜一塵不成二結一今觀覺空滅是悟
中迷非迷字結不若一巾喻藏性一結喻無明除五
喻五蘊六解一亡則亡無爲法中涅槃藏性之名貫
法華究竟涅槃常寂滅相終歸於空之旨又以界內
見思作二結界外見思名生住異滅作四結合成六
結此六空而涅槃性空則一生亡此亦合經義又以起
信論三細六麤總別解者不若所六染法又容易顯
了但此經重重空五陰爲宗熟觀前後經文可知

○啟請圓通章

佛勅諸聖各陳初心方便以應最後開示之請也此
章來意當機請華屋之門世尊示以第二決定義曰
阿難汝今欲逆生死欲流返窮流根至不生滅當驗
此等六受用根誰合誰離誰深誰淺誰爲圓通誰不
圓滿乃至得循圓通與不圓根日劫相倍洎承十方
如來異口同音曰輪證唯根佛又頌云解結因次第

六解一亦亡根選擇圓通入流成正覺是知圓通根本是諸佛秘證佛前以根塵識三字妙開三如來藏心又示因心業本與夫六解一亡皆承教化唯此圓通本根為最後開示冀佛冥授也△經家敘事阿難及諸大眾蒙佛開示六根互用六解一亡得無生忍真實慧覺圓通妙義雖然未證而心得無疑惑消非狹劣無識誠當心目開明而非前心猶未明矣一時合掌頂禮雙足而白佛言△當機述解請益我等今日悟知六解一亡不覺身心皎然快得無礙雖復已得悟知一六亡義然猶未達圓通本根謂本因也世尊我輩為境之風飄葉作聖地之零兒者非止一生一劫矣乃積劫以來孤則無師導之慈露則無自庇之德今日機緣深慶出於望外何心何慮預佛天倫導引殘生能殖法味如失乳兒忽遇慈母若復因此際會得生道力成就菩提不負為如來之堂弟矣今蒙如來開示

令我所得二決定義結解選根之密言非已知分若今不實還同得圓通本根脩行則本悟如來藏之華屋畢竟無門而入則與末開無有差別也○道膺禪師因陳尚書送供至問如來有密語迦葉不覆藏此理如何師召云尚書陳應諾師云會麼曰不會師云若不會如來有密語若會迦葉不覆藏惟垂大悲惠施我證圓根修斷秘密奥藏妙嚴法門成就如來最後開示此即前所請最初方便必待一心三藏已明因心業本已審舒結倫次已知然後于六門中指出一門令入以此開示最在末後即為圓通本根為入華屋之門也作是語已五體投地退藏密機如周易上傳退藏于密之辭彼云蓍卦爻三者之德聖人以此洗心退藏於密今用以明阿難攝心持法之意也冀佛冥授冀是冀望冥字應上密字看望佛冥鑒密機巧授妙法勅諸聖傍通一線于我使我心領神會也△令二十五聖各陳圓通以慰阿難之望爾時世尊普告眾中諸大菩薩及諸漏

盡大阿羅漢汝等菩薩及阿羅漢生我法中得成無學我今問汝最初從那一法上發菩提心悟入此而於門十八界中以誰爲圓通本根從何方便而入三摩地首請最初方便佛問最初發心在此註明矣舉十八界而不舉七大者攝在根塵識故前文雖舉三科七大者如來藏性尚無證據故此令二十五人各陳入處以顯所說之不謬一切事究竟堅固旨在茲矣（）疏云原前開解一門旨趣雖多括其要領全在汝但不隨分別三種相續一節蓋三種相續全收二十五境不隨分別全該大定工夫如阿那律陀跋陀婆羅等皆奢摩寂靜之流例如藥王分別味塵普賢分別眾生等皆三摩觀照之流例如烏芻瑟摩等皆禪那寂照不二之流例故知緣塵分別若美若惡雖巧盡世智莫非隨分別三種相續而悉號狂心以三聖智于三相續若寂靜若寂照悉號狂心若歇歇即菩提法門大體厥與若此正脉取根性謂之單刀直入者狂歇即菩提也然則但得根中一體無分別之性具妙定則情與無情何法而

無性何法而非定是知十八界二十五聖法門入各
不同審其彼此兼盡萬一全收唯一楞嚴究竟堅固
而悉號圓通又不可以
近迹限權乘之遠本也

○六塵章

大意正顯性明元眞塵塵皆方便得入三摩地也承
上佛勑諸聖各陳最初發心悟入門界誰爲圓通而
來故有六位從六塵界悟入者先陳也然六塵不次
其義有三當預通之初陳那聲塵悟入爲二十五聖
之先聲者一爲此方之機以音聲爲佛事故二如來
初轉法輪陳那聞聲最先悟故三耳根圓通合此方
機而闘非自然生因聲有名字故是故聲塵居首耳
根居終令阿難自多聞之法塵而取耳中之聞性爲
入華屋之門亦爲此方未來修學之垂範也△聲塵悟入

**憍陳那** 姓也云火器先世爲事火外道今從所闘故以命族

**五比丘** 者佛出家時父命三人乃摩耶夫人之兄弟母命二人隨侍後棄佛
入鹿苑雜圍中各修異道佛初成道爲佛贊先爲說
四諦法爲法寶度五比丘爲僧寶此三寶之始也今

佛問最初發心故爾卽從座起頂禮佛足而白佛言緣△今我在
古輪伽王放生處之鹿苑及於鷄園學異道法聞佛成道又轉侍教觀見如來
最初成道佛爲我五人三轉四諦法輪而陳那聞法最初先悟是以今日追敘其悟因於
佛說四諦法之音聲悟明苦集滅道生滅之四諦苦是苦果集是集因以無始積
集業行故名爲集由業因而招苦果是世間因果滅
是寂滅謂滅前苦集而證涅槃道是五根五力等三
十七品助道法修此爲因得涅槃果故是出世因果
諦者實義四義皆實而無虛故俱見眞諦故又名四
眞諦也時佛問五比丘中有解者不唯我最初訓佛稱解如來亦卽以解
字印我印以閑邪爲義名阿若多此云最初解解得佛以生滅之聲塵傳我不生滅之
眞諦生滅之塵音旣盡不生滅之妙音密圓說而無說謂之妙聲餘淸婉謂之音陳那獨悟
謂之密一切聲塵皆佛聲謂之圓下文一切密圓淨妙皆入其中是也我於佛之四諦音聲

而悟入無聲三昧忽然無漏慧生得阿羅漢△結答佛問圓通如我所
證達聲塵之自性悟聞根之本源一塵空處眾塵空一念不生諸妄滅此圓通門音聲為上
校觀音以觀觀者返聞自性門路異而理性一也○
香嚴智閒禪師一日芟除草木偶拋瓦礫擊竹作聲
忽然省悟曰一擊忘所知更不假修持動容揚古路
不墮悄然機處處無蹤跡身色外威儀諸方達道者
咸言上上機○辨非孤山有云或曰涅槃說身因而
皆小聖淨名入不二則俱大士惟茲二十五聖大小
相叅而云方便多門歸元不二且陳那身子近悟偏
空普賢彌勒久證圓理久近兩異偏圓二殊安得圓
通其歸一揆對曰涅槃敘昔則小無大分淨名方等
則大隔小乘其談所證豈得相混至若今經二乘作
佛與法華同途闡提有性將涅槃共轍教已開顯偏
即圓融故使鹿苑之所證同成一乘之頓理均乎普
賢諒無慚德此約實行之聲聞也若乃內秘大道外
現小乘則鹿苑以來何嘗非大既經發迹一揆何疑
此約權行聲聞也悟理既同誰拘遠近以此觀之則
大小相參之說怡然理順遠近偏圓之惑渙然冰釋

吳興曰夫聞權顯實之說惟諸佛秘要之事非諸菩薩羅漢所能顯示其猶禮樂征伐自天子出非諸侯之事今佛所問最初發心悟十八界誰爲圓通者且欲諸聖各述本根權實之道耳在昔方便未會眞實諸聲聞人言與菩薩同入法性執不自謂悟入圓通如陳那等雖曰妙音密圓但是聞生滅四諦微密圓悟未可混同如來藏理故中阿含云我至波羅奈擊妙甘露鼓又云如來說法初中後妙豈彼妙名便同法華之妙乎只如下文說緣覺聲聞云勝妙現圓及勝性現圓又說大梵善見身心妙圓及妙見圓澄豈此妙圓亦同圓覺妙明之性乎應知如來先令諸聖次第說竟後告文殊言此二十五無學諸大菩薩及阿羅漢各說最初成道方便皆言修習眞實圓通彼等修行實無優劣前後差別斯則開權會實之正文也文殊偈云聖性無不通順逆皆方便蓋演如來之旨也主伴相濟雅合其宜又若陳那等本大迹小鹿苑所證不亦小乎豈顯本後翻令漸初密悟圓理天台化儀四教龍樹二種法輪顯露秘密俱無此說吾宗義學詎熟思之疏云觀二師論議吳興爲當蓋佛說彼等修行實無優劣前後差別正發楞嚴究竟無

權實無今昔之眞實圓通也復勅選耳根一門以應
此方之機爲一經定案餘門雖各有方卽此方亦有
十八界入者但偶爾觸發實非淺深同說
之法諸解詳焉不須從辨△色塵悟入
優波尼沙
陀此云塵性空亦云近少近少
卽極微以塵微細近於空故
卽從座起頂禮佛足
而白佛言△今
我亦觀佛最初成道
我多貪欲
緣時佛教我
觀不
淨相
以對治之謂觀身受心法觀身有五不淨一種
子二住處三生處四自相五究竟次觀受是苦
觀心無常觀法無我觀相有九對治想一降脹二青
瘀三損壞四血塗五濃潰六虫噉七散敗八白骨九
燒化對治者觀相貌端嚴作降脹想觀青黃赤白等
色作青瘀損壞血塗想觀語言妖媚作虫噉想觀威
儀恣態作散敗想觀細滑肌體作白骨想觀可意人
作燒化想大法炬陀羅尼經云自觀者觀四大之非
有若念此心則知是受若念是亦不離心是故心
受當爲一義所言念者意行于是還有九種對治觀
身內有三十六物外則九
孔惡露常流以是觀力
生大厭離
觀成之時不惟
消前之貪欲亦

能悟身從頂至足諸根色性以從不淨至燒化已白骨化爲微塵
微塵風散歸於虛空則知吾人始而色欲是病九想與空爲藥終而病去不須藥色消不用空
以是空色二無眞窮惑盡忽然成無學道如來見其工用歸宿親印證
我名尼沙陀所以塵性空者貪欲之塵色既盡眞空之妙色密圓
達一切心是佛心了一切色是佛色以故我從色相漏盡得阿羅漢△結答佛
問圓通如我所證色因爲上○前云我說佛法從因緣生顯此悟入色塵爲
緣也又觀一切法五教證入不同初小乘見是實色
不說性空始教見此色法從緣所生必無自性終教
見色空無礙以眞空不守自性隨緣成色卽是幻色
頓教色法無非眞理所收是故此卽眞理一味更無
別法而可顯色是水波雙絕圓教起卽全收一多互
攝同時成立一塊圓明隨擧卽色隨擧卽空義味自
在非不隨智取用故隨擧一門無不顯現△香塵悟入
香嚴童子觀香悟者得童眞位故云

香嚴童子法數云兒年十五曰童童者獨也以太和未散故又云若菩薩從初發心斷欲乃至菩提是名童子又云內證眞常而無所着如世童子於色無染熏聞云內證眞常而無取着如世童子心無愛染即法王之號即從座起頂禮佛足而白佛言△縁今我昔從佛心多散亂既聞如來教我諦觀諸有爲相以證無爲不動眞心我時辭佛宴坐安息晦宴寂攝于洗心離絣之清齋中見諸比丘涉動而燒沉水香香有潛通之義雖未蒙烟氣而鼻香氣寂然來入鼻中此敘荷因所修習境現前然究香之來處我即以所兼之至教觀此有爲之香氣若生於木木應自香今藉火焚烟生空通來往而鼻識得聞非從木自出矣若生於空空性常恆香應常在何藉爐中熱此枯木今以木因火緣而香生非無因而從空出矣若從烟火生一切烟火悉皆無香故非烟非火非從他生矣詳其去無所着來無所從本自無生由是窮究忽然

根境不偶故得意銷而入無分別也于是狂歇發明無漏非因緣自然本如來藏性故蒙
如來印我得香嚴號所以號香嚴者斯乃鼻家塵氣倏滅幻相釋矣妙
香密圓一切香皆是自性中五分法身香矣我從香嚴得阿羅漢△結答
佛問圓通如我所證香嚴為上○如魯直聞桂老尼鼻梅皆是因香悟入
是知妙香亘古亘今香光莊嚴而為上也△味塵悟入藥王藥上二法王子并
在會中五百梵天即從座起頂禮佛足而白佛言△宿
因我無始劫為世良醫如神農之類口中嘗此娑婆世界
所產之草木金石能治病者名數凡有十萬八千種數如是悉
知苦如黃栢等醋如酸梅等鹹如芒硝等淡如滑石等甘甜如甘草等辛如姜桂
等味并諸味和合者而成一劑俱生變異味性無差是冷是熱

受炮煉而味性和平者名變異有毒無毒味性不可轉者名俱生二法王子悉能徧

知不惟只知世間味以濟人亦能藥承事如來了知出世法中味性味塵合舌

味性宛然故非空味塵離舌味性無所故非有身即舌根心即舌識味塵不來舌根惟淡

故非即身心離舌識外無味性故非離身心不即不離以契中道如是分別

觀察味因無生從是味因開悟藏性而見道也蒙佛如來印我昆季

藥王藥上二菩薩名緣△今今於會中上為法王之子

下為梵天之師因藥味而證寶覺明心性味真空性空真味所謂味味純是醍醐故得

位登菩薩非前位羅漢受稱也△結答佛問圓通如我所證味因

為上△觸塵悟入跋陀婆羅此云賢守亦云賢護謂自守賢德亦守護眾生思益云若

有眾生聞名者畢竟得三菩提故云善守并其同伴有十六人心得初開悉嘉美之

士郎從座起頂禮佛足而白佛言△宿因我等先於威音王佛資中曰準法華經有二萬億威音王佛前後出世最初佛像法中此跋陀等為增上慢毀常不輕故千劫墮阿鼻獄罪畢值後威音聞法出家於浴僧時隨例入于浴室身水相合忽悟水是冷暖觸塵之木因因性本空則不能自洗冷暖之觸塵既不洗塵亦不能自洗吾知觸身之覺體二洗不着中間覺觸之心安然契乎藏性既契藏性而反求根識塵三得無所有脫然一空所謂幻化空身即法身也△今緣○昔者聞教之理雖頓悟思惑之宿習無忘乃至今時從佛出家令我惑盡眞窮得成無學悟因于威音王佛忘習于釋迦如來意道之易悟也如彼習之難忘也如此阿難不歷僧祇獲法身洎談所證纔登三昧悟證二道之不齊可知矣由我初入此門彼威音王佛名我跋陀婆羅從此觸塵藏性現圓則東觸西觸無非道場故得水不洗水妙契法身塵

不染塵返貧自已故曰妙觸宣明覺觸覺知妙德瑩然圓滿十虛常有方所故曰成佛
子住△結答佛問圓通如我所證觸因為上△法塵悟入摩
訶迦葉摩訶云大迦葉云飲光及紫金光比丘尼是迦葉在家婦也等
于眷屬即從座起頂禮佛足而白佛言△宿因我於往劫
於此娑婆界中有佛出世名日月燈我得親近聞法修
學佛滅度後供養舍利然燈續明又於毘婆尸佛像法中為金師有一
貧女捨一金珠托我揮金塗佛願生生與我為無情夫婦我時從願以紫金光塗佛形
像自爾勝因以來感得九十一劫同生天上世世生生身常圓滿紫
金光聚之相此紫金光比丘尼等即我生生眷屬自毘婆尸佛像
法中最初同時發心布施既同受報亦同也△今緣○由佛知我着於福相教我觀世

間時劫皆由六種法塵妄動而有故有變壞由是不繫于五塵落下之影事忘其處也唯
以心法空寂之妙理忘其時也如此修於滅盡九次第定滅恆行心所之七識並不
恆行心所之六識故得身心不動惟一念執八識身乃能度百千劫猶如
彈指之頃古德云一念萬年萬年一念昔有大愛道施佛二頂衣一項布伽黎付于迦葉展轉傳至
六祖存在曹溪一頂金縷大衣付于迦葉于摩竭陀國鷄足山中入定待彌勒下生出定相傳可證也
我以空寂滅盡法塵惑盡情忘成阿羅漢世尊說我頭陀云抖
擻法塵空法塵而歸法性爲最我時了知性妙則法法皆妙法華云是法住法位世間相
常住既得法法住位頭頭是道法爾心地開明銷滅法塵諸漏動作施爲無非佛事△結
答佛問圓通如我所證法因爲上○自陳那至迦葉轉六塵世法爲一
眞之法性六塵者因根有相一性者居塵出塵皆稱妙法由性之妙圓滿融通故得證者皆爲第一但阿

難尚未密契

〇五根章

大意進陳五根性見覺明實無優劣門門方便得入三摩地也△眼根相入

阿那律陀此云無貧是佛堂弟白飯王之子往昔饑世以一稗飯施辟支佛感九十一劫天人之中受如意樂者即從座起頂禮佛足而白佛言△今緣我初出家居佛寂寞之濱于空閑處常樂睡眠自己不能排遣有失雅範時被如來訶云咄咄胡爲睡螺螄蛤蚌類一睡一千年不聞佛名字如是訶我爲畜生類我聞佛訶啼泣自責于是七日曉夜不眠眼以睡爲食因不睡故失其雙目世尊見我失其父母所生之肉眼示我注心作觀能見在心而不在眼迴脫根塵一切諸暗不能昏昧謂之樂見照明金剛心照無礙謂之三昧我時依教修行即得齊眉已上半頭天眼故我不

因肉眼能自觀見此大千之十方界相一片精眞卽金剛三昧之體洞然明徹卽樂見照明之用如觀掌果喩其見量廣大而界如果小也如來印我眠心漏盡成阿羅漢Δ結答佛問圓通如我所證旋寄根之見循惟心之元性見覺明覺精明見斯爲第一此中十方不必定指此大千外之十方Δ鼻根悟入周利槃特迦華言名繼道西域風俗凡女人臨盆月必歸母舍以歸不及家于中路而產故曰繼道卽從座起頂禮佛足而白佛言Δ今緣我闕誦持無多聞性此卽誦帚比丘過去爲大法師秘吝佛法不肯教人今感愚鈍報故無多聞性以宿世爲法命善根故得最初値佛聞法出家憶持如來一句伽陀○法句經云佛令五百羅漢日日教之三年之中得篠忘帚不得一偈佛愍傷之授與一偈守口攝意身莫犯如是行者得度世汝今年老方得一偈今當爲汝解說其義豁然心空得阿羅漢釋要云佛爲

釋曰身口意十觀其所起窮其所滅由之生天由之入淵於一百日得前半句遺後半句得後半句遺前半句不得成熟佛懸我口耳爲我多之懸其散亂教我

安居調出入鼻息以攝心所謂一息不存道將安契我時觀息出心息相依故心漸微而息亦漸細于息微細處文窮盡其一出一入皆是生住異滅乃至推窮諸行一念之中復具九十刹那一刹那中復具九十生滅如此工夫既久而冷灰中一粒豆爆便了息有生滅而心無生滅所謂攝心一處無事不辦因茲得定其心豁然見思惑盡心息兩忘得大無礙乃至漏盡成阿羅漢住佛座下印成無學Δ結答佛問圓通如我所證反觀生滅之鼻息循歸不生滅之眞空斯爲第一○昔莫將尙書謁南堂靜禪師咨決心要堂使其好處提撕適入厮架俄聞穢氣急以手掩鼻遂有醒呈偈曰從來姿韻愛風流幾笑時人向外求萬別千差無覓處得來元在鼻

尖頭此亦從氣息邊打失鼻孔南堂答曰一法纔通法法周縱橫妙用更何求畫蛇出匣魔軍伏碧眼胡
僧笑點頭此亦反息循空者△舌根悟入憍梵鉢提此云生呞即從座起頂禮
佛足而白佛言△緣起我有口業於過去劫輕弄沙門
昔會見老僧無齒而食笑其似牛遂感世世生生有舌如牛呞謂牛回哨病如
來見我此病又恐人見起心仍成他人之口業故賜數珠令常念佛為其遮謗以舌隨心念以口動遮
其虛嚼手持數珠而數珠成手儀者一消舌根之業二免眾見之輕舌根同心繫念于佛離諸雜緣純一
淨念故以示我一味清淨心地法門我依此法得滅嘗味之識心
證入三摩波地之正受復觀本牛舌而知人飯食之味此知味之知非淨根
舌體而生非外物生熟之味而出應念之間忽然悟入如來藏性即得頓超
世間諸漏內脫身心外遺世界遠離三有如鳥出籠

去來虛空所向無礙離垢銷塵法眼清淨成阿羅漢如來親印登無學道△結答佛問圓通如我所證還味旋知味有多隨知無兩般斯為第一△身根悟入

畢陵伽婆蹉唐言名餘習呼河神為婢子以宿生有尊貴習氣故谷響集鈔云過恆河水罵河神小婢駐流河神遂為兩派神怒往訴於佛如來即呼彼河神懺悔即合掌云小婢莫嗔大眾笑其懺而更罵佛言本性如是實無高心習氣使然所謂亂闌歌樂頭陀無習氣元來果未除是也即從座起頂禮佛足而白佛言△今

緣我初發心從佛入道數聞如來說諸世間不可樂事即苦諦也乞食城中心思法門遂觸不可樂境亦卒豕同時也若往常乞食信步行將去有何所着由心隨法轉故不覺路中毒刺傷足舉身疼痛此苦事也我念頭上有一知正當知此深痛不為痛轉雖有知覺覺此深痛

返其覺觀覺清淨心無有能痛痛此覺心者我又思惟如是正痛
之時有知痛者有痛所不及者豈此一身爾有雙覺乎如此推窮攝念一處未
久之間外身內心忽然一空三七日中工夫諸漏虛盡悟入性覺
成阿羅漢得親印記發明無學△結答佛問圓通如我
所證純覺遺身唯一圓融清淨寶覺更無身相斯身根爲入圓通第一門也
○四祖優毱多尊者有着身見者求度祖曰求度之法要信吾言不違吾教人曰既來投師固當聞命祖
乃化一險巖山聳喬木令其上樹又於樹下化作大坑深廣千肘祖令放脚其人受教即放二脚令放一
手便放一手令再放手其人答言若復放手便墮坑死祖曰先約受教如何違我是時其人身愛寂滅放
手而墮不見樹坑即證道果此亦純覺遺身者如玄沙雲門臨濟皆從痛處純覺遺身者也△意根悟入
須菩提翻梵名空生亦名善現即從座起頂禮佛足而白佛言

△敘昔證小我曠劫來意根空寂心得無礙無隔陰之昏無礙則通自憶
受生如恒河沙之多俱能了知初在母胎即知空寂內了且腹之空
能納己識如是乃至外了十方成空能容母身自了依正之空亦令眾生
證得空性雖得偏空還未斷結使△敘今證大蒙如來發明性覺真空
性空真覺反空乘之偏見成空性之圓明得阿羅漢頓入如來寶
明空海前悟偏空乃二乘知見今悟性空乃同佛知見如來印我捨執着之有學
成解脫之無學以故解脫性空我為無上△結答佛問圓通
如我所證諸相入非非即空義初以空空諸相非諸所相之非亦盡
次以空空其空旋法相以歸無相此為人法雙空以意根而歸畢竟空者斯為第一
自那律至此曰旋見曰反息曰還味曰純覺旋法
皆五聖由五根反流全一以證圓通之工夫置妙耳

門於後便選以
應此方機也
六識
○章
大意顯十八界性識明知心心實舍利弗云鶖子母
相咸入妙三摩地也△眼識悟入眼明淨如
鶖故又云身子母身形相美好故以母彰名者初在
母腹其母慧辯過於勇勇曰是見生智慧不可敵乃
往南天竺學法無剪爪暇足爲長爪比丘生至九歲
郎能議論伏眾爲國所欽昔與目犍連善約曰得甘
露味幸相與之身子云日下山路逢馬勝威儀庠序
問云汝師何人答云我師釋迦又問所說何法馬勝
遂舉因緣頌曰諸法從緣生諸法從緣滅我師大沙
門常作如是說又佛本行集經云諸法從因生諸法
從因滅如是滅與生沙門如是說身子聞之開解卽
證初果遂同舉似目連目連聞之亦於言下得證初
果二人同往謁佛佛遙見二了謂眾曰此
吾二大弟子一智慧第一一神通第一者卽從座起
頂禮佛足而白佛言△悟宿我曠劫來心見卽眼識清淨

者以見性照境但如鏡中無別分析而眼識隨見即
能了達性境黑白大小不帶名言歷然不亂故若退
求索種種名字即歸同時意識計度分別非清淨也如是受生如恆河沙之多于
世間苦集之機出世間誠道之機種種變化之相由此眼識明利一見則
通獲無障礙不勞意識計度分別而後知且有礙矣△敘今悟我始離見地透脫未能
窮深詣遠登峯造極後於中路逢迦葉波兄弟相逐迦葉波兄弟有三一
優樓頻螺迦葉二伽耶迦葉三那提迦葉宣說因緣所生法我說即是空亦名為假名亦名中
道義前曠劫來心見清淨還是根塵識三和合所知見立知之象今聞法偈悟得藏心無際
周偏法界含吐十虛是其根塵識三解脫門即見無見之象是以從佛出家始離眼識·見
覺未得明元今既悟心發本明羅圓照法界事事遊徹諦諦圓通得大無畏成
阿羅漢為佛長子以我從佛口生從法化生得佛法分智慧第一

又曰齒德俱長故爲佛長子佛問圓通如我所證心見發光卽眼識清
淨發生智慧光明光極徧圓同佛知見豈非一根既返源六根成解脫乎然與那律同而異
者眼根三昧爲體無分別爲用故曰旋見循元眼識三昧以分別爲功故曰心見發光光極知見斯
眼識爲入圓通第一方便門也○辨難圓師謂餘經言身子逢馬勝開諸法從緣生而悟道今
云逢迦葉波者彼對小機止聞小法此對大機乃聞大道所聞既異從人亦殊疏云此悉不然觀身子在
家屬二十年前故不可以人而異於法也況今文云聞說因緣義同馬勝緣生之語悟心無際卽初果見
道故阿含明初聞馬勝說法得須陀洹果後至佛所從佛出家七日徧達佛法經十五日得阿羅漢以是
言之見賢明圓亦從小說設作大解則前之悟心須該阿果後六羅漢方受眞名天如補注云餘經讀身
子目連等從馬勝聞因緣義與令說異者或所問因緣義非止一人彼此互出也予謂馬勝迦葉所傳偈
文不同此經與阿含皆有昔日從佛出家之語又須陀洹阿羅漢僅十五日之間或者譯文從簡而互出

有之近有將心見清淨作聞諸法從緣生等所獲之益將悟心無際作聞因緣生法等所獲之益解者恐乖我曠劫來眼根明利之旨△耳識悟入普賢菩薩彌亘法界曰普位隣極聖曰賢此非地前之賢乃是金剛喻定居衆伏之頂名之曰賢即從座起頂禮佛足而白佛言△敘大因我已曾與恆沙如來爲法王子紹佛家業以我行門瀰滿法界故十方如來教其弟子菩薩根者修普賢行皆從我立名溫陵曰凡其大根所菩薩行是名普賢之行夫此行者以十大願王爲主一色一香俱偏法界萬行莊嚴無出于此故諸菩薩欲成就因心果海皆從我立名也世尊十方世界雖廣而我不用耳識乃用心聞若以耳識隨根塵分別則有限量今以心聞不隨根塵則心偏十方而聞亦偏十方故用心聞法華云我於寶威德上王佛國遙聞此娑婆世界說法華經是心聞也孤山曰心聞發明內證也分別自在外用也惟用心聞故能分別十方一切衆生所有知見

不出此心之外擇其樂普賢行而成熟之若於他方恒沙界外有一眾生心中[illegible]發明普賢行者我於爾時乘六牙象分身百千皆至其沙界眾生處教化成就縱彼沙界眾生搬柴運水作觀運心稱名禮拜萬行力行其行障深未得見我者我於其人暗中摩頂擁護其身不令魔擾安慰其心不令退屈令其妙行得易成就ム結答佛問圓通我說本因旋耳識而歸藏性故得心聞發本明耀耀性發明分別沙界發明普賢行者自在現身斯耳識圓通為第一也○昔曇翼禪師初入廬山依遠公後還會稽於秦望山誦法華經十二載感普賢菩薩化女子身披彩服攜筠籠一白豕大蒜兩根至翼前曰妾入山採薇日已西斜豺狼在道歸無生理敢托一宿翼力却之女復哀鳴不已遂令居草床上夜半呼號腹痛告翼接摩翼以持戒不應手觸女號呼愈甚翼以衣布裹錫杖遙為按之翌日女以彩服化祥雲豕變

白象巖化雙蓮庵空而上謂覺曰我乃普賢菩薩持
來相試汝耳郡太守孟頫聞於朝勅建法華寺東上
如此恆沙界外可
知矣△鼻識悟入

孫陀羅難陀

孫陀羅云好愛妻名
也難陀云歡喜已號
也慈恩兩名其勸艷喜爲簡放牛難陀故標其妻乃
如來親弟也前數息依根所以歸心也此觀白依識
所以往心也尊者常好妻色欲愛偏多佛觀其行果
將熟遂命阿難同往宮化之孫陀以臟脂熏顏未乾
欲進佛化同歸祇園便勸優波離與剃髮爲僧不日
世尊赴齋令難陀與汲激灌掩關未已即便還家中
途値佛遁于樹後樹即起空佛見問言何往答曰欲
還家佛問何事答曰想陀羅佛即嘆之同歸精舍修
生天因而難陀於禪堂畫孫陀羅像終日觀想有比
丘白佛世尊恐其婬火燒壞菩提種子乃令執袈裟
同往天宮見波羅奈佛語曰此比孫陀羅何如陀曰
勝也佛又令其自游遍觀乃見一天皆女無主還問
於佛佛令問天女天女皆言有佛弟難陀修因已滿
當生此大爲主後還祇園佛知婬火未息又令遊十
入地獄乃見一獄鑊湯空沸佛亦令問之獄卒卒答
曰陽間難陀受天福盡來此受之聞此方歇欲火

即從座起頂禮佛足而白佛言△緣起我初出家從佛入道雖具戒律嚴身尚有愛心於三摩地心常散動未獲無漏世尊教我及拘絺羅云大膝觀鼻端白不令心散我初做工夫注心諦觀經三七日以止觀降伏心火火雖不熾見鼻中氣出入如煙故知息由風火而起鼓煩惱濁其狀如烟味者不覺惟諦觀者能見故六交中見火燒息能爲紫熖紫黴者皆煩惱發也淨觀發明則煩惱漸輕以致身心內明圓洞世界遍成虛靜內外洞明猶如琉璃烟相漸消鼻息成白莊子云瞻彼闋者虛室生白作觀之法氣初如烟中變爲白末後則心開漏盡無復煩惱故諸出入息化爲光明照十方界得阿羅漢此皆神凝所致故用志不分乃凝于神世尊記我當得菩提△結答佛問圓通我以三七工夫消

其鼻息之烟以成白息自既久故發光明以致鞕性明圓永滅諸漏
斯悟鼻識為第一門也△古識悟人富樓那云滿文名也彌多羅此云
慈母名也尼女聲連父母為名曰滿慈子即從座起頂禮佛足而白佛
言△敘達因我曠劫來辯才無礙論議清明曰辯學識文藻曰才能以一句演多
義曰無礙宣說苦空四諦生滅之法而能深達于無生無作無量四諦之實相如
是乃至恒沙如來祕密久默不說之法門我於眾中一即多而
多即一文隨義而義隨文言詞柔軟微妙開示皆曲盡其意而闡明法要得四無所
畏也△敘近緣世尊知我有大辯才於般若會上以音聲輪三輪
之中口輪也教我發揚令其助佛揚化如法華會上世尊說破諸大弟子皆是內秘外現助
宣大教之人故於此會諸大弟子方敢恣口自陳遠因皆非一劫二劫種善根者其來遠矣得稱無漏無

學非尋常證入空聾可比也我承佛教乃於佛前助佛轉輪因師子吼
之舌識增成阿羅漢之妙果世尊印我說法為上△結答佛問
圓通我以舌識宣揚妙法法音偏圓降伏魔怨魔通內外內卽五陰魔由說法
無礙能破種種惡見外卽天魔仙神鬼魔由法音光明皆迷自濟內外魔濟身界純一實相故消滅
諸漏舌識圓通斯為第一△身識悟入優波離唐言上首以持戒為眾中綱紀
故又云近執佛為太子時彼為親近侍執之臣故推即從座起頂禮佛足而白
佛言△緣起我親隨佛踰城出家親觀如來六年勤苦
親見如來降伏諸魔魔有四種五陰煩惱天魔死魔制九十六種諸外道
○方等般泥洹經云佛從四月八日生四月八日出家四月八日得道四月八日般泥洹皆以沸沙星出
時此時百草花香樹木繁茂菩薩處胎經云佛於尼連水邊六年苦行日食一麻一米斯由曩昔一緣覺

犯四口過斷絕一貪令受輕制凡大外道諸所不能知者佛悉知之凡外諸所不能行若佛悉行之故能制諸外道所以戒律精嚴故諸魔無隙而入即發真歸源諸魔不能娆害亦令魔宮震裂即以兵戈化爲逆華由此方行戒律所以魔外拱手而歎服也〇山我見佛內制外制內外一如自他不二使我亦得解脫世間貪欲諸繻承佛教戒二百五十大比丘戒如是乃至菩薩三千威儀不任坐卧律儀各二百五十對三聚戒三千故曰三千威儀八萬微細復以三千配身口七支成二萬一千貪瞋癡等各二萬一千共八萬四千性業遮業謂殺盜婬妄性元非負不待制止犯即成業故曰業性其餘因過始制以遮其惡制前所犯即爲無罪故云遮業也由持二部淨戒威儀微細性遮二業悉皆清淨身心寂滅由比丘戒妄身外寂由菩薩戒妄心內滅內外無遍成阿羅漢我是如來衆中結要之頌袖名之綱紀以能與衆決斷重輕開遮持犯者佛乃親印我心持戒修身衆推

為上△結答佛問圓通我以執身遮業空而身得自在得寂滅之
定也次第執心性業滅而心得通達發圓通之慧也二業冰清然後身心
微妙雖一眞相清淨法身三諦圓融一切通利轉身識而成性識者斯為第一△意
識悟入大目犍連此云采菽氏即從座起頂禮佛足而白佛
言△勝緣起友我初於路乞食逢遇優樓頻螺此云木瓜癃胸有癃
病如木瓜故伽耶云城家居王舍城南故孤山云山名家近象頭山故那提河名三迦
葉波云大龜氏其先代學道靈龜負仙圖而應從德命族云飲光者但一人也此三人于毘婆尸佛
時其樹莉柱緣是而為兄弟宣說如來大乘因緣無生深義而我頓轉意
識之生滅發起無生之眞心一轉一切轉一發一切發于是豁然得大通達△緣也
我蒙如來惠我袈裟秦言去穢使着于身令夫貪嗔癡垢也鬚髮自

落我之鬚髮不因他教而自欣欣然視落以具彼惡
怖魔乞十歲德之像矣有謂彼等不信世尊神通
世尊神力使之自落者又引腹中女聽經云佛呼善
男子來皆作比丘頭髮自然墮落袈裟即便着身△
敎得道　我內旋意識體遊　於十方得無罣礙　與神
○而　外出意生身遊於十方得無罣礙曰天
名天通名慧性而此發明也大乘發如來藏小乘發
心悉即意識根本禪○六神通中前五
屬外後一屬內天眼見三千界天耳聞三千界他心
知眾生事神境震動十方如意則大小變化自在宿
命知有情年劫性命等漏盡諸漏皆盡今云得大通
達者即如意也秘密六乘經云目連白佛我之神通
能以四大海水置於掌中亦能轉此三千大千世界
猶如有人以一金錢轉於指端又能空中止其日月
制彼威光不令轉動又能取彼須彌山擲過梵世又
能調伏難陀烏波難陀二大龍王又能於彼焰陽世
間渴行者由我意識不為形用而為神
乞食推為無上用以故身心一空得證無漏成
阿羅漢諧唯我推我神佛世尊通第一十方如來亦歎我神力

爲上者出心念圓明妙慧清淨通現自在無畏也△結答佛問圓通我
以幹旋意識歸妙而湛正反其意識所緣生住異滅生成法則至不生滅圓湛之性所謂反
妄歸眞也旋湛既久心之本有神通光明自然發宣淨性如澄濁流久成
清瑩所謂明相精純一切變現不爲煩惱皆合涅槃清淨妙德斯爲第一○自舍利弗至
此總明六種識心離四句絕百非則性識明知覺明眞識妙覺湛然周徧法界也

○七大章

大意世尊首唱十力如來于十八界一一修行者以該七大今特開陳火大居首者以斷貪欲爲急務也
△火大悟入烏芻瑟摩此云火頭依德立名也接前後章皆敍即從座起此出示金剛身衛
護侍從不設本座故不言起於如來前合掌頂禮佛之雙足而白
佛言△敘遠本我常先憶久遠劫前性多貪欲欲火獨勝于人爲入

道之有佛出世名曰空王過去佛名空王者多今此
因空王者乃空如來藏得遊
此體了法說多婬人心好遊蕩身愛摩研由風力運
自在故轉生其煖觸名曰欲火因心感
業受成猛火聚下文婬習相交發于相摩研磨不休
報有大火光于中發動欲本是火多欲
則成多火故曰火聚偈曰欲火燒祇廊婬心繫子亡
神仙遭跨下羅漢墜雲端皆欲使也此說欲害之象
下教除欲教我就自心徧觀百骸四肢之地諸水風
之緣彼佛欲火而大中二大
之氣火煖氣本自性空則知煖氣非是欲火乃火
冷大之大性是如來藏所具但婬機一動功
發婬心是故生爲欲火死爲業火然婬欲而爲生死
根本如是兼四大之性常用力于煖觀察既久工夫
自純神光內凝即化多婬之貪心成三昧智慧火忽
則獲欲之然
渾身住在火光三昧之中火光三昧既從是諸佛皆
圇以此功德自空王佛始承事諸佛
以我頭上現火焰之相作降
呼召我名爲火頭魔勢因此發願誓爲金剛故我以

火光三昧功力之故斷見思惑燒煩惱薪貪欲漏盡成阿羅漢之果且自不肯以小果自居而心發大願諸佛成道我為力士此迴聲聞心向菩薩道力士是金剛本名親伏魔怨魔喜嬈人得其方便或飛精以附人或自惱以害人我轉欲火而成智火故能親伏魔冤是大願護法之實迹也△結答佛問圓通我以諦觀身心煖觸與外世界火大周遍一相無礙流通無明諸漏既銷性火現前發生大寶華王般若慧燄照乾生死欲海卽登無上正覺今為力士帶果行因火大圓通斯為第一△地大悟入持地菩薩文中由平心地則平塡險隘負力推輪此依德行而立名也卽從座起頂禮佛足而白佛言△敘我眞因念往昔普光如來以大圓智光圓照法界故出現於世我為比丘常於一切緊要通路關津渡口此皆舟車必游田山之處其或低

地路側紆險崖岸坡隘或隆有不如法妨損車輪馬
危之塘之或窪
蹄顛躓我皆高之窪填之或水迴旋而成作橋梁
之患者平者斷岸者則布
或地遷移而變負填沙土如是勤苦經無量佛非一
溝洫者則生二
生動經塵劫無量佛者不知經幾恆沙劫也雖曰常
平心地則一切皆平而理事不可偏廢若會于心則
延促勞逸元無有二所以佛菩薩帶果行因同入勞
塵作諸佛事淨法界身元無出沒如月在天而千江
俱現其影月何又不獨為比丘隨類現形
所分槩可證矣出現於世使持地之願不忘生生治
地△叙
俗因
或有眾生於市垣闤處市闠處要人擎物我
之門之
先為擎至其所詣放物即行不取其直
此現工人身
行菩薩道也
毘舍浮佛
此云徧一切自在莊嚴
劫中最後一佛也彼佛
現在世時世多饑
無飯荒無菜食我為擔負力人無問遠近擎物唯取
食之時所詣

一錢以資身命或有車牛被於泥溺我有神力為其推輪于牛拔其陷溺之苦令人無瞋恨之惱皆屬有為功行△叙昔緣時國大王延佛設齋我於爾時平地待佛毘舍如來摩頂謂我當平心地則世界地一切皆平我悟諸法所生唯心所現故心平則地平也正承佛教即得心開了見身皮骨肉之微塵與造外世界所有微塵等無差別是悟身界微塵自性本無內外如以空合空不相觸摩所謂塵性既空則一切皆空謂天地同根萬物一體是故乃至刀兵亦無所觸古云將頭臨白刃猶若斬春風是也我於微塵法性悟空得本無有我者證入無生法一忍成阿羅漢悟且證故爾△叙今緣○既迴心今入菩薩位中廣修萬行具菩薩道聞諸如來出世宣妙法蓮華唯以一大事因緣開示悟入

佛知見之心地我先作會爲作證明而下信解行中我爲上首八結答

佛問圓通我以諦觀身界二塵等無差別本如來藏

無二性也昔因一念虛妄發起塵相故見有根塵差別个根塵既銷智鏡圓

滿云何不成無上覺道斯爲第一△水大悟入月光童子初習水觀

因名月光月是水之精若以通成月自來之意論之水是菩薩觀心月是菩提妙智如云衆生心水淨菩

提影現中故稱月光盧陵謂昔師水天修習水觀即水性圓明故號月光其意但明水性月意未足也

從座起頂禮佛足而白佛言△敘昔緣我憶往昔恆河沙

劫有佛出世名爲水天水是心水天是義天心水既淨第一義天涵映其中既從

此入即以示人是故教諸菩薩修習水觀入三摩地定觀增勝徧處未現

○如聽禪師入火光定山谷如焚世尊伏火龍窟亦洞然與此義同○我依佛教觀於身中

周流水性與外器界水性是同周旋性復而彼此無相傾奪無奪△發明初從鼻洟口唾之觀如是窮盡津汗發液氣凝之精周流之血大小便利皆在身中旋流往復者水之濕性一同皆無奪也次見水性周流身中與世界外浮幢王剎諸香水海比例發明濕性亦同等無差別此依正無奪也○洞山與雲居渡水師問水淺深居云不濕師云麤人居云請師道師云不乾○言香水海者准華嚴經華藏海中有大蓮花其蓮華中有無量香水海一香水海各有一華為諸佛剎世界之種華藏世界在香水海中故曰浮幢王剎以華藏世界有十重累高如幢最為高大故今觀身中之水與彼海水等無差別者無他正是觀心所融故爾我於是水天佛時初成此水觀但見其水正存法見未得無身未亡法我何以見也當為比丘時室中安禪我有弟子闚窗觀室唯見清水徧在

室中

此有二若觀成之水是定果色乃隨心所變也若不屬觀心之水乃業果色隨業所報也業所感者不造業則無觀所變者不作觀亦無若十變處定青黃赤白地水火風識一切處皆有如作青想觀則一切處皆青此但自見他人不見今作水觀由定力之勝果色亦勝故自見他人亦見此水乃不流動亦無滲漏純是觀成之色也即於室中入觀之時一室皆水

了無所見

不見肉身唯見水相此水相即定果色身也

童稚無知取一瓦礫投於水內激水作聲顧盼而去我出定後頓覺心痛

夫惟心之水不有不無即空之妙色瓦礫麤質性不相符由未亡身故覺心痛正顯未亡身相也△引證

如舍利弗

坐恆河岸渾身是定由病究力尚

遭違害鬼

所掌出定則頭痛佛言汝若無定身當碎壞

我自思惟今我已得阿羅漢道久離病緣

此有二意一大權示現小果子果二縛俱盡諸苦不能至故曰久離病緣二實行聲聞子縛既盡已離未來病緣果縛猶在故定有報冤病苦

亦須應受今月光自疑入離病緣矣云何今日忽生心痛將無退失四果耶正見我執未亡果縛未爾疑正盡故遇惡緣自然心痛當生時童子疾速捷來我前說如上事方知心痛者定中身心受在瓦礫我則告言汝更見水可即開門入此水中除去瓦礫童子奉教後入定時還復見水瓦礫宛然開門除出我後出定身質如初心無痛也其得定以來逢無量佛如是至於山海自在通王如來破除我執方得蘊空亡身上雖觀水性無奪未能會眞今內外水性皆如來藏也通王之同名者不止十數此不知何劫通王按五十三佛中有水天佛及通王佛但此無慧字或有失也此身既空水觀亦空是故分證法身則無對待故身內之性水即與十方界諸香水海性水合平眞空性空眞水打成一片無二無別周徧法界反觀此身何啻大海一浮

漏哉△敘今緣今於如來前證蘊空故得童真名其德如童心無妄動證法空故得預菩薩大乘會中△結答佛問圓通我以水性無二一味三昧流通無陵奪故得無生忍圓滿菩提斯爲第一夫室中之水乃定心所化之定果色昔外道堅執心化爲石子昂想心化爲馬昔此數也豈非萬法唯心乎古人有氏礫在心內心外之問答者復問水在身內身外之說似乎太繫但曰定果色無不明矣或問投瓦礫則心痛若使僧去一瓢水出定後不少一塊身相耶答投礫心痛以示觀心未亡之象若時童子皆水則護法善神何在△風大悟入瑠璃光法王子乃悟妄緣群動之相悉由風力所轉動息智明內外無礙如琉璃光琉璃是體光是用離却琉璃別無光明也又琉璃淨徹喻風體無相以悟後身心發光洞徹無礙故得此名卽從座起頂禮佛足而白佛言△叙宿因我憶往昔經恆沙劫有佛出世名無量聲有二一約萬竅怒號邊而遍入竅穴

之多聲隨無量此佛依身心世界無量風大悟明因
性因通果本果應因名故佛名無量聲二約佛說法
隨無量利鈍機感說無量頓漸法門從利他得名彼佛開示菩薩欲入諸妄動中本有不
動之性覺妙明真體者但觀此世界之依報及眾生身之正報二報之
動皆是妄緣風力所轉卽得本覺妙明真心矣○莊子謂天地噫氣其名為風但
彼不知風之所自出若知根身器界妄緣風力所轉
則達性本寂滅當體全真不勞修證也麻谷持錫杖
到章敬遶禪牀三匝振錫一下卓然而立敬云是是
又到南泉遶禪牀三匝振錫一下卓然而立泉云不
是不是谷云章敬道是和尚為甚麼道不是泉云章敬卽是是汝不是此是風力所轉終成敗壞我
於爾時觀察塵界天清地濁四方八隅皆山風力所持而安立觀察三世之
動四時之序如春和風而生夏熏風而長秋金風而淵冬剛風而藏皆由風力所吹而遷流更
觀此身手舞足蹈樂日揚眉亦由風力所使而動止乃至觀我起心動念東舉

西緣亦由風力所扇而生滅如此觀察有情生住異滅無情成住壞空究其所因皆從一念無明風動而
轉是故眾生有氣息則生斷氣息則死界値陀羅風則成遇毘嵐風則壞所謂世諸動無二
等無差別也我時既覺群動之相衍業發現有生有滅既能覺了此群動
性清淨本然來無所從去無所至下清淨本然中反觀術業發現之十方
微塵顛倒眾生同是一念虛妄風力所轉如是自一世界眾生乃
至三千大千世界即一世界內所有眾生種種言說皆由妄緣風力
所轉如一器中貯盛也百蚊蚋乘風展翅啾啾亂鳴於分寸器
中鼓發狂鬧意明悟大而見小也了是逢無量聲佛未幾多時悟得風性空
無生忍以是之功爾時動心既歇不動心開乃于群動之中而見東方不
動佛國且東為震方為群動之首此舉首方則諸方亦然既得心開見佛即為法王子

承事十方諸佛紹隆佛位而後身心開發智不動光洞徹群動即是
不動無礙也△故結各佛問圓通我以觀察風力來無所從去無所至
眞無所依如是悟菩提不動智心入三摩正定理地合十方
佛傳一妙心之訣要以佛佛相傳不外觀無明風動而證不動之本覺斯為第一
△空大悟入虛空藏菩薩此菩薩從空證入因觀四大色即空故證不二空證無邊身從
德立名故名虛空藏以空能容納一切益物力便故加藏字以揀斷空也即從座起頂禮
佛足而白佛言△敘稍因我多劫中曾與如來同在定光佛所即然
燈佛同悟色性空同得無邊法身所謂佛眞法身猶若虛空昔日德侔道合今又參于資成
無不可名然體具而非用發焉爾時手執我空法空俱空眞空四大寶珠即能空諸
空之般若妙智圓光明淨有珠之義故稱寶珠○按
華嚴經云海中有寶珠能消海水喻菩薩有四智珠

以能消滅性海中諸有之波瀾占德云四大寶珠者即四大之性謂性色性水性火性風也總一眞空隨相以安名以負空名珠融四大之相故照明十方或問四大之性各別何以稱為四智寶珠答四大六根依識而有二乘未轉故觀四大如毒蛇菩薩轉識成智故轉四大為寶珠是諸佛尊貴受用故問轉八識心所而為鏡智智光無量何以唯放十卯答一心能應萬有萬有不離十界修十善則有天人之光行十惡則有地獄之光持五戒則有人道之光故舉十方以該攝也問佛具三身獨得無邊法身者何也答報化二身皆法身具故問四智皆心獨現鏡智者何也答妙觀等三智皆鏡智所統故○然以般若智光而

照明十方微塵佛身刹上化成虛空此融色入空攝用歸體也又

於眞空自心中現大圓鏡以鏡表心心融十界如鏡含十方故曰大無色不空故曰圓無幽不燭故曰鏡

內放十種微妙寶光流灌十方盡虛空際表十智十力周徧虛空示融虛空全成智色不空之性如此融空成色從體起用也

諸幢王刹

之衆微來入一微之鏡內即復涉入我身身外無剎亦攝大歸小也以我身
同虛空故十剎來入而依正而融平等平等不相妨礙即一容多亦小容大也既知以
剎人身無身不剎當知以身入剎無剎不身故以一報化身乃能善入十方微塵國
土依正融互大小無礙能上弘下化一廣行種種佛事或慈或威或定或慧得大隨
順無不自在○永嘉云三身四智體中圓八解六通心地印此依正互涉之大神力由
我諦觀四大色空本無所依元從妄想生滅而有終歸于空又觀虛
空無二佛國本同是則空不異土土不異空忽於色空同體發明即悟
性覺眞空性空眞覺此乃功也得無生忍此是果也△結答佛問圓通我以
觀察色即是空虛空無邊空即是色入三摩地空色三身妙力外用四智
圓明斯爲第一悟入△識大彌勒菩薩此云慈氏古註中道正觀即是無緣

大慈法中離諸不善故稱慈氏又慈是姓名阿逸多譯云無能勝

即從座起頂禮佛足而白佛言

△敘宿因

我憶往昔經微塵劫有佛出世名日月燈明我從彼佛發心而得出家

尙在凡夫地不了心外無法見自他身心實有故

心重世名好遊族姓

此通二解一約事相如今身雖出家心不染道惟朱門是遊此可與區區庸俗儕比○約菩薩旣日經微塵劫値燈明佛應準下文三姓而說心重世名即徧計執性好遊族姓即依他起性如三界生死依正等法皆依他無明而起十八界等各有種族是爲族姓於此性中而緣塵分別計有我人衆生壽者六十知見是爲徧計執性皆由不了依他幻有徧計本空故心重世名即執取計名好遊族姓即各界種現相熏等豈達萬法唯識當體圓成耶

爾時世尊教我修習唯心識定

眞際曰唯遮境有識簡心空雙破凡小故稱唯識心即是識第八識元名心故修定有功了知三界萬法唯識所現本非實有心境一空

人三摩地

白爾

發心歷劫已來以此三昧久久修習歷事恆沙諸佛皆修唯心識定
對治世間名利有無厚薄唯是假我假法遂得求世名心歇滅無有因觀成熟遠
至然燈佛出現於世我乃得成無上妙圓識心三昧
○長水曰此觀初成位當解行令得三昧已入初地名眞見道謂以一實根本無分別智與法界冥合能泝一如無有二相故唯識頌云若時于所緣智都無所得爾時住唯識離二取相故當爾之時方名親證無
○旣成妙圓特如深悟乃至盡空如來四種國土之依報方便有餘土之純淨
凡聖同居土之雜穢實報莊嚴土之妙有常寂光土之眞無皆是我唯心變
化所現非從外來也世尊由我了如是唯心識故離識無法即此
識性亦能流出無量三身如來之正報不由他變也夫豈如來依正悉從變造即九
界依正莫不皆然舉勝影劣故偏言之△叙新證○由我所操已極今得授記次補佛

處由識現六結答

佛問圓通我以諦觀十方唯識依正非有識心圓明自性元空入圓成實徧滿曰圓無毀曰成不虛曰實此指果中三德也圓即法身徧一切世界故成即般若覺無漏故實即解脫得無礙故總謂圓滿成就真實之理遠離依他以依衆緣和合起故指所緣法說及遍計執以周徧計度假施名言故指能緣心說此二性能所皆妄既入圓成當遠離此資中曰此三性如麻如繩如蛇相依而起今了徧計唯情依他如幻則圓成實性自然現前矣正脈云徧計有名無體依他有相無性圓成是彼體性故今入後一者悟真實體也遠離前二者不復為名相所迷也此經圓成實性即如來藏心所以結入圓通曰性識明知覺明真識得無生忍斯為第一○天台曰識大圓通境有通別通則六識七識八識九識今別觀九識為境故曰我以諦觀十方唯識識心圓明入圓成實又曰畧消名相者此菩薩所觀法門為一經之梗槩十軸之權衡名相不知造修無路蓋此經具四識之名備四識之義如六識名義該載前之

三卷七識則名載第八如日存於末那半分微細八識則首卷識精九識則四卷果位七種名目菴摩羅識豈非籠罩全經包含始末乎△見大悟入

大勢至法王子大勢至如人負債投于王家債主莫敢問何也所依者勝眾生亦爾心歸念佛三昧則生死眾魔莫敢親嬰蓋生死海中惟佛可持勢力無比又觀經云以智慧光普照一切令離三途得無上力名大勢至悲華經云往昔因中彌陀作輪王時觀音為長子勢至為次子今在極樂仍居彌陀左右攝念佛人歸于淨土輔弼釋迦助揚法化故今與其同倫有五十二菩薩得念佛三昧者即從座起頂禮佛足而白佛言△叙宿因我憶往昔恆河沙劫有佛出世名無量光無邊光無着光端嚴光愛光喜光可觀光不思議光無等光不可稱量光映蔽日光映蔽月光十二如來相繼一劫明十二時中無彈指頃念世間五欲都是十二如來淨念相繼成一劫也其最後佛名超日月光皆以光名者謂轉識見分而成大智慧光

明識體即如來藏心見大既轉則相分亦轉爲蓮花淨土相見即無藩籬豈不佛佛皆從大光明藏流出而悉以智光之名稱其實哉 彼佛教我念佛三昧 言念佛者若據理念念即始覺佛即本覺始本合一是名念佛若據事念寘記不警忘謂之念放光接引謂之佛能念歸己所念屬佛

如有人一專爲憶 喻佛念眾生 一人專忘 喻眾生不念佛也 如是

二人若逢不逢或見非見 以佛專念眾生未嘗不在眾生前故云若逢或見眾生不念佛故佛雖在眾生前而不逢不見如文喜初見文殊當面錯過所謂不逢不見也後文殊在粥鍋上現是逢是見也 二人相憶二憶念深如是乃至從生至生同於形影不相乖異十方如來憐念眾生如母憶子 合一人專憶 若子逃逝 合一人專忘而 雖憶何爲 然母之憶子而恆常懷子 子若憶母 同 如母憶 子之 時母子歷生不相違遠 喻也法合 △

若個個眾生心中憶佛口中念佛現前當來必定見佛去佛不遠只在當念不離目前何必別假方便但務專注念佛一念純眞自得心開見盡念佛見佛如染香人身有香氣此則名曰香光莊嚴不期香而自香乃不思議薰變也行人以念佛香光莊嚴法性本佛豈外事哉以上法喩是我大勢至本在因地以念佛為因地心得入無生忍位之徑路今於此界攝念佛人歸於淨土△結答佛問圓通我無選擇但以一心念佛卽將此念佛之心都攝六根成佛知見也如眼不取色是眼念佛乃至意不念法塵名意念佛也唯其六根都攝是六根皆佛卽此淨念相繼得三摩地斯為第一○蓋一心念佛與決志參禪者本無二致故念佛之後而繼之參禪也須知此方唯有二門為入道之捷徑蓋觀音勢至皆彌陀輔弼之臣一以念佛接人一以參禪誨眾皆是就此界根機各勇

戶牖乃世人例以參禪爲高而卑視念佛者吾知其不唯不知念佛之奧訣亦不知參禪之妙旨也倘不以一心不亂之訣去參禪則禪決不悟若不以如貓捕鼠之心去念佛則淨土必不生勿謂念佛易而參禪難當知難則俱難易則俱易是在當人信力淺深習氣濃淡耳問參禪者不但不容起我人衆生壽者見即佛見法見亦不容起故此經斥見相發心爲生死金剛訶色見聲求爲邪道若夫念佛者志在淨念相繼現前當來決必見佛此則空在二用迥然各所惡得同日而語哉答參禪者志在泯一切相所以不容起念善惡盡掃念佛者志在佛來接引要須淨念相繼頭頭見佛唯此盡掃一切方能見性既能見性見佛何難亦唯淨念相繼必能見佛既能見佛見性亦易所以云唯眞空者證妙用唯妙有者見眞空門雖有二究竟無別第參禪者志在見性而難於入流亡所念佛者志在見佛而難於一心不亂正宜各擅專門不必念掛兩頭若念掛兩頭不唯不能見性抑且不能見佛此七大圓通竟

# 大佛頂首楞嚴經卷貫珠第五

國家圖書館出版品預行編目資料

楞嚴貫珠（上冊）／（明）金陵華山律學沙門 戒潤演述. -- 初版. -- 新北市：華夏出版有限公司, 2023.07
面； 公分. --（圓明書房；011）
ISBN 978-626-7296-02-8（上冊：平裝）. --
ISBN 978-626-7296-03-5（下冊：平裝）
1.CST：密教部

221.94 112002487

圓明書房 011
楞嚴貫珠（上）

演　述　（明）金陵華山律學沙門 戒潤
印　刷　百通科技股份有限公司
電話：02-86926066 傳真：02-86926016
出　版　華夏出版有限公司
220 新北市板橋區縣民大道 3 段 93 巷 30 弄 25 號 1 樓
電話：02-32343788 傳真：02-22234544
E-mail：pftwsdom@ms7.hinet.net
總 經 銷　貿騰發賣股份有限公司
新北市 235 中和區立德街 136 號 6 樓
電話：02-82275988 傳真：02-82275989
網址：www.namode.com
版　次　2023 年 7 月初版一刷
特　價　新臺幣 700 元（缺頁或破損的書，請寄回更換）

ISBN-13：978-626-7296-02-8